Lothar Böhnisch

Sozialpädagogik
des Kindes- und Jugendalters

Lothar Böhnisch

Sozialpädagogik des Kindes- und Jugendalters

Eine Einführung

Juventa Verlag
Weinheim und München

Der Autor
Lothar Böhnisch, Jg. 1944, Prof. Dr. rer. soz. habil., ist Professor für Sozialpädagogik und Sozialisation der Lebensalter an der Technischen Universität Dresden.

Die Deutsche Bibliothek — CIP-Einheitsaufnahme

Böhnisch, Lothar:
Sozialpädagogik des Kindes- und Jugendalters : eine Einführung / Lothar Böhnisch. — 2. Aufl. — Weinheim ; München : Juventa Verlag, 1993
   ISBN 3-7799-1001-2

2. Aufl. 1993

© 1992 Juventa Verlag Weinheim und München
Umschlaggestaltung: Atelier Warminski, 6470 Büdingen 8
Umschlagabbildung: „Kinder auf der Landstraße", Steinzeichnung von Hermann Naumann, 1974
Printed in Germany

ISBN 3-7799-1001-2

In Erinnerung an
Henning Haft
† 1990

Inhalt

Vorwort

Mit dieser Einführung soll Sozialpädagoginnen und Sozialpädagogen in Studium, Ausbildung, Fortbildung und Praxis ein Angebot gemacht werden, wie man sich in der inzwischen hochspezialisierten und differenzierten Disziplin der Sozialpädagogik des Kindes- und Jugendalters
mit ihrem breiten und nahezu unübersichtlichen Problem-
spektrum „zurechtfinden" kann. Neben dieser Idee des
„roten Fadens" durch ein vielschichtiges und vieldeutiges
Fach war für dieses Buch das Anliegen leitend, eine
„Grundlinie" aufzubauen, an der entlang sich die unterschiedlichen, in der Praxis oft voneinander getrennten
sozialpädagogischen Arbeitsfelder aufeinander beziehen
können.

In diesem Buch spiegelt sich auch die jahrelange Kommunikation mit Kolleginnen und Kollegen aus Wissenschaft und Praxis, die sicher auch in manchen Akzenten
ihren Einfluß wiedererkennen werden. Insgesamt schien
es mir wichtig, dem inzwischen in nahezu dreißigjähriger
moderner Professionsgeschichte aufgearbeiteten Erfah-
rungswissen, das von der sozialpädagogischen Praxis repräsentiert und weitergegeben wird, einen hohen Stellenwert in dieser einführenden Darstellung einzuräumen.
Sozialpädagogische Konzeptionen sind aufgrund ihrer
notwendig handlungswissenschaftlichen Ausrichtung ohne
dieses besondere Theorie-Praxis-Verhältnis nicht vorstellbar.

Als historischer Ausgangspunkt unseres heutigen jugendpädagogischen Verständnisses, das sich an der empirischen
Wirklichkeit der „Lebensbewältigung" von Kindern und
Jugendlichen orientiert, gilt in dieser Einführung die Pädagogische Jugendkunde aus der Zeit der Weimarer Republik. Wenn dabei die Darstellung ihrer Kinder- und
Jugendbilder und ihrer Forschungsergebnisse so ausführlich geraten ist, so könnte das unter einem neuen Aspekt
ganz glücklich sein: Für die Kolleginnen und Kollegen
aus den neuen Bundesländern, in denen es keine sozialpädagogische Nachkriegstradition wie in Westdeutschland

9

gibt und die dabei sind, ihre sozialpädagogischen Ausbildungsgänge und Institutionen aufzubauen, eröffnet sich hier eine mit uns gemeinsame Traditions- und Verständigungslinie.

Lothar Böhnisch   Juli 1991

Erster Teil:
Historische und konzeptionelle Grundlegung

Die besondere Wirklichkeit, auf die sich die Sozialpädagogik des Kindes- und Jugendalters in Wissenschaft und Praxis bezieht, wird in dieser Einführung mit dem Begriffspaar *Lebensbewältigung/Sozialintegration* gekennzeichnet. Lebensbewältigung drückt den besonderen Zugang der Sozialpädagogik aus: das Interesse für das alltägliche Zurechtkommen der Kinder und Jugendlichen mit den Problemen des Aufwachsens; ein Interesse, das die etablierten und geregelten Erziehungs- und Bildungsinstitutionen − wie z.B. die Schule − so nicht haben (können). Sozialintegration verweist darauf, daß dieses Aufwachsen vor allem ein Hineinwachsen in die gesellschaftlichen Anforderungs- und Normstrukturen ist, mit der Erwartung, daß sich die Kinder und Jugendlichen in die vorgegebene gesellschaftliche Normalität, in die durchschnittlichen Muster des Lebens und Arbeitens einpassen und eingliedern („integrieren") lassen.

Das darauf gerichtete sozialpädagogische Handeln bezeichnen wir als „erzieherische Hilfe zur Lebensbewältigung".

Lebensbewältigung und Sozialintegration stehen in einem deutlichen Spannungsverhältnis zueinander: Die Bewältigungsperspektiven der Jugendlichen und die Integrationsvorgaben der Gesellschaft decken sich oft nicht. Die Sozialpädagogik des Kindes- und Jugendalters ist dementsprechend ein offenes, risikohaftes und zweideutiges pädagogisches Gelände. Ihr Geschäft ist der Umgang mit „Integrationskonflikten" im Prozeß des Aufwachsens.

Wenn wir dies so formulieren, betonen wir dabei auch den pädagogisch vermittelnden, sozial ausbalancierenden Charakter dieser Sozialpädagogik. Darin erschöpfen sich aber nicht ihre sozialpädagogischen Möglichkeiten, denn es gibt

11

auch pädagogisch und sozial zu gestaltende Handlungsperspektiven. Diese fassen wir im Begriff der *Jugendbildung* zusammen. Sozialpädagogisches Handeln ist also nicht nur darauf gerichtet, in Lebensschwierigkeiten befindlichen und mit Integrationsproblemen belasteten Kindern das Durchkommen zu ermöglichen, sie zu stabilisieren und ihr soziales Abgleiten zu verhindern. Dies bezeichnen wir als *einfache* Dimension der erzieherischen Hilfe zur Lebensbewältigung. Darüber hinaus soll die Sozialpädagogik Kindern und Jugendlichen auch Fähigkeiten und Kompetenzen vermitteln, mit denen sie ihre Orientierungshorizonte und Handlungsrepertoires sozial und kulturell erweitern und sich aktiv am gesellschaftlichen Leben beteiligen können. In diesem Sinne können wir die Jugendbildung als die *erweiterte* Dimension der erzieherischen Hilfe zur Lebensbewältigung verstehen.

Dieses doppelte Verständnis von Sozialpädagogik ist in dieser Einführung durchgängig und weist ihr die Richtung. Das fängt bei der Geschichte der Sozialpädagogik an: Wir konzentrieren uns hier auf die historischen Linien, in denen sich sozialpädagogisches Denken und Handeln aus dem Verstehen der Lebens- und Bewältigungswirklichkeit von Kindern und Jugendlichen heraus entfaltet. Im konzeptionellen Teil des Buches kommt es uns weiter darauf an, den sozialpädagogischen Schlüsselbegriff Lebensbewältigung theoretisch und empirisch zu begründen und zu fundieren. Dies versuchen wir in zweifacher Weise: Einmal zeigen wir, daß der Begriff Lebensbewältigung das Verhalten Jugendlicher vor allem in uneindeutigen und konflikthaften Situationen, ihre alltägliche Suche nach Normalität gut erfassen kann. Zum zweiten stellen wir dar, wie Struktur und Verlauf des allgemeinen Sozialisationsprozesses im Kindes- und Jugendalter heute unübersichtlicher, weniger kalkulierbar und selbstverständlich geworden sind. Dies führt dazu, daß schon Kinder, aber vor allem Jugendliche mehr auf sich allein gestellt sind (Individualisierung), eigene Wege suchen, Brüche überbrücken müssen; auch dies ist — nun auf der allgemeinen Ebene der Sozialisation — im Konstrukt Lebensbewältigung ausgedrückt. Schließlich versuchen wir zu klären, was nun das Erzieherische an dieser Sozialpädagogik ist und welche Bildungsperspektive sie in ihrer Eigenart entfalten kann.

Das heißt es wird aufgezeigt, wie die Sozialpädagogik aus ihrer besonderen Zugangsperspektive der Lebensbewältigung heraus als Pädagogik verstanden und begründet werden kann.

1. Der sozialpädagogische Standpunkt

In dem Maße, in dem sich Jugend zur eigenständigen Lebensphase entwickelt, und sich nicht mehr nur als Gruppe begreifen läßt, die sich in einem übergangsweisen, pädagogisch gestalteten Moratorium auf das Erwachsenenalter vorbereitet, geraten klassische Jugendbilder aus den Fugen. Dies wirkt auch auf das Kindesalter zurück. Auch Kindheit tritt in ihrem Eigenleben zunehmend aus ihrer familialen Erziehungsfigur heraus.

Wenn Jugendliche heute die Jugendzeit als eigenwillige Lebenszeit nutzen und ausleben und sich nicht auf morgen vertrösten lassen wollen, dann ist das klassische pädagogische „Jugendgesetz" fragwürdig geworden, das da hieß: Jugend bedeutet, heute etwas zu lernen, heute auf etwas zu verzichten, um morgen wer zu sein. Damit stoßen wir auf das heikle Problem, das die Pädagogik heute mit der Jugend hat: Die Pädagogik ist auf die Jugendphase als Übergangsphase fixiert, will Jugend auf Zukunft, auf ein zu erreichendes Menschenbild hin fördern. Die moderne Jugend drängt aber genauso auf ein Leben in der Gegenwart, orientiert sich an einem Menschenbild aus der Aktualität ihrer Lebensäußerungen heraus. Gleichzeitig ist sie aber mit sozialen Bewältigungsproblemen konfrontiert, wie man sie traditionell dem Jugendalter nicht zugeschrieben hat.

Wir sehen, wie das Soziale das Pädagogische überformt, verschiebt und vielleicht auch in seiner Bedeutung wesentlich verändert. Jugend ist für die Pädagogen längst nicht mehr das, was sie war: der Inbegriff der Lebensphase, in der der Mensch im Sinne der Aufklärung zum autonomen Individuum reifen und dabei durch die Pädagogik geleitet und begleitet werden kann. Das „Soziale", sein zunehmender Einfluß auf den „Prozeß des Aufwachsens" (Fend

1988), ist diesem traditionellen pädagogischen Verständnis eher sekundär, vielleicht sogar suspekt gewesen. Nicht umsonst wurde der Sozialpädagogik lange Zeit keine disziplinäre Plattform als eigenständiger erziehungswissenschaftlicher Bereich zugestanden. Sie wurde vielmehr als defiziente Disziplin, als Pädagogik des Ausnahmezustandes, als Randgruppenpädagogik der „Erziehungsschwierigen" oder gar „Unerziehbaren" abgetan. Sie galt als ein Angebot, das für jene „Jugendliche" bereitzustellen sei, die aus dem allgemeinen pädagogischen Jugendbild herausfielen. Sie war „abgeleitete" Pädagogik, das heißt, ihr wurde ein eigenständiges Erziehungsbild abgesprochen, sie hatte sich in ihren Erziehungszielen am pädagogischen Idealbild der „bürgerlichen Jugend" auszurichten. Sie war Jugendpädagogik „zweiter oder gar dritter Klasse".

So nimmt es nicht wunder, daß es in der Vergangenheit relativ wenig wissenschaftlichen Austausch zwischen der Allgemeinen Pädagogik und der Sozialpädagogik gegeben hat. Das hat wohl auch mit dazu geführt, daß sich die Sozialpädagogik in ihrem disziplinären Denken primär an ihren eigenen Organisationen und Apparaten und deren sozialen und gesellschaftlichen Funktionen orientiert hat und weniger an den pädagogischen Inhalten ihres Tuns. Allerdings machen es sich Allgemeine Pädagogen zu leicht, wenn sie danach fragen, „was denn eigentlich das Pädagogische an der Sozialpädagogik sei" und dabei so tun, als könnte man „das Pädagogische" heute überhaupt noch eindeutig bestimmen. Heute, wo Erziehung zunehmend „in Sozialisation aufgeht" — das heißt in einem komplexen und pluralen Insgesamt von geplanten und nicht geplanten Entwicklungs- und Sozialprozessen des Aufwachsens — ist das pädagogische Bild von der Selbstwerdung und zunehmenden Autonomie der Jugendlichen vor dem Horizont zu erreichender Lebenswerte längst nicht mehr nur über die Pädagogik einlösbar. Hier hat die Sozialpädagogik mit ihrer Zugangsperspektive „Lebensbewältigung" ihren modernen pädagogischen Platz, einer Perspektive, die genau dieses „Aufgehen der Erziehung in Sozialisation" zum Gegenstand hat. In diesem Kontext ist sie vor allem empirische Pädagogik, da sie die Wirklichkeit der Erreichbarkeit von Lebensentwürfen (und das meint Lebensbewältigung) und nicht deren ideales Niveau zum Maßstab nehmen muß.

Entsprechend wird in dieser Einführung versucht, das Soziale und das Pädagogische der Sozialpädagogik des Kindes- und Jugendalters aufeinander zu beziehen und in dieser Spannung zu entfalten. Als soziale Disziplin setzt sich die Sozialpädagogik in ihrem Denken und Handeln mit der leitenden Perspektive Sozialintegration auseinander; als empirische Pädagogik hat sie in der Dimension erzieherischer Hilfe zur Lebensbewältigung ihren eigenen und eigenwertigen erziehungswissenschaftlichen Zugang.

In diesem Verständnis ist die Sozialpädagogik des Kindes- und Jugendalters zwar eine eigenständige, aber eben keine eindeutige Disziplin. Sie lebt von der Ambivalenz (Mehrdeutigkeit) ihres Gegenstandes, wie sie sich in dem historisch ungleichen Paar Sozialintegration (die das Interesse der Gesellschaft an den Kindern und Jugendlichen ausdrückt) und Lebensbewältigung (in der sich die Bedürfnisse und Interessen der Kinder und Jugendlichen vermitteln) entfaltet. Sie ist historisch eine dazugekommene Disziplin, was Gertrud Bäumer in den 20er Jahren sinngemäß so ausdrückte: Sozialpädagogik ist alles, was nicht Familie und Schule ist; sie wirkt also in diesem traditionellen Verständnis neben und zwischen den etablierten Erziehungsinstitutionen. Aber je mehr dieses Neben und Zwischen in die Mitte des Erziehungsprozesses rückt, je erziehungsmächtiger es wird, um so mehr wird die Sozialpädagogik des Kindes- und Jugendalters zu einer zentralen erziehungswissenschaftlichen Disziplin.

2. Zur Geschichte der Sozialpädagogik des Kindes- und Jugendalters

Folgenreich für die Geschichte der Sozialpädagogik bis heute ist, daß die sozialpädagogischen Institutionen − die Organisationen, Apparate, Einrichtungen, Verfahren und Regeln − entstanden sind, *bevor* es überhaupt zu einem eigenständigen sozialpädagogischen Denken, zu einer eigenständigen sozialpädagogischen Konzeption kommen konnte. Diese Einrichtungen und Regeln entstanden in der 2. Hälfte des 19. Jahrhunderts. Das Nachhinken der Sozialpädagogik als Disziplin hinter den vollendeten institutionellen Tatsachen, welche von den Organen der staatlichen und öffentlichen Ordnung im Umgang mit der damaligen Jugend geschaffen wurden, hängt der Sozialpädagogik bis heute konzeptionell an. Auf der anderen Seite kann die Sozialpädagogik diese institutionelle Dimension nicht einfach umgehen, denn sie macht ja auch eine Besonderheit ihres pädagogischen Feldes aus.

Die institutionelle Geschichte: Jugendhilfe

Wir beginnen deshalb − weil sie der Konzeptionsgeschichte vorangegangen ist − mit der institutionellen Geschichte der Sozialpädagogik. Die Institutionen der Sozialpädagogik des Kindes- und Jugendalters bezeichnen wir heute im weitesten Sinne als Jugendhilfe − früher Jugendfürsorge und Jugendpflege. Die Geschichte der Jugendhilfe beginnt in der zweiten Hälfte des 19. Jahrhunderts nicht mit der Entstehung der Jugend (die hatte sich als städtisch-bürgerliche Lebensphase längst etabliert; vgl.

dazu U. Herrmann 1986). Die Geschichte der sozialpädagogischen Jugendhilfe beginnt vielmehr mit der Erfindung des Jugendlichen. Damit war der Typ des schulentlassenen männlichen, in der Großstadt beheimateten proletarischen Jugendlichen gemeint, der nicht (mehr) in der bürgerlich gelenkten Schule bzw. in geordneten Lehr- und Arbeitsverhältnissen integriert war, sondern seine Zeit ungeregelt auf der Straße verbrachte. Ihn konnte man deshalb auch nicht pädagogisch und disziplinarisch kontrollieren; er drohte zu verwahrlosen. Dieser Begriff der Verwahrlosung, dessen Schatten die Sozialpädagogik des Jugendalters bis in die 70er Jahre begleitet hat, bildet sich in dieser Zeit und in diesem Sinne heraus. Er ist ein diffus-normativer Begriff, nicht bezogen auf die realen Lebensverhältnisse dieser Jugendlichen, sondern auf die Einhaltung des durchschnittlichen Norm- und Sittenkodex der damaligen bürgerlichen Gesellschaft. Er war ein Begriff, der für die Obrigkeit, aber nicht für die Sozialpädagogen handhabbar war, den sie aber vorgesetzt bekamen und mit dem sie operieren mußten. Die Jugendhilfe entstand also nicht im Erziehungsgedanken, sondern aus dem obrigkeitsstaatlichen Mißtrauen heraus, daß ein Teil der Jugendlichen auf der Straße sich der bürgerlichen Kontrolle entziehen könnte.

„Anstoß war die Entdeckung jener ‚Kontrollücke zwischen Schulbank und Kasernentor‘, in der sich vornehmlich die männlichen, schulentlassenen, gewerblich tätigen, städtischen ‚Jugendlichen‘ einer anstößigen Freizügigkeit erfreuten. Bürgerliche Gleichheit vor dem Gesetz, soziale Mobilität, industrielle Beschäftigungsverhältnisse und Verstädterung hatten die alten Kontrollmechanismen gelockert und das Vertrauen in deren sozialisatorische Kraft gegenüber der jungen Generation zerstört. In der pädagogischen und juristischen Literatur häufen sich die Klagen über ‚jugendliche Arbeiter‘, die der Aufsicht des ländlichen oder handwerklichen Dienstherren entbehrten, und über ‚jugendliche Kriminelle‘, die die Aufsichtslosigkeit zur ‚Zuchtlosigkeit‘ und ‚Aufsässigkeit‘ nutzten. Erst in den 1880er Jahren entstand aus diesem Schrifttum der Neologismus ‚der Jugendliche‘ und reiften Konzepte einer zwangserzieherischen Korrektur des abweichenden Verhaltens solcher Jugendlicher sowie bald darauf der jugendpflegerischen Hebung der noch nicht Gefährdeten . . . Aus diesem Impuls entwickelte sich in den 1890er Jahren jene Skala von öffentlich geförderten Angeboten zur Freizeitgestaltung zunächst nur der männlichen, städtischen, gewerblich tätigen

Jugendlichen . . ., die seit dem preußischen Erlaß von 1911 als „Jugendpflege' bezeichnet wurde, und die sich in Konkurrenz zu den autonomen Gruppen des Wandervogels wie der sozialistischen Arbeiterjugend in klarer Anbindung an vaterländische und paramilitärische Erziehungsziele auf alle Gruppen von Jugendlichen noch in der Vorkriegsgesellschaft ausweiteten" (Münchmeier/Peukert 1990, S. 6).

Der Begriff des Jugendlichen war also ein Kunstbegriff, der signalisieren sollte, daß es im bürgerlichen Verständnis der damaligen Zeit Gruppen von Jugendlichen gab, die aus dem bürgerlichen Konzept Jugend herausfielen und, da das bürgerliche Konzept Jugend ein genuin pädagogisches Konzept war, auch aus der Pädagogik herausfielen.

Die bürgerliche Jugend war insofern eine pädagogische Jugend, weil es als Inbegriff dieser Lebensphase galt, daß die jungen Leute des städtischen Bürgertums aus dem Prozeß des Arbeitens und der materiellen Existenzsicherung herausgenommen wurden, um ihnen einen (Schon-)Raum zum Lernen, zur Vorbereitung auf ihre zukünftige Stellung in der Gesellschaft geben zu können. Diese Idee der gesellschaftlichen Separierung zum Zwecke des Lernens auf später speist sich aus der Philosophie der Moderne: Die Gesellschaft entwickelt sich weiter, sie ist nicht statisch, es genügt nicht mehr, wenn die früheren Generationen ihre Erfahrungen weitergeben, es müssen eigene gesellschaftliche Räume geschaffen werden, in denen die Menschen schon als junge Menschen diese Weiterentwicklung an sich nachvollziehen und in ihre Biographie umsetzen können. Der sich weiterentwickelnde Mensch in einer sich weiterentwickelnden (also modernen) Gesellschaft ist somit das Grundthema der pädagogischen Jugend. Dieses Herausnehmen aus der Gesellschaft zum Zwecke des Lernens bedeutet aber nicht nur Schon- und Freiraum, sondern macht die Jugend auch abhängig von der Elterngeneration, von der sie versorgt (alimentiert) wird. In diese Doppelbödigkeit — einerseits sich gegenüber den älteren Generationen weiter entwickeln und ihnen damit kritisch gegenüberstehen zu können und gleichzeitig von ihnen abhängig zu sein — ist der Generationenkonflikt als zentrales Charakteristikum der modernen Jugend einprogrammiert. Jugend darf in diesem Sinne nicht nur von der Gesellschaft zeitweise freigestellt sein, sie muß auch kontrolliert werden.

Das Sich-Entwickeln-Können in einer sich entwickelnden Gesellschaft soll nicht den Rahmen sprengen, das Vorgegebene verwerfen. Gleichzeitig wird aber der Jugend zugestanden, daß sie mit Neuem experimentiert. Dazu muß sie jedoch – zumindest probeweise – das Alte verwerfen können. Damit dieser notwendig doppeldeutige Entwicklungsakt nicht zum Risiko für die Gesellschaft wird, ist er auf den pädagogischen Schonraum Jugend verwiesen. Somit ist das Risiko, das Jugend beinhaltet, aus der Gesellschaft herausgenommen. Deswegen war und ist der pädagogische Raum gesellschaftlich so wichtig: Er ermöglicht individuell das Neue, ohne das gesellschaftlich Vorgegebene zu bedrohen (Vgl. dazu Herrmann 1982).

Aus diesem Exkurs zur modernen Jugend und Pädagogik wird plausibel, wie brisant es für Staat und bürgerliche Öffentlichkeit des ausgehenden 19. Jahrhunderts war, wenn zunehmend mehr junge Leute – eben die Jugendlichen – aus dem pädagogischen Raum Jugend herausfielen. Das Bild von der „Kontroll-Lücke zwischen Schulbank und Kasernentor" reicht nicht aus, um die ganze Tragweite der Problematik des Jugendlichen zu erfassen. „Jugendliche" war in diesem Sinne vielmehr eine Bezeichnung für junge Menschen, die sich nicht nur der öffentlichen Kontrolle zu entziehen drohten, sondern die generell aus der pädagogischen Jugend herausfielen, daher auch nicht nach pädagogischen Maximen zu behandeln waren. In Konsequenz dieser Sichtweise kümmerten sich auch nicht Pädagogen um solche Jugendlichen, sondern Juristen und Polizisten. Das erzieherische Bemühen um diese Jugendlichen im Einzelfall war damals in der Regel auch nicht pädagogisch motiviert, sondern sollte vor allem dazu dienen, die Strafe und Disziplinierung an den Mann zu bringen. Denn diese Jugendlichen – und das ist der Kern der damaligen Ideologie der Verwahrlosung – waren durch ihre Lebensverhältnisse und ihr Verhalten außerhalb der (pädagogischen) Jugend gestellt, es brauchte nicht jugendgemäß mit ihnen umgegangen zu werden.

„Konsequenterweise gingen die ersten Ansätze zur pädagogischen Intervention bei jugendlicher Auffälligkeit von den Juristen aus. Der Diskurs der Strafrechtsreform mit seinem Übergang vom rechtspositivistischen, tatbezogenen Strafrecht zum pädagogischen, täterbezogenen Strafkonzept konzentrierte sich zunächst

auf Minderjährige, weil deren relative Strafunmündigkeit am leichtesten einsichtig war. Die Parole ‚Erziehung statt Strafe‘ meinte bei den Reformern der ersten Stunde aber gerade nicht ein Plädoyer für verständnisvolle Milde, sondern zielte darauf, die korrigierende Intervention auf den jungen Täter zu intensivieren und zu verlängern. Statt kurzer Sühne für ein Bagatelldelikt sollte nun lange Zwangserziehung verhängt werden, wenn die Täterpersönlichkeit Grund zur Verwahrlosungsprognose gab" *(Münchmeier/Peukert 1990, S. 6).*

Bei fortschreitender Industrialisierung und Urbanisierung mit den entsprechenden Migrationen und sozialen Segregationen wurden über die Jahrhundertwende hinaus immer mehr solcher Jugendlicher freigesetzt. Die Statistik der Fürsorgeerziehung zu Anfang dieses Jahrhunderts (nach Münchmeier/ Peukert befanden sich 1913 in Preußen 56.464 Zöglinge in Fürsorgeerziehung) läßt vermuten, daß die Jugendlichen — pädagogisch-ideologisch zunächst immer als Randphänomen zur Jugend betrachtet — bald Alltagserscheinung wurden. Deshalb konnte auch die Jugendpädagogik sie mit der Zeit nicht mehr ausschließen. In den 20er Jahren der Weimarer Zeit wurde versucht, den Jugendlichen von der Pädagogik her kennenzulernen, ihn in die bürgerliche Jugendpädagogik einzubinden.

Die Zeit der Weimarer Republik von 1919 — 1933 war vor allem auch die Zeit der allgemeinen Institutionalisierung und der Professionalisierung (Verberuflichung) der sozialpädagogischen Jugendhilfe in Deutschland. Mit dem Reichsjugendwohlfahrtsgesetz von 1923 wurde die Organisation des Jugendamtes mit seinem Katalog von Aufgaben und Leistungen in den Mittelpunkt des sozialpädagogischen Feldes gestellt und die Fürsorgeerziehung reichsgesetzlich geregelt. Münchmeier und Peukert charakterisieren die Bedeutung dieses Gesetzeswerkes.

„Mit der Gesetzgebung von 1922/1923 war das sozialpädagogische Feld endgültig konstituiert. Insofern hatte sich ein Vierteljahrhundert der Entwicklung zu einem vorläufigen Abschluß gebracht. Das Problem abweichenden jugendlichen Verhaltens in der modernen industriellen Klassengesellschaft war durch eine charakteristische Vernetzung sozialer Hilfe und sozialer Kontrolle angegangen worden, die in ihren positiven, fördernden wie in ihren negativen, korrigierenden Maßnahmen von einem diffusen gesellschaftlichen Normalitätsideal ‚gesellschaftlicher Tüch-

tigkeit' oder ,Brauchbarkeit' geleitet wurde. Das Neue an diesen sozialpädagogischen Initiativen gegenüber der älteren Rettungs- arbeit und Wohltätigkeit waren die gesetzlichen Normierungen pädagogischer Staatsintervention in bisher private Erziehungs- prozesse, die damit verknüpfte Institutionalisierung der sozialen Hilfe und Kontrolle in besonderen Behörden und daraus notwen- dig folgend die Professionalisierung der sozialpädagogischen Arbeit." (S. 10)

Sozialpädagogische Angebote waren damit öffentlich und allgemein geworden. Aber ging mit dieser institutionellen Verallgemeinerung und professionellen Konsolidierung des sozialpädagogischen Feldes der Jugendhilfe auch eine eigenständige konzeptionelle Entwicklung einher? Wurden Behörden, Aufgaben und Verfahren nicht wieder vorge- setzt, bevor sich überhaupt eine sozialpädagogische Kon- zeptionsdebatte entwickeln konnte? Die Institutionen und Verfahren konnten damals nicht in einer Spannung zu einer laufenden wissenschaftlichen Konzeptionsdebatte entwickelt werden, wie das später bei uns in den 70er und 80er Jahren im Rahmen der Reform der Jugendhilfe in der Bundesrepublik geschehen sollte. Aus dem heutigen Blick- winkel stellt sich demnach die damalige Situation für uns „in zwei Linien" dar.

— Die sozialpädagogischen Konzeptionsdebatten der da- maligen Zeit kreisten um die neuen Institutionen und Regelungen bzw. sie arbeiteten sich an ihnen ab. Das reichte von Ansätzen zur institutionellen Etablierung der Jugendhilfe im Erziehungsfeld (Jugendhilfe ist alles, was nicht Schule und Familie ist) bis hin zu den reformpäd- agogischen Bemühungen, die sich gegen die behördliche und strafrechtliche Überformung der Jugendhilfe richte- ten. Denn dadurch, daß die Regelungen des Reichs- jugendwohlfahrtsgesetzes und die Konzeption des Jugendamtes nicht in der Spannung und Rückbindung zu einer eigenständigen sozialpädagogischen Fachdiskus- sion entstehen konnten, mußte das neue Jugendhilfe- system eine eindeutige sozialintegrative Ausrichtung — die Richtnorm der gesellschaftlichen Brauchbarkeit durchzog explizit und implizit alle Regelungen — haben.
— Die kritischen sozialpädagogischen Beiträge dieser Zeit versuchten deshalb auch, die sozialintegrative Dominanz abzubauen, indem sie die Persönlichkeit des Jugendli-

chen stärker in den Mittelpunkt stellen, bzw. den institutionellen Definition entgegensetzen wollten. Gerade jene Theoretiker, die sich auf diese Eigenständigkeit der Jugend bezogen, speisten aber ihre Ideen aus dem historischen Erlebnis der Jugendbewegung als Szenerie der Selbsterziehung und des autonomen Jugendlebens und weniger aus den empirischen Lebensbedingungen der Jugendlichen auf der Straße.

In der Geschichte der Jugendhilfe sehen wir deshalb keine Geschichte der Sozialpädagogik des Jugendalters, sondern eine Geschichte sozialpädagogischer Institutionen, die sich anfangs gar nicht jugendpädagogisch verstanden. Auch in der Weimarer Zeit, nach dem Ersten Weltkrieg, als sich endlich die bürgerliche Jugendpädagogik in breitem Ausmaß mit den Jugendlichen beschäftigte und in die Institutionen der Jugendhilfe einsickerte, beinhaltet diese Institutionengeschichte nur sehr unzureichend auch eine Geschichte der Sozialpädagogik. Sie ist in ihrem sozialpädagogischen Denken zu sehr an der Auseinandersetzung den vorgegebenen und vorgesetzten institutionellen Zwängen und außerpädagogischen Definitionen fixiert. Dieser sozialpädagogische Diskussionsstrang, der sich aus der Kritik der Institutionen der Jugendhilfe speist, sich aber auch in ihr erschöpft, reicht bis in die heutige Zeit hinein. Das Spannungsverhältnis von Sozialintegration und jugendlicher Lebensbewältigung, welches die moderne Sozialpädagogik ausmacht, kann sich in diesem institutionellen Denken noch nicht zureichend ausdrücken.

Wenn wir heute nach den historischen Wurzeln sozialpädagogischen Denkens im Spannungsverhältnis von Sozialintegration und Lebensbewältigung suchen, so müssen wir uns auf Pfade neben der offiziellen Jugendhilfediskussion und ihrer Geschichtsschreibung begeben. Wir brauchen diese historische Vergewisserung, wenn wir die anfangs gemachte Behauptung stützen wollen, daß die Geschichte sozialpädagogischen Denkens sich aus der Geschichte der Jugendlichen (und nicht ihrer institutionellen Erfindung) entwickelt. Wir müssen also in unserem historischen Bemühen dort suchen, wo man sich nicht nur programmatisch, sondern *empirisch* mit diesen Jugendlichen und ihren Lebensbedingungen beschäftigt hat. Ich sehe diese

Anfänge in der Pädagogischen Jugendkunde der Weimarer Zeit, die in diesem historischen Abriß deshalb auch sehr ausführlich dargestellt werden soll.

Der Ausgangspunkt einer thematischen Geschichte der Sozialpädagogik: Die Pädagogische Jugendkunde

Das Spannungsverhältnis Sozialintegration/Lebensbewältigung, das bis heute das Grundmuster von Theorie und Praxis der Sozialpädagogik des Jugendalters darstellt, findet sich historisch in einer empirisch ausgerichteten pädagogischen Disziplin, die sich neben der Jugendhilfe, vor allem um das aufstrebende Berufsschul- und Berufsberatungswesen entwickelte, wenn es auch personelle Querverbindungen zur Jugendhilfe gab. Dieses Spannungsverhältnis war nicht ausdrücklich konzeptionell thematisiert, es stellte sich vielmehr in der Disziplin selbst her — meist von den Jugendkundlern selbst nicht erkannt, wenngleich sie davon umgetrieben wurden.

Dieses latente Spannungsverhältnis verdichtete sich in den meisten jugendkundlichen Arbeiten der Weimarer Zeit in dem Maße, in dem die Jugendkundler einerseits in ihren empirischen Untersuchungen und Betrachtungen auf die differenzierten Lebensäußerungen Jugendlicher stießen, die sie durchaus als Formen von Lebensbewältigung erahnten. Gleichzeitig waren sie aber so befangen in der traditionellen bürgerlichen Jugendpädagogik, daß sie diese empirischen Bewältigungsanzeichen als Gefährdungsmuster interpretierten und damit ihre empirischen Erkenntnisse wieder entwerteten oder gar preisgaben.

Die Pädagogische Jugendkunde zwischen Pädagogik und Jugendforschung

Die Pädagogische Jugendkunde der Weimarer Zeit bildet für mich also die Ursprungslinie, die Vorläuferin unserer modernen empirischen Sozialpädagogik, obwohl sie als

Fachdisziplin der Jugendhilfe nicht zugeordnet war. Während sich die sozialpädagogischen Fachdiskussionen, die um die institutionelle Jugendhilfe kreisten, meist nur auf die Gruppe der „verwahrlosten", unangepaßten Jugendlichen, Jugendliche also, deren abweichendes Verhalten manifest war, bezog und deshalb kaum aus dem traditionellen Bereich der Fürsorgeerziehung herauskamen, ging es der Pädagogischen Jugendkunde um die wachsende Masse der berufstätigen Jugend, um die Bewältigung des Jugendlebens unter dem Eindruck einer sich gegenüber dem bürgerlichen Jugendschonraum neu und anders herauskristallisierenden Übergangsphase der Berufsfindung und den damit zusammenhängenden Problemen der Lebensbewältigung. Der Blick auf den Alltag der Jugendlichen, der die Sozialpädagogik gegenüber der traditionellen bürgerlichen Jugendpädagogik auszeichnet, ergab sich für die Pädagogische Jugendkunde zwangsläufig: es galt nicht – wie in der traditionellen Jugendfürsorge – die Jugendlichen negativ unter dem Aspekt abweichenden Verhaltens einzuordnen, sondern sie positiv von ihren Fähigkeiten her für eine eigene Lebensführung zum Beruf hin zu definieren. Trotzdem verblieb auch diese Jugendkunde in einer Zwiespältigkeit befangen. Ihre Vertreter/innen kamen aus der bürgerlichen Jugendpädagogik und Jugendpsychologie, die sich nun um eine empirische Erforschung vor allem der berufstätigen Jugend erweiterte. Die empirische Erweiterung verschaffte ihnen den Zugang zur Bewältigungswirklichkeit vor allem auch der nichtbürgerlichen Jugend. Ihre Ideologie von der „bürgerlichen Jugend", die sie weiterhin mitschleppten, ließ sie aber in ihren Interpretationen immer wieder auf das bürgerliche Jugendideal einerseits und die traditionelle Integrationsproblematik der Gefährdung andererseits zurückgreifen. Sie konnte die Spannung Lebensbewältigung/Sozialintegration, die in ihren Arbeiten knistert, nicht konzeptionell ausdrücken.

Die Entwicklung der pädagogischen Jugendkunde

Im Gegensatz zum ständisch-autoritären System des Deutschen Kaiserreichs vor dem 1. Weltkrieg war die Gesellschaft der Weimarer Republik eine demokratisch verfaßte Gesellschaft. Die demokratische Öffnung dieser Gesellschaft und die schubartig verlaufenden ökonomischen und technischen Modernisierungsprozesse rissen die traditionellen proletarischen und bürgerlichen Milieus auf, machten Bildung und Ausbildung für breite Kreise ökonomisch erforderlich und damit zugänglich. Ein Hauptmerkmal der Weimarer Zeit ist in diesem Sinne, daß vielfältige Zugänge zu neuen Ausbildungswegen und Berufen geschaffen wurden; es ist die Zeit, in der die modernen Angestelltenberufe zum Durchbruch kamen. Die Jugend erhielt in diesem Modernisierungsprozeß eine strategische Rolle. Sie mußte in die neuen Bildungs- und Qualifikationswege einsteigen, mit den dazugehörigen neuen Lebensformen experimentieren, für die es bisher kaum Vorbilder gab. Die Jugendwirklichkeit der 20er Jahre war lebensweltliches Neuland, das Risiken und Chancen gleichermaßen unübersichtlich streute. Auch die Jugendlichen in den bürgerlichen Mittelschichten entwickelten Verhaltensweisen und Lebensformen, denen die bürgerliche Jugendpädagogik mit ihrem klassischen Jugendbild fremd gegenüberstand und entzogen sich in vielem den herkömmlichen pädagogischen Kategorien. Auch sie hatten einen modernen Alltag zu bewältigen, für den es keine traditionellen Verhaltensvorbilder gab.

Die massenhafte Freisetzung vor allem der berufstätigen Jugend in der Weimarer Zeit („freigesetzt" aus traditionellen Herkunfts- und Erziehungsmilieus) überstieg die Vorstellungswelt der klassischen Jugendpädagogik. Plötzlich war die Straße voll mit Jugendlichen, die man nicht so ohne weiteres den „Verwahrlosten", „Unerziehbaren" zurechnen konnte, die vielmehr eine neue Lebensform, die Freizeit, auslebten; Jugendliche, die Ausbildung und Beruf nachgingen, aber sich „draußen" ebenso ungezügelt zu verhalten schienen wie die unangepaßten Jugendlichen als Zielgruppe der klassischen Fürsorge. Die Pädagogischen Jugendkunde erkennt die neue Wirklichkeit, bewertet sie aber traditional. Man sieht und beschreibt, wie die Berufs- und Freizeitwelt neue Lebensformen hervorbringt, bewertet sie aber mit der alten Begrifflichkeit der Gefährdung.

Und doch entwickelte sich etwas mit der Pädagogischen Jugendkunde im Verlauf der 20er Jahre. Dadurch, daß die Integrationsperspektive von der diffusen gesellschaftlichen und sittlichen Norm auf die berufliche Eingliederung verlagert, nicht mehr so sehr die gesellschaftliche Angepaßtheit, sondern die berufliche Tüchtigkeit in den Vordergrund gestellt wurde, bekam die Pädagogische Jugendkunde eine positive allgemeine Funktion. Sie bezog sich eben nicht nur wie die traditionelle Fürsorgelehre auf die Unangepaßten sondern auf die breite Masse der Jugendlichen. Sie war zwar in ihrem normativen Kern immer noch klassische Gefährdungspädagogik, in ihrem empirischen Gehalt aber zunehmend Bewältigungslehre. Sie verharrte im alten jugendpsychologischen Modell der Kulturpubertät, nach dem die (bürgerliche) Jugend sich nur durch Triebunterdrückung und Triebverzicht aus der Pubertät heraus sozial und kulturell höher entwickelte, konnte sich aber der Empirie der neuen gegenwartsbezogenen und durch die sozialen Umwälzungen freigesetzten Lebensformen der Jugendlichen nicht entziehen. Dies kommt in der Definition von Busemann (1931) wie folgt zum Ausdruck:

„Die Pädagogische Jugendkunde hat zwei Aufgaben: Sie soll erstens Eltern und Berufserziehern ein praktisches Hilfsmittel sein, und zweitens der Erziehungswissenschaft mit einer Erkenntnis der zu erziehenden Jugend dienen . . . Gegenstand der Pädagogischen Jugendkunde ist der junge Mensch, als eine zu seelischem und geistigem Leben sich entfaltende und gestaltende Persönlichkeit . . . Die jugendliche Persönlichkeit wird nicht als ein Ruhendes, gleichsam im einmaligen Querschnitt, sondern in ihrem Werden, Wachsen und Reifen erforscht, und es wird versucht, dieses Geschehen, dies ununterbrochene Anderswerden zu erklären (aus Anlagen, Milieu, Einflüssen, Erziehung usw.). Darum erweitern wir unsere Betrachtung, indem wir auch die Lebensbedingungen des Heranwachsenden untersuchen" (S. 1/2).

In dieser Definition ist alles enthalten — wenn auch in einer für die damalige Zeit charakteristischen Sprache — was wir als sozialpädagogischen Gehalt der Jugendkunde aufgezeigt haben: Sie nimmt zwar ihren Ausgangspunkt in der klassischen Jugendpädagogik der Persönlichkeitsentwicklung im Schonraum des Jugendalters, will aber darüber hinaus Entwicklung nicht als individuelle, sondern vor allem auch als soziale Entwicklung erklären, den Jugendlichen also wieder in die Gesellschaft stellen. In diesem Prozeß des Anders-Werdens ist die herkömmliche Erziehung nur ein Faktor. Milieu, Einflüsse kommen dazu.

Und das Entscheidende: diese soziale Jugendpädagogik ist als solche nur in einem empirischen Rückbezug auf die Lebensverhältnisse der Jugendlichen möglich.

Der empirische Zugang der Jugendkunde: Die Bewältigungsszenerie der Großstadtjugend

Das Charakteristische für die großstädtische Szenerie der Weimarer Zeit — vor allem für die Berliner Verhältnisse — ist die historisch neue Erscheinung, daß Urbanität nicht mehr exklusive Lebenssphäre einer mittleren und gehobenen bürgerlichen Schicht ist, sondern zur allgemeinen Lebensform für alle Bevölkerungsgruppen und -schichten wird, die in den Großstädten wohnen. Dabei werden neue Szenerien, Öffentlichkeiten und Stile entwickelt. Die Bevölkerungsgruppe aber, an der sich dieser Umbruch und diese Freisetzung am deutlichsten zeigt, sind die großstädtischen Jugendlichen. Sie strömen in die neuen Ausbildungsgänge und Berufe, sie besiedeln die neue Freizeitszenerie in den Kinos, in den Sporthallen und -plätzen, in den Straßen. Die Großstadt wird zum regionalen Magnet. Die Realisierung von neuen Berufs- und Freizeitwünschen scheint materiell und kulturell nur im Kontext der städtischen Lebensformen bzw. in der Großstadt selbst möglich. Die Landflucht der jungen Leute in der ersten Hälfte der 20er Jahre ist ein beredtes Beispiel dafür.

An der Großstadt der Weimarer Zeit scheiden sich die Geister. Gerade an der Pädagogischen Jugendkunde kann man sehen, wie sich die Faszination durch die Wirklichkeit der Großstadt mit kulturpessimistischer Abwertung des Großstädtischen als des Ungesunden, Gefährdenden abwechselt. Allerdings: Wurde in den jugendkundlichen Arbeiten zu Anfang der 20er Jahre diese Freisetzung der Großstadtjugend fast nur im gefährdungspädagogischen Sinne gesehen, so zeigt sich im Verlauf der Arbeiten der späten 20er Jahre immer deutlicher, daß die Verbindung von Urbanität und Lebensform bei der Jugend erahnt wird.

Interessant und bezeichnend ist es, daß die Jugendkundler in ihren empirischen Studien das Hauptaugenmerk auf die proletarische Großstadtjugend richteten und weniger auf die bürgerliche Mittelschichtsjugend. Das hängt sicherlich einmal damit zusammen, daß der Prozeß der Freisetzung der Jugend aus alten Milieus besonders neu und besonders sichtbar an der proletarischen Jugend ablief. Proletarische Jugendliche drängten über ihre Klassenschranken hinaus in die neuen Berufe, bildeten eigene städtische Quartieröffentlichkeiten, die breiter und alltäglicher waren als die Straßenauftritte der Halbstarken, die schon um die Jahrhundertwende beschrieben wurden. Im Freizeit- und Straßenleben der proletarischen Großstadtjugend verkörperte sich die neue Trennung von Arbeit und Freizeit und die neue Qualität von Freizeit als Lebensform.

Die Art und Weise, wie sich die proletarische Großstadtjugend auslebte, war mit dem traditionellen jugendpädagogischen Modell der Kulturpubertät nicht mehr faßbar. Das kulturpubertäre Entwicklungsmodell — inspiriert durch die bürgerliche Jugendbewegung — beschrieb und systematisierte die innere Freisetzung des bürgerlichen Jugendlichen. Nur aus dem bürgerlichen Milieu und der bürgerlichen Familie waren jene kulturellen Einflüsse zu erwarten, welche die von den Jugendkundlern zum Maßstab erhobene kulturelle Reifung der Jugend fördern und gleichzeitig wieder an die bürgerliche Kultur binden konnte. Dieser Kontext war für sie für den proletarischen Jugendlichen nicht gegeben. Durch die sichtbare äußere Freisetzung aus den herkömmlichen proletarischen Familien- und Nachbarschaftsmilieus schien den Jugendpädagogen der Weg dieser Jugend ins bürgerliche Jugendideal, in die innere Reifung, endgültig verbaut. Trotzdem blieb auch ihnen das Anregungsmilieu der Großstadt nicht verborgen. Konnte es nicht so sein, daß auch die äußeren kulturellen Einflüsse zu einer Höherentwicklung auch der proletarischen Jugendlichen führten?

Und dann vor allem die Faszination der neuen Berufe! Die pädagogischen Jugendkundler sahen hier nicht nur ein neues und gesellschaftlich anerkanntes wissenschaftliches und praktisches Betätigungsfeld, z.B. die Berufsberatung, sondern sie sahen im Beruf auch eine positive Integrationsperspektive für die proletarische Jugend. Berufsstolz, Berufsfreude und Berufswilligkeit wurden nun zu den proletarischen Tugenden hochstilisiert, die Ungelernten als die gefährdete, integrationsschwache Gruppe im Vergleich dazu kontrastiert.

An der Art, wie Busemann (1931) den großstädtischen Einfluß auf die Jugend beschreibt, kann man einerseits das gespaltene Verhältnis der Pädagogischen Jugendkunde zur großstädtischen Jugend nachvollziehen, zum anderen aber auch sehen, daß die Jugendkunde das Ausgesetztsein, die Bewältigungsproblematik der Großstadtjugend gespürt und beschrieben hat:

„Die Großstadt steigert zwar die Anregungen, verengt aber unerträglich den Lebensraum, trennt von der Natur, verfrüht die Bewußtseinsentwicklung, zerstört die Gemeinschaft der Familie und die Familie selbst, zerstört die Kräfte und erzwingt beschleunigtes Reagieren, schädigt damit Besinnung, Besinnlichkeit, Tiefe des Erlebens, überhaupt alle Gemütswerte. Ihre Schulen leiden unter Übersteigerung der Ansprüche wegen zu großen Andrangs der Schülerscharen, unter Entfremdung des Elternhauses, unter der Hast und dem Lärm des Verkehrs".

Aber auch:

„Die Welt des Kindes in Stadt und Großstadt ist nach der Seite des Menschlichen hin erweitert, bereichert und vertieft. Das bedeutet naturgemäß höhere sittliche Einsicht, Verständnis auch psychologisierender Literatur, vor allem aber Zerstörung naiver Ich-Gefühle, vitaler Glückssicherheit, überlieferter Lebensformen" (S. 241).

Auch bei G. Dehn (1928), dem Klassiker der Beschreibung der proletarischen Großstadtjugend in der Weimarer Republik, tritt diese jugendpädagogische Ambivalenz deutlich zutage:

„Die Großstadt wirkt auf sie (die Jugend), und wiederum gilt das in besonderem Maße für die Proletarierjugend, die mehr ihrem unmittelbaren Einfluß ausgesetzt ist, als die Jugend des Bürgertums, vielfach ein: helfend auf der einen Seite, zerstörend auf der anderen. Helfend in dem Sinne, daß der Mensch sich schneller und reicher entwickelt. Die Pubertät tritt in der Stadt bekanntlich 1-2 Jahre früher ein als auf dem Lande . . . Die tausend Reize und Anregungen der großstädtischen Welt machen die Jugend beweglich, empfänglich, reaktionsfähig. Das achtklassige Schulsystem sowie der obligatorische Berufsschulunterricht bieten doch sehr viel stärkere Bildungsmöglichkeiten als die ein- oder zweiklassige Dorfschule. Die vielfachen Gelegenheiten zur weiteren

Fortbildung durch Vorträge, Volkshochschulen und freiwillige Fachkurse, die in der Großstadt überall geboten werden, geben die Chance des Weiterkommens, die im Dorf oder in der kleinen Stadt schlechterdings nicht gegeben sind . . . Die großen Betriebe können ja auch in ganz anderer Weise den Intelligenzen den ihnen zukommenden Platz anweisen, als das dem Handwerkertum und dem Kleingeschäft der Provinz möglich ist. Man kann sagen, daß ein nicht ganz unbeträchtlicher Teil der Jugend des Großstadtproletariats von den sich bietenden Aufstiegsmöglichkeiten Gebrauch macht. Andererseits erweist sich die Großstadt freilich dem schwach Befähigten oder dem Willensschwachen gegenüber als hart und verderblich . . . Wer in Berlin kein vollgültiges Schulabgangszeugnis erhält, ist in der Regel dazu verurteilt, sein Leben lang in der untersten Stufe des Arbeitertums zu verharren." (S. 37/38).

Die proletarische Großstadtjugend in den 20er Jahren, so zeigt uns das jugendkundliche Material, war gegenwartsorientiert und utilitaristisch eingestellt. Viele spürten, daß sich ihnen schon in jungen Jahren Lebensmöglichkeiten eröffneten, und sie wollten leben. Mode, Musik, Kino und Sport boten in einem sich erweiternden gesellschaftlichen und ökonomischen Freizeitbereich Räume, um ein Jugendleben trotz beschränkter materieller Möglichkeiten zu leben. Man war über das moderne Ausbildungs- und Berufssystem in neue, der Herkunftsfamilie fremde Lebenswelten gekommen, hatte damit verbundene Lebensweisen kennengelernt und angenommen. Dieser berufliche Kontext, der sich den Jugendlichen als eigenständige Welt aufbaute und in seiner Differenz von Arbeit und Freizeit gleichermaßen Status und Lebensstil verhieß, ermöglichte es auch der proletarischen Großstadtjugend, die jugendliche Lebensphase zwischen Kindheit und Erwachsenenstatus als besondere Lebensform zu begreifen, auch wenn die materiellen Voraussetzungen und der rasche Übergang ins endgültige Arbeitsleben diese einengten und verkürzten.

Wie stark der Zusammenhang zwischen Berufsorientierung, Sehnsucht nach neuem Lebensstil und kultureller Ablösung gegenüber den „alten Autoritäten" bei der Jugend war, wird bei Kautz (1926) eindrücklich — wenn auch wieder kulturpessimistisch verformt — beschrieben.

„Hat sich die Schultür erst hinter den Entlassenen geschlossen, sind Lehrer und Seelsorger ihrer autoritativen Stellung enthoben,

*braucht der junge, unbändige Rücken nicht mehr die Schmach
des Schultornisters zu tragen, drohen keine Schulstrafen mehr:
dann nimmt die Freiheit mit all ihrem Taumel das junge Gemüt
gefangen, spinnt es in goldene Zukunftsträume von Genuß und
Vergnügen, vom vielen Geldverdienen und frohen Festen ein,
lehrt es abschütteln das ungemütliche häusliche Joch und selbst-
sicher hinaustreten auf die bunte Lebensstraße mit all ihrem
lachenden Lärm. Der junge Gymnasiast mit seiner Wissens-
bürde, seinen Flegeljahrenstreichen, seinen losen Kameradschaf-
ten, seiner geckigen Eitelkeit kann sich nicht so auf die
Abschlußprüfung, da er endlich etwas ,gilt', freuen, wie der Indu-
striejunge auf den Morgen seines letzten Schultages . . . Der Eintritt ins Erwerbsleben ist für den Jungen ein Freudentag. Die da
noch wochenlang warten müssen, werden allgemein bedauert.
Der junge Industrieling sieht ja nicht die graue, harte Arbeitsfron,
sondern die winkende Lohntüte, die erst die volle Freiheit bringen
kann. Eine möglichst dicke Lohntüte zu erhalten, ist den Jungen
ein Ideal. Das zweite Ideal ist ein möglichst hohes Sonntagsgeld
oder aber das Bezahlen von Kostgeld an die Eltern und freie Verfügung über den Rest . . . Der junge Mensch fühlt sich als Herr.
Er weicht vor keinem gutwillig, sondern zeigt den trotzigen Willen, sich unbedingt durchzusetzen". (S. 51f.).*

Hier schwingt zwar immer noch in der unterlegten Bewertung das alte Bild von der Beschwörung der Kontrollücke
zwischen Schule und Kasernentor des 19. Jh. mit; es wird
aber immer wieder überlagert und verdrängt durch das
empirische Erahnen, daß es hier um neue Lebensformen,
neue Lebensstile, um Bewältigungsmuster des Jugendlebens in der Spannung von Arbeit und Freizeit geht. Man
betont immer wieder, daß die Jugendlichen andere Lebensweisen als ihre Eltern kennenlernen, andere Erfahrungen
machen, sich ihnen andere Perspektiven eröffnen. Dies
wurde besonders im Arbeitermilieu beobachtet. Die Welt
der traditionellen proletarischen Nachbarschaftskultur mit
ihrem engen Zusammenhang von Arbeit, Feierabend,
Festen und politischer Betätigung — bei hoher Unselbständigkeit der Jugend in Abhängigkeit von der proletarischen
Erwachsenenkultur — war den meisten Arbeiterjugendli-
chen zu eng geworden. Nur wenige noch hatten ein tradi-
tionelles Klassenbewußtsein und lebten es in den herkömmlichen Lebensformen der Arbeiternachbarschaftskul-
tur aus. In dem Maße, in dem auch die proletarischen
Jugendlichen in den Sog der Aufstiegsorientierung des

modernen Berufssystems gerieten, gingen sie auf Distanz und Abgrenzung zu ihren Eltern: Sie hatten die Chance, mehr zu werden als diese und spürten, daß sie das nur erreichen konnten, wenn sie frühzeitig anders lebten. Arbeiterjugendliche – so wird berichtet – schämten sich, *Proletarier* genannt zu werden. Proletarisch als früher positiv besetzter politischer Begriff wurde zum negativ besetzten Begriff des Ungelernten, des nicht in das moderne Berufs- und Aufstiegssystem Integrierten.

„Der Ungelernte ist immer Kommunist, sagt ein Schlosserlehrling. Einer urteilt über einen ungelernten Bekannten charakteristisch: ‚Er ist radikal, aber vollständig unwissend‘. In den von mir untersuchten fünf Klassen der schon erwähnten Werkschule (hier handelt es sich um besonders qualifizierte Jungen) mit zum Teil stark kleinbürgerlichem Einschlag, fand ich keinen einzigen Kommunisten. Sehr bezeichnend für die soziale Schichtung innerhalb des Proletariats war mir hier die Äußerung eines Jungen: ‚Kommunismus ist nur für das niedere Volk‘. Auch in den übrigen Klassen der Gelernten waren, abgesehen von den Maurern, Kommunisten eine große Ausnahme" (Dehn 1928, S. 52).

Der Prozeß der äußeren (sozialen) Freisetzung der Jugend in der Weimarer Zeit beschränkte sich aber keineswegs nur auf die proletarische Jugend, wenn auch diese im Mittelpunkt der jugendkundlichen Empirie stand. „Die bürgerliche Jugend ist fast im gleichen Tempo aus den bürgerlichen Moralkonventionen gelöst worden wie die jugendlichen Arbeiter aus dem Kodex der Klassenordnung des Sozialismus" (Kluth/Lohmar, S. 78). Es schien sogar, daß sich proletarische und bürgerliche Jugend in einem gemeinsamen Konvergenzpunkt – der Freizeit – einander annäherten, allerdings immer noch getrennt durch bessere oder schlechtere Freizeitchancen oder exklusivere oder weniger exklusive Vereins- und Gruppenzugehörigkeiten in der Freizeit. Kluth/Lohmar (1956) haben überdies darauf hingewiesen, daß in der Weimarer Gesellschaft massive soziale Umschichtungen stattgefunden haben, welche gerade Jugendliche unterschiedlicher sozialer Herkunft einander anglichen. So erfahren wir, daß die ausgangs der 20er Jahre zunehmende Abiturientenschwemme und die damit verengten Zukunftschancen für einen Großteil der bürgerlichen akademischen Jugend zu Abstiegsprozessen aus der bürgerlichen Mittelschicht führten, welche auch die Freizeitmöglichkeiten einengten und damit denen der aufsteigenden Proletarierjugend zum Teil anglichen. Die Mode, das Kino, der Sport und der Tanz waren Freizeitmedien und Statusträger der ganzen Jugend, Symbole der neuen kulturellen Freisetzung und gleichzeitig Integration der Jugend in die Moderne. Es schien Anzeichen für eine Jugendkultur über die traditionellen Schichtgrenzen hinweg — bei allerdings sozial aufschlußreichen sozialen Differenzierungen — zu geben.

„Der Sport der proletarischen Jugend ist in erster Linie Fußball und Radfahren . . . Gleich hinterher kommt der Schwimmsport. Bei der gelernten Jugend spielen Paddelbootfahren und Leichtathletik (Laufen, Springen, Ballwerfen, Kugelstoßen usf.) eine etwas größere Rolle. Die Mädchen zeigen durch ihre Neigung zu Schwimm- und Paddelsport, daß der Flirtgedanke sie mitbestimmt. Es pflegen hier in der Regel beide Geschlechter zusammen zu sein. Selbstverständlich wird von der Jugend aller Gruppen gern gewandert. Auch hier sind in den meisten Fällen Jungen und Mädchen zusammen. Auffallend war mir, daß jetzt auch die proletarische Jugend in einzelnen linksradikalen Verbänden . . . Tennis spielt" (S. 42).

Wenn hier nun die Mädchen auftauchen, so ist das kein Einzelfall in der jugendkundlichen Literatur der Weimarer Zeit. Die Jugendhilfe und Jugendpflege der Gesellschaft des Kaiserreiches thematisierte in erster Linie den männlichen proletarischen Jugendlichen der Großstadt. Dieser war auf der Straße anzutreffen, während die Mädchen in der Regel privat in den Familien blieben, also nicht sichtbar waren. Mit der allgemeinen sozialen Freisetzung der Jugend in der Weimarer Gesellschaft, verbunden mit der Aussicht auf neue gesellschaftliche Integrationsmöglichkeiten außerhalb der Familie (Beruf) traten nun auch die Mädchen in den Kreis der Jugendlichen, wurden sichtbar, ihre Lebensformen und Bewältigungsmuster wurden sozialpädagogisch interessant.

„Der Beruf der Hausgehilfin erfreut sich nirgendwo auch nur einer Spur von Beliebtheit. Man ist sich darin einig, daß man dort von früh bis spät zu tun habe, ‚den Herrschaften den Schmutz nachtragen müsse und immer in der größten Abhängigkeit sei'. In einer Fabrikarbeiterinnenklasse erzählt ein Mädchen: Ich war einmal ein Dienstmädchen, da war ich aber ganz ausgenutzt und verstoßen. Eine andere klagt: Wenn ich um 10 Uhr

nach Hause kam, wurde mir vorgeschmissen, ich triebe mich rum. Eine dritte meint, als Mädchen müsse man sich ja immer von den Kindern triezen lassen" (Dehn 1928, S. 66).

Der Verkäuferinnenberuf — so berichtet Dehn — war bei den Mädchen besonders begehrt und attraktiv. Das könnte darauf zurückzuführen sein, daß dies ein Arbeitsfeld war, in dem Mädchen in der Kommunikation beispielsweise mit Kunden neue Erfahrungen, die ihnen in ihren klassischen privaten Rollenbeschränkungen verwehrt waren, machen konnten. Das Selbstbewußtsein und die Selbständigkeit vieler großstädtischer Mädchen aller Schichten schien nicht mehr aufzuhalten zu sein: „Das Mädchen hat sich einen eigenen Lebensstil geschaffen, der Ausdruck ihres Jugenderlebnisses ist" (Franzen-Hellerberg 1932, S. 64). Diese Aussage einer Jugendkundlerin wird von ihr selbst zwar im gleichen Atemzug wieder jugendpädagogisch abgewertet, sie spiegelt aber die empirische Tendenz wider, daß die traditionellen Geschlechterrollenerwartungen von den Mädchen zumindest in ihrer Selbstverständlichkeit in Frage gestellt wurden:

„Wenn man mit jemandem geht, dann muß es sich auch lohnen. Das wird oft von den Mädchen betont. Der Freund muß auch etwas schenken können, sei es auch nur ein Glas Bier oder ein Kinobillett. Freunde werden zuweilen gewechselt, weil ,er' nichts mehr bietet." . . . *„Sobald die Mädchen ernsthaft reden, stellt sich bei zwei Dritteln von ihnen heraus, daß sie die Heirat ablehnen. Selbst wer einen festen Freund hat, macht nur in äußersten Verlegenheitsfällen Heiratspläne. Diese Verlegenheitsfälle sind die Furcht, in Fürsorgeerziehung zu kommen, oder Konflikte mit den Eltern oder das Greifbarste: ein Kind, das erwartet wird. Man wählt dann die Ehe nur als das geringere von vielen anderen Übeln, um das Leben zu erleichtern" (S. 70).*

Kinder in der Pädagogischen Jugendkunde

Die Entwicklung des Kindes in der modernen Zeit war ein zentrales und psychologisch-pädagogisch differenziert untersuchtes Thema der Jugendkunde. Dabei fällt auf, daß die wissenschaftliche Beschäftigung mit dem Kind unproblematischer ist als die mit den Jugendlichen. Wir finden in den damaligen Arbeiten nicht die bedenkliche Spannung zwischen Beschreibung der Jugendwirklichkeit und ihrer gefährdungspädagogischen Interpretation, welche die jugendpädagogischen Untersuchungen angesichts der sozialen Freisetzungstendenzen auszeichnete.

Die Erklärung dafür ist einfach und plausibel: Die Kinder in der Gesellschaft der Weimarer Republik waren im Durchschnitt noch fest ins Erziehungsdreieck Familie — Schule — Kind eingebunden, jene Tendenzen sozialer Freisetzung und kultureller Akzeleration, die wir heute bei Kindern beobachten — vor allem über die Einflüsse der „Miterzieher" Konsum und Medien — gab es damals in dieser Ausprägung noch nicht.

Aber trotz dieser familienzentrierten und scheinbar fest in die traditionellen Erziehungsmächte eingebundenen Kindheit lassen sich in der Jugendkunde erstaunlich moderne Hinweise auf die soziale Bewältigungsproblematik des Kindesalters finden. Gerade die Themen, die uns heute in der Sozialpädagogik des Kindesalters beschäftigen — die Spannung zwischen Erziehung und Eigenleben, die soziale Bewältigung der Schule, das sozialräumliche Aneignungsverhalten von Kindern — sind entweder ansatzweise oder gar — wie beim sozialräumlichen Verhalten — auf einem verblüffend hohen Niveau entwickelt. Dies läßt auf Tendenzen sozialer Freisetzung im Kindesalter schon in den 20er Jahren schließen.

Natürlich gab es — wie in der Pädagogischen Jugendkunde überhaupt — keine ausgesprochene, sich als disziplinär verstehende Sozialpädagogik des Kindesalters. Wir reimen uns deshalb wieder die sozialpädagogisch relevanten Anteile aus der damaligen Entwicklungspsychologie des Kindesalters zusammen, vor allem dort, wo sie sich mit dem „sozialen Verhalten" der Kinder beschäftigen. Darüber hinaus gab es noch Arbeiten, bei denen der sozialpädagogische Aspekt der Hilfe und Hilfebedürftigkeit in den Mittelpunkt rückte: so vor allem H. Hetzers „Kindheit und Armut" (1929), die in der von Ch. Bühler herausgegebenen Reihe „Psychologie der Fürsorge" erschien. Im Mittelpunkt des Interesses dieser Arbeiten stand vor allem die mittlere Kindheit, welche die Zeitspanne vom Grundschuleintritt (6. Lebensjahr) bis zum 10.-12. Lebensjahr umfaßt. Diese Abgrenzung der mittleren Kindheit ist auch zum Teil noch heute gebräuchlich.

Vor dem Hintergrund des industriellen und politischen Modernisierungsschubs, der die Gesellschaft der Weimarer Republik charakterisierte, hatte sich die Schule vor allem in den Städten endgültig aus ihrem familien- und obrigkeitsabgeleiteten Status der öffentlichen Erziehungsautorität hin zur Bildungs- und Qualifikationsschule geöffnet. Dies drückte sich institutionell auch dadurch aus, daß in der Weimarer Republik die Grundschulbildung für alle Kinder einheitlich curricular geregelt wurde. Es fällt auf, wie stark die Jugendkunde empirisch beschreibend auf das Eigenleben, die selbsttätigen Gesellungsformen der Kinder neben Familie und Schule eingingen. Auch hier gibt es also Parallelen zu den jugendkundlichen Jugenduntersuchungen, in denen viele Phänomene sozialer Freisetzung der Jugend empirisch erhoben und beschrieben wurden, nicht aber wissenschaftlich-pädagogisch oder sozialisationstheoretisch erklärt werden konnten.

Sozialpädagogisch relevante jugendkundliche Studien zur Situation der Schulkinder fangen damals schon mit den inzwischen klassischen Sätzen an, die auch heute noch Abhandlungen über die mittlere Kindheit einläuten:

„Der Schulbesuch bedeutet für das Kind eine plötzlich einsetzende schwere Belastung (. . .). Dazu kommt, daß die Schule vom Kinde Gesellung mit Alters- und Klassengenossen fordert, weil sie nicht Schule des Einzelnen sein kann, also auch an das soziale Verhalten gewisse Ansprüche in sozialer Hinsicht, bestimmte Aufgaben (der Unterordnung, der Einordnung, Zuordnung) stellen muß" (Busemann 1931, S. 53/54).

Obwohl sich die Jugendkundler in ihren Analysen vornehmlich auf das schulische Leistungsverhalten der Kinder konzentrierten, blieb ihnen die Spannung zwischen Schulordnung und Kinderleben nicht verborgen. Das Eigenleben der Kinder, das anderen Antrieben folgt als den schulischen Ordnungs- und Leistungsprinzipien, wird immer wieder beschrieben.

„Solange der Lehrer unterrichtend vor der Klasse steht, ist er der soziale Partner des Kindes. Überläßt er aber die Kinder sich selbst (in freieren Unterrichtsformen, in Pausen und Spielstunden), als Beobachter in den Hintergrund tretend, so zeigt das Kind sein altersgemäßes Verhalten zu seinesgleichen" (Busemann, 1931, S. 57).

Die außerschulischen Lebensräume der Grundschulkinder wurden aber auch für sich, unter dem Aspekt des Gruppenverhaltens und des Einübens sozialer Rollen untersucht. Man thematisierte das Kinderspiel als *die* Lebensform des Grundschulkindes und hob seinen Charakter als soziales Rollenspiel besonders hervor. Dabei wurde auch schon deutlich herausgearbeitet, wie im außerschulischen Spiel die Geschlechterrollen bei Mädchen und Jungen heraustreten und sich verfestigen.

Die offene Kindergruppe schließlich, die Gesellungsformen der Kinder auf der Straße, zogen die pädagogische Neugier der Jugendkundler besonders auf sich. Es wurden die verschiedensten Gruppenbildungen untersucht. Dabei wurde zum einen pädagogisch danach gefragt, inwieweit Spielgruppen – unter Berücksichtigung ihrer Strukturmerkmale wie Führertum und Beliebtheit – sozial prägende Einflüsse auf die Entwicklung des Kindes haben.

„Der Ort, an dem das Kind sein soziales Verhalten übt, damit es über den so engen Kreis der Familie hinausreichen lernt, ist das gesellige Spiel. Vom Spiel des Kindergartenalters aus führen zwei sich trennende Linien weiter: die eine knüpft am Konstruktionsspiel des Kindes an, indem der Werkgedanke sich kräftigt und das zusammenhängende Wollen eines Werkes geübt wird; diese Linie führt zur Leistung und zur Arbeit, erst in den engen Bezirken der Familie und der Schule, später im Erwerbsleben und im Beruf. Die andere Entwicklungslinie setzt sich vom Rollenspiel fort, indem das Kind das Großsein illusionistisch vorwegnimmt und dadurch Neues lernt. Im Grundschulalter wird das soziale Rollenspiel, zumal für die Mädchen, Lebensform" (Busemann 1931, S. 58/59).

Neben diesem „funktionellen" pädagogischen Blick auf die Kindergruppe gab es aber schon ein bemerkenswert differenziertes Material zum Eigenleben dieser Gruppen.

„Während das Kleinkind mit einigen wenigen Spielkameraden vollauf zufrieden ist, bedeutet es für das sechsjährige und ältere Kind einen großen Nachteil, wenn es nicht reichlich Gelegenheit findet, mit recht viel Gleichaltrigen beisammen zu sein. Das Kind von 5-11 Jahren fühlt sich in der großen Gruppe, in der es ganz und gar untertauchen kann, am wohlsten. Es hat das Bedürfnis, mit vielen Kameraden beisammen zu sein und kennt noch nicht den Wunsch, sich mit einem oder dem anderen besonders innig zu befreunden, sich an einzelne recht eng anzuschließen. Die Vor-

*liebe dieser Altersstufen für die große Gruppe kommt auch darin
zum Ausdruck, daß (. . .) die 5-11jährigen den Hauptprozentsatz
der Teilnehmer an den volkstümlichen Kinderspielen, die von
Kindergruppen auf der Straße ausgeführt werden, ausmachen"
(Hetzer 1929, S. 205).*

Betont wird im weiteren, daß diese Gruppen von Erwachsenen unabhängig, selbständig sind. Die Gruppenbildung weist schon soziale (Kontakt-)Strukturen auf und wird durch Führertum gelenkt und zusammengehalten. Dieser Gruppenführerschaft bei den Schulkindern widmete die Pädagogische Jugendkunde ihre besondere Aufmerksamkeit. Gruppenführerschaft — vor allem bei Jungengruppen — wurde nicht nur als Voraussetzung für den Zusammenhalt der Schulkindergruppen thematisiert, sondern vor allem auch als Medium für die Entwicklung der personalen und sozialen Selbständigkeit, für die „Loslösung von der fremdgesetzten Autorität" (Hetzer).

Vielleicht ist die unübersehbare Betonung des Zusammenhangs von gleichaltrigem Führertum und Eigenleben bei fast allen AutorInnen der Pädagogischen Jugendkunde auf die Erfahrung der Jugendbewegung zurückzuführen, in der dieser Zusammenhang besonders augenfällig und geradezu mythologisiert war. Die Führerzentrierung in den kinderpädagogischen Arbeiten hat oft den Blick verstellt auf die Bedeutung der anderen gegenseitigen Gruppenprozesse und den Austausch und die damit verbundene Aneignungsdynamik von Kindergruppe und sozialräumlicher Umwelt.

Trotzdem bleibt es das Verdienst der Kinderpsychologie und Pädagogischen Jugendkunde der 20er Jahre, die Schulkindergruppe als Ort und Medium des Selbständigwerdens der Kinder erkannt zu haben, als sozialen Antriebs- und Bewältigungskontext für die ersten Probleme des Übergangs vom Familienstatus in einen zunehmend familiendistanzierten und später im Jugendalter kulturell verselbständigten Eigenstatus. Die Kindergruppe hat noch nicht die gesellschaftliche Qualität der peer-group, der Gleichaltrigengruppe Jugendlicher, wie sie an späterer Stelle dargestellt wird. Sie dient vorerst der selbständigen Erweiterung des kindlichen Lebensraums über die Familie hinaus, verändert aber auch die Beziehungen der Kinder Erwachsenen gegenüber.

*„Das Kind, das vom Erwachsenen lange nicht mehr so abhängig
ist als früher, beginnt diesen Erwachsenen auch mit ganz anderen Augen zu betrachten. Im Umgang mit den Kameraden macht
es täglich die Erfahrung, daß soziale Beziehungen sich verändern
können, daß man sich um Führerschaft bemühen muß, daß man
sich unerwünschter Despoten erwehren kann u.a.m. Und im
Zusammenhang damit fällt es ihm eines Tages auf, daß sich
seine Beziehung zu Eltern, Erziehern, zur Familie von der Beziehung zu den Kameraden wesentlich unterscheidet. Die Kameraden, mit denen es Umgang hat, wählt es selbst aus, und wie
sich letzten Endes das Verhältnis zu ihnen gestaltet, hängt von
der eigenen Erfahrung, die man mit ihnen macht, ab. Mit den
Autoritätspersonen, mit denen es zu tun hat, mit den Familien-
angehörigen ist es anders. Sie sind ohne eigenes Zutun da, man
wird nicht gefragt, ob man mit ihnen in Beziehung treten will
oder nicht, und die Art der Beziehung zu ihnen ist von vorneher-
hein schon festgelegt"* (Hetzer 1929, S. 209/210).

Man kann durchaus sagen, daß in der Pädagogischen
Jugendkunde der 20er Jahre der Grundstein gelegt worden
ist für das sozialpädagogische Verständnis der Kindergruppenarbeit, wie wir es heute noch in der Jugendarbeit, in
den Jugendverbänden, aber auch in der Heimerziehung
antreffen. Wir werden allerdings im Kapitel zum Gruppenprinzip sehen, wie sich heute die Konstellation Eltern —
Schule — Kinder — Umwelt gegenüber der damaligen Zeit
so verändert hat, daß wir die pädagogische Gestalt der Kindergruppe — nicht ihre Bedeutung — gegenüber dem Gruppenverständnis der Pädagogischen Jugendkunde neu formulieren müssen.

Dagegen scheint die Arbeit von Martha Muchow zum sozialräumlichen Verhalten von Kindern, an die — nach ihrer
Wiederentdeckung in den 70er Jahren (1978) — die
moderne sozialökologische Kinderforschung und Kinderpädagogik angeknüpft hat (vgl. Deinet 1990/1991), viel
weniger überholt zu sein. Wenn man ihre Grundannahme
mit der des sozialökologischen Ansatzes in der Jugendpädagogik von D. Baacke (1980) vergleicht, so sticht einem das
Epochale, Überdauernde dieser Arbeit ins Auge. Dies können wir an einem direkten Zitatvergleich verdeutlichen.

*„Eine Verbindung irgendwelcher Art muß vom Ich zur Außenwelt
hinüber gestiftet werden, damit die Person leben kann, denn
Leben realisiert sich nur in der Spannung von Person und Welt"*
(Muchow 1932, S. 91).

42

„Damit steht im Mittelpunkt der Lebenswelt-Analyse die Sozialö-kologie als Untersuchung der Wechselbeziehung zwischen sozialer Umwelt und sozialem Verhalten des Menschen in konkreten Gesellschaften" (Baacke 1980, S. 504).

Beide betonen also die dialektische Einheit der Mensch-Umwelt-Beziehung, welche den Prozeß des Hineinwachsens der Kinder in die soziale Welt strukturiert. Martha Muchow formulierte dabei schon das, was wir in dieser Einführung das sozialräumliche Prinzip der Sozialpädagogik des Kinder- und Jugendalters nennen werden: Die Erfahrung, daß Kinder und Jugendliche sich eher sozialräumlich orientieren, während Erwachsene sich an ihren Positionen und Rollen ausrichten:

„Das Kind ist ganz allgemein, auch im Ernstverhalten, unendlich viel intensiver an die Dinge der Welt gebunden, verströmt sich selbst, seine Affekte und Wünsche, viel intensiver in die Dinge hinein als der Erwachsene, der ein ganzes System denkgesetzlicher Formungen an die Dinge heranbringt, durch deren Anwendung sie vom Ich abgerückt und dem Ich gegenübergestellt werden" (Muchow 1932, S. 91).

Martha Muchow war nicht nur von den gestalt- und ganzheitspsychologischen Traditionen der Kinderpädagogik der 20er Jahre beeinflußt, sondern vor allem auch von der „Lebensraumanalyse" von K. Lewin, die dieser später zur „Sozialen Feldtheorie" entwickelte. Wenn wir uns die Zusammenfassung der Lewin'schen Gedanken durch W. Hehlmann (1963) ansehen, so wird uns die Grundstruktur und -dynamik, die in dem sozialräumlichen Ansatz von Martha Muchow liegt, deutlich. Wir sehen, daß dieser sozialräumliche Ansatz mehr beansprucht als nur eine Dimension der sozialen Entwicklung herauszuarbeiten, sondern *die* Mensch-Umwelt-Beziehung (die wir heute als sozialisatorische Grundbeziehung definieren) schlechthin.

„Jeder einzelne stehe in einem Umfeld sozialer Spannungen und Kräfte. Jeder wirke auf jeden. Die einzelnen Kräfte seien beschreibbar als Vektoren, der Lebensraum der Person als ein Kraftfeld, innerhalb dessen die Vektorgrößen meßbar fungieren. Verhaltensmöglichkeiten seien abhängig von den Kräften der Person und den Valenzen oder Aufforderungscharakteren der Außenwelt. Mittels ihrer Handlungen und ihrer Lokomotion oder Fortbewegung (im physischen, sozialen und intellektuellen Sinne) agiert die Person in diesem Felde. Handlungen seien oft zu ver-

stehen als soziale Umstrukturierungen. Das Kräftefeld ändere sich, neue Ziele, aber auch neue Widerstände (Barrieren) modifizieren die Teile und damit auch das Ganze. Der Mensch finde sich in dauernd neu entstehenden und neu zu strukturierenden Situationen (Lebensraum), die mit seinen eigenen Kräften eine Gestalteinheit bilden" (Hehlmann, S. 323).

In ihrer empirischen Arbeit konzentrierte sich Martha Muchow — ganz in der Tradition der Pädagogischen Jugendkunde — auf das Spielverhalten der Kinder entlang der Fragestellung, wie denn die Kinder ihre räumliche Umwelt erlebten und wie sich dieses sozialräumliche Erlebnis in ihre Auseinandersetzung mit der sozialen Welt und damit mit sich selbst umsetzte. Sie entwickelte also die Person-Umwelt-Dimension der Sozialisation in der Figur des sozialräumlichen Kinderspiels.

„Spiel ist notwendig die Form des Lebens beim Kinde dieser Altersstufe, weil die Möglichkeit objektivierender Auseinandersetzung noch nicht hinreichend entwickelt ist, sondern sich erst nach und nach aus jener stark subjektivierenden, gefühls- und affektgetränkten Auffassungsweise der Umwelt, wie wir sie beim kleinen Kinde finden, heraus entfaltet" (1932, S. 91).

In diesem Sinne konnte sie auch die sozialräumliche Eigenwelt der Kinder herausarbeiten; es zeigt sich, daß Plätze, Gebäude, Flächen eine ganz andere Bedeutung für die Kinder als für die Erwachsenen haben, die sie eher unter funktionalen Gesichtspunkten ihres Berufs- und Wohnalltags sehen. Die Spannung von auf gesellschaftliche Funktionen gerichteter Erziehung und Eigenleben der Kinder ist hier schon sozialräumlich abgebildet und in gewissem Sinne sozialisatorisch (in der Bedeutung für die personale und soziale Entwicklung der Kinder) gewichtet. Für unsere sozialpädagogische Bewältigungsperspektive ist die Erkenntnis von Martha Muchow bis heute wichtig, daß das sozialräumliche Verhalten von Kindern und Jugendlichen im Alltag darauf abzielt, ihre Handlungsräume und damit ihre Möglichkeiten durch die Erfahrung von sich selbst in der räumlichen Umwelt zu erweitern und damit ihre Bewältigungskompetenz zu variieren. Diese Perspektive bildet auch die Grundlegung für die Entwicklung der Bewältigungsdimension Aneignung, wie wir sie in dieser Einführung in ihrer Bedeutung für die Sozialpädagogik des Kindesalters vorstellen wollen.

Fanden wir in unseren bisherigen Streifzügen zu Erschließung des sozialpädagogischen Gehalts der Weimarer Kin-
der- und Jugendkunde immer wieder unterschiedliche Bau-
steine, die sich aus ihrem kinderpsychologischen Ur-
sprungszusammenhang herausnehmen und sozialpädagogisch verwenden ließen, so läßt sich Hildegard Hetzers
Buch „Kindheit und Armut" (1929) aus heutiger sozialpädagogischer Sicht wesentlich systematischer interpretieren.
In diesem empirisch gehaltvollen Werk, aus dem man eine
Menge über die Lebensverhältnisse von Kindern in den
20er Jahren erfahren kann, ist eine systematische Sozialpädagogik der Kindheit enthalten. Mit dem Reihentitel
„Psychologie der Fürsorge", dem das Buch zugeordnet war,
signalisierte es selbst seinen sozialpädagogischen Einschlag.

Der Band gliedert sich in einen ersten, eher entwicklungspsychologischen Hauptteil („Armut und psychisches
Geschehen") und einen zweiten, ausgesprochen sozialpädagogischen Teil („Psychisches Geschehen und Hilfe"). Im
Übergangsteil des ersten Kapitels („Das Erlebnis der
Armut") wird schon die sozialpädagogische Grundthematik
in unserem Sinne der Lebensbewältigung angesprochen.

Die sozialpädagogische Systematik des Buches läßt sich
wie folgt zusammenfassen:

— *Hilfe,* also die sozialpädagogische Zuwendung zu den
  Kindern, orientiert sich vor allem an deren sozialen
  Grundbedürfnissen, bzw. der mangelnden Befriedigung
  („Unterbefriedigung") dieser Bedürfnisse. Zu diesen
  sozialen Bedürfnissen gehören vor allem das Bedürfnis
  nach sozialem Kontakt und nach Anschluß an eine
  Gruppe. Gerade die Nichtbefriedigung des Bedürfnisses
  nach sozialem Kontakt wird in der damaligen psychoanalytischen Erziehungslehre (vgl. Aichhorn 1925) als
  Grundproblem der „Verwahrlosung" von Kindern und
  Jugendlichen angesehen. Diese Thematik der sozialen
  Grundbedürfnisse wird später in den 60er Jahren von K.
  Mollenhauer in seiner „Einführung in die Sozialpädagogik" aufgenommen werden. Das Armutserlebnis der Kinder bezieht sich in erster Linie auf das Gefühl der Unterbefriedigung dieser Sozialbedürfnisse und nicht so sehr
  auf den materiellen Armutszustand bzw. den Sozialsta-

tus der Eltern. H. Hetzer zeigt an diesem Armutsbeispiel, wie wichtig es für die fürsorgerische Hilfe ist: zu erkennen, daß und wie subjektives Erleben und objektive Definition von Lebensschwierigkeiten auseinanderfallen können. Dies ist — so werden wir später systematisch darlegen — eine Grunderkenntnis des Lebensbewältigungsansatzes in der Sozialpädagogik.

- H. Hetzer betont auch schon die Dimension der eigenen Kompetenzen der *Lebensbeherrschung,* welche die Kinder haben, und sieht die Aufgabe der fürsorgerischen Hilfe vor allem auch in der Förderung dieser Kompetenzen. Am empirischen Studium der *Lebenstüchtigkeit* von Kindern — wir würden heute von Techniken der Alltagsbewältigung sprechen — zeigt sie, wie sich die Kinder selbst ihre Alltagsroutinen und Verläßlichkeiten, ihre Normalität schaffen. Gleichzeitig wird aber auch aus den Ergebnissen deutlich, daß der dauernde Kampf um die Sicherung dieser Alltagsroutine bei armen Kindern zur „Verengung des Gesichtskreises" (heute würden wir sagen: zur Einschränkung der Handlungsfähigkeit) führen kann. In diesem Zusammenhang liegt die pädagogische Verantwortung gegenüber dem Kind begründet.

- Die Kinder verhalten sich in der Suche nach ihrer Alltagsnormalität oft anders, als das die ErzieherInnen angesichts der objektiven Tatsachen der Armut erwarten. Hier klingt das Coping-Thema der Lebensbewältigung an. Das Hilfeverhalten der ErzieherInnen muß eine Balance zwischen dem subjektiven Erlebnis der Kinder und den objektiven Lebenstatsachen suchen. Denn Hilfebedürftigkeit — so zeigt Hildegard Hetzer an zahlreichen empirischen Beispielen aus Erziehungsberatungsstellen, die sich in den 20er Jahren sprunghaft ausbreiteten — ist bei den Kindern oft subjektiv nicht gegeben und unterliegt entwicklungs- und altersbedingten Ausprägungen und Schwankungen. Hier klingt das klassische Motiv der sozialpädagogischen Interaktion an: Kann die pädagogische Verantwortung der Erzieher, die sich aus der Erkenntnis der objektiven Hilfebedürftigkeit ableitet, mit der subjektiven Befindlichkeit der Kinder, auch wenn sie subjektiv keine Hilfebedürftigkeit erkennen lassen, überhaupt in Einklang gebracht werden?

Nachbemerkung

Die nationalsozialistische Jugendpädagogik hat die Entwicklung der Jugendkunde zur jugendkulturellen Bewältigungsperspektive abgeschnitten. Der sozialintegrative Aspekt der Jugendpädagogik wurde nicht nur verabsolutiert, der Jugend wurde die jugendkulturelle Eigenständigkeit ihrer Lebensform schlicht aberkannt. Nicht mehr von der Jugend, sondern vom „jungen Volksgenossen" war nun die Rede. Jugend wurde zum reproduktiven Glied der „rassischen Volksgemeinschaft" umdefiniert. Jugendkulturell orientierte Jugendpädagogik gab es nicht mehr. Die Sozialpädagogik hatte sich wieder auf die Verwahrlosten zu konzentrieren. Nun aber unter dem verschärften Aspekt, daß „Asoziale" nicht nur als Unangepaßte, sondern als nun „Gemeinschaftsschädlinge" behandelt wurden. Dies ging in der Kriegszeit so weit, daß die Jugendfürsorge in „Jugendschutzlagern" − nun unter kriminalbiologischen Gesichtspunkten der nationalsozialistischen Rassenlehre − Selektionsfunktionen wahrzunehmen hatte. Die „noch Gemeinschaftsfähigen" sollten ausgelesen, die übrigen ins Konzentrationslager oder in die Heilanstalten gebracht werden (Münchmeier/Peukert 1990, S. 48 ff.). Der Nationalsozialismus hat also die fortschrittlichen Aspekte der Weimarer Jugendkunde ausgelöscht, nur die sozialintegrative und gefährdungspädagogische Tradition wurde beibehalten und verschärft (vgl. dazu allgemein Otto/Sünker 1991).

Die Entwicklung einer sozialpädagogischen Perspektive im Spannungsfeld von Pädagogik und Jugendforschung in der Bundesrepublik

Die sozialpädagogische Szenerie der Nachkriegszeit in der Bundesrepublik war vor allem dadurch charakterisiert, daß versucht wurde, die sozialpädagogischen Institutionen der Jugendhilfe wieder aufzubauen. Man knüpfte an den Organisationsformen der verbandlichen und öffentlichen Jugendhilfe der Weimarer Zeit an, tat aber nichts, um die

Sozialpädagogik des Jugendalters über die traditionellen Bezugspunkte der Weimarer Jugendkunde hinaus zu erneuern. In den jugendpädagogischen Lehrbüchern, die in der sozialpädagogischen Praxis der Nachkriegszeit eine Rolle spielten, lebte so die Jugendkunde in ihrer vorwiegend jugendpsychologischen Tradition und als normative Gefährdungspädagogik wieder auf. Das gesellschaftliche Umfeld der 50er Jahre war entsprechend: Jugend hatte aufzugehen in der formierten Wiederaufbaugesellschaft der Nachkriegszeit. Abweichendes Verhalten – zum Beispiel das Halbstarkenphänomen der 50er Jahre – wurde im Sinne der Gefährdungspädagogik negativ sanktioniert, die diesem Verhalten zugrundeliegende Bewältigungsdimension wurde in der sozialpädagogischen Diskussion kaum thematisiert. Eine Ausnahme bildete hier der pädagogische Außenseiter H. H. Muchow (1959), der versuchte, diese Erscheinungen als extreme Bewältigungsformen der sich anbahnenden kulturellen Krise im Generationenverhältnis zu interpretieren.

Ein politisches Interesse an der gesellschaftlichen Integration der Jugend entwickelte sich aber vor allem aus der Umerziehungspolitik (Reeducation) der westlichen Besatzungsmächte heraus und begünstigte Ende der 40er und in den 50er Jahren eine Reihe von repräsentativen Jugendstudien. Sie begründeten die große Tradition der periodischen Jugendstudien in der Bundesrepublik. Im Mittelpunkt dieser Studien stand die Frage, inwieweit Verhalten und Einstellungen der jeweiligen Jugendgeneration mit dem durchschnittlichen Norm- und Verhaltensmodell der Gesellschaft übereinstimmten bzw. von ihm abwichen. Das pädagogische Integrationsmodell der empirischen Studien der Weimarer Jugendkunde wurde – so könnte man vereinfacht sagen – nun abgelöst durch das gesellschaftliche Integrationsmodell der soziologischen Jugendstudien, zu denen die Pädagogik lange Zeit keinen Zugang fand.

A. Flitners „Soziologische Jugendkunde aus pädagogischer Sicht"

Andreas Flitner hat diese Entwicklung der empirischen Jugendforschung der 50er Jahre in seinem Buch „Soziologische Jugendforschung . . . aus pädagogischer Sicht" (1963)

in einer Weise kritisiert, aus der sich neue Anknüpfungspunkte an eine sozialpädagogisch inspirierte Jugendforschung und Jugendpädagogik ergaben. Er gehört deshalb in
die Entwicklungsreihe einer modernen — das heißt auf die
Spannung von Sozialintegration und jugendkultureller
Lebensbewältigung abzielenden — Sozialpädagogik des
Jugendalters.

Wir haben bei der ausführlichen Darstellung der Pädagogischen Jugendkunde der Weimarer Republik das Augenmerk darauf gelegt, wie sich in dem Spannungsfeld von
empirischer Jugendforschung und ihrer pädagogischen
Interpretation sozialpädagogische Perspektiven entwickelten. Flitner knüpfte nun ausdrücklich an dieser Pädagogischen Jugendkunde an, aber er formulierte den pädagogischen Pol in diesem Spannungsfeld neu.

*„Das Jugendalter scheint heute selber in ganz neuem Maße mit
sozialen Problemen und mit der eigenen Integration in die
Gesellschaft befaßt. Während die Jugend, welche Eduard Spran-
ger beschrieb, seelisch stark mit der selbständigen Orientierung
in der Wertwelt beschäftigt und damit vornehmlich auf sich
selbst gerichtet war, scheint heute das Verhalten in den sozialen
Bezugsgruppen und gegenüber der gesamten Gesellschaft in den
Mittelpunkt der Jugendprobleme zu rücken. Wie die Gesellschaft
die Jugendlichen einordnet, bewertet und formt und wie diese
sich in jenem Gefüge zurechtfinden sollen, das scheint auch für
die Jugendlichen zu einem fundamentalen Problem ihres Verhaltens und Selbstverstehens zu werden" (S. 143/144).*

Damit hatte er eigentlich schon den „sozialpädagogischen
Punkt" getroffen, indem er empirische Jugendforschung
und Pädagogik aus der Empirie heraus aufeinander bezog.
Das Spannungsverhältnis Lebensbewältigung/Sozialinte-
gration wird in dem empirischen Material nur deshalb
sichtbar, weil es der Pädagoge mit seinem besonderen
Zugang beleuchtet. Dieser eigene (sozial-)pädagogische
Umgang mit der empirischen Jugendforschung wird von
Flitner in Absetzung vom soziologischen Erkenntnisinter-
esse beschrieben.

*„Es ist damit mehr gemeint als die Notwendigkeit, die Materia-
lien der Jugendforschung nach Verschiedenheiten der Lebensbedingungen aufzuschlüsseln. Es geht hier vor allem darum, dem
Wesen der ‚Jugend' besser gerecht zu werden, indem man sie*

nicht statisch, sondern in ihrer Offenheit und in ihrer Beziehung auf das Angesprochenwerden sieht, indem man also ihr Wesen auch in die Art der Aussage hineinnimmt, die man über ihre Erscheinungsformen macht. Die ‚überlegene Mobilität' der Jugend, wie sie vielfach in der soziologischen Jugendforschung konstatiert worden ist, ist doch vor allem Plastizität, Erziehbarkeit, Bedürfnis nach Ansprache, Bezugnahme auf etwas, dessen Stärke oder Schwäche in den Aussagen über die Jugendlichen mit enthalten sein muß" (S. 134).

So wie das hier pädagogisch formuliert ist, verweist es unzweifelhaft auf die alltäglichen Probleme der Lebensbewältigung Jugendlicher, die hinter der soziologischen Fassade der gesellschaftlich geprägten Einstellungsmuster liegen. Die für die Sozialpädagogik des Jugendalters wegbereitende Bedeutung des Flitner'schen Versuchs wird wiederum im Vergleich zur Jugendkunde augenfällig. Dort versuchte die Pädagogik, die Empirie der Jugendstudien ihrem normativen Entwurf des bürgerlichen Jugendideals zu unterwerfen, was ihr — wie wir gesehen haben — nie ganz gelungen ist, weil sie sich der Faszination der Eigendynamik der Empirie nicht entziehen konnte. Hier versucht ein Pädagoge, die jugendpädagogische Perspektive aus der Empirie der Jugendstudien heraus zu entwickeln, indem er sie pädagogisch neu und anders zum Schwingen bringt. Das Pädagogische wird gleichsam in der sozialen Welt der Jugend aufgespürt, die eingeführte pädagogische Begrifflichkeit bekommt erst in dieser Dialektik von sozialer Wirklichkeit der Jugend und pädagogischer Intention ihre Gültigkeit.

K. Mollenhauers Grundlegung einer Sozialpädagogik des Kindes- und Jugendalters

Mollenhauer nahm in seiner „Einführung in die Sozialpädagogik", die ein Jahr später als Flitners Buch erschien, keinen Bezug auf diesen. Er setzte sich auch nicht ausdrücklich mit dem Spannungsverhältnis Jugendpädagogik und Jugendforschung (auseinander), sondern stützte sich in seinem historischen Rückgriff eher auf die traditionelle institutionelle „Jugendhilfe" (s.o.) und nicht auf die Pädagogische Jugendkunde. Dort allerdings, wo er paradigmatisch wird, das heißt wo er sich um einen systematischen Entwurf einer empirischen Sozialpädagogik bemüht, verläßt er diesen Pfad und begibt sich in das Spannungsfeld von Pädagogik und empirischer Kinder- und Jugendforschung. Deshalb gehört er ebenfalls in die hier gezogene historische Entwicklungslinie hinein. Für ihn gilt das, was Flitner hergeleitet hat, als Postulat: Das Pädagogische habe seinen Gehalt aus der sozialen Wirklichkeit des Jugendlebens zu beziehen und in einer entsprechenden sozialpädagogischen Erziehungswirklichkeit abzubilden. Die Integrationsthematik des Jugendalters in der modernen Industriegesellschaft ist dabei der zentrale Bezugspunkt sozialpädagogischen Denkens.

Die Integrationsthematik in ein Spannungsverhältnis zur Lebensbewältigung von Kindern und Jugendlichen zu bringen, gelingt ihm folgerichtig erst da, wo er in seiner Einleitung die institutionelle Argumentationslinie verläßt und die empirische Wirklichkeit des Jugendlebens sucht. Dieser Teil mit dem Titel „Sozialpädagogische Aspekte des Heranwachsens" beinhaltet die erste systematische Einführung in die Sozialpädagogik des Kindes- und Jugendalters. Sie ist in ihren Grundzügen auch heute noch anregend und wegweisend.

Mollenhauer entwickelt vor dem Hintergrund der übergeordneten Integrationsthematik des Heranwachsens vier Kristallisationspunkte sozialpädagogischer Bezugnahme: „Grundakte" — Anpassung — Umlernen — Konflikt.

„Zuwendung und Ansprache sind (. . .) die beiden pädagogischen Grundakte, weil in ihnen die Erfahrungen gestiftet werden, die die fundamentalen Bedingungen der Humanität sind" (S. 62).

Anpassung — Umlernen — Konflikt werden bei Mollenhauer als je eigene sozialpädagogische Aspekte des Heranwachsens thematisiert. Zwischen ihnen besteht ein deutlicher innerer Zusammenhang, der — aus der heutigen Perspektive — auf unseren sozialpädagogischen Spannungsbogen Lebensbewältigung/Sozialintegration zuläuft. Anpassen zielt auf die Bewältigung der phasentypischen Übergänge im Kindes- und Jugendalter: Schuleintritt, Übergang in die Arbeitswelt, aber auch Sozialität, die Fähigkeit der Einfügung in soziale Gruppen. „Anpassung . . . als sozialpädagogischer Begriff meint aber auch die Spannung zwischen Sein und Sollen" (S. 69), die Integrationsproblematik des Kindes- und Jugendalters also im weitesten Sinne.

Der sozialpädagogische Begriff des Umlernens stellt neben diese Bewältigungsdimension die Bildungsdimension, fußt auf der Annahme von der Bildsamkeit (S. 76) der Jugendlichen. In ihm wird die Fähigkeit zur soziokulturellen Erweiterung des Orientierungs- und Handlungshorizonts thematisiert, die Kinder und Jugendliche erfahren, wenn sie – vor allem in den lebensphasentypischen Übergängen – in für sie neue Milieus, Verhaltenserwartungen und Rollenanforderungen kommen. Dieses Umlernen hat natürlich auch eine zentrale Bewältigungsdimension: In der modernen Konsum- und Mediengesellschaft sind Kinder und Jugendliche so unübersichtlichen, widersprüchlichen sozialen und kulturellen Ansprüchen und Anreizen ausgesetzt.

„Da in all dem die Identität der Person gewahrt werden soll, erfordert es die moderne Form sozialen Daseins, daß diese Identität sich gerade im Verschiedenen und Disparaten zur Geltung bringt, ohne sich in ihm zu verlieren" (S. 78/79).

Mit der Dimension Konflikte schließlich greift Mollenhauer die typischen Bewältigungs- und Integrationskonflikte Jugendlicher (Generationenkonflikte, Schulkonflikte, Gruppenkonflikte etc.) auf und versucht sie in ihrem sozialpädagogischen Gehalt zu bestimmen:

„Sozialpädagogisch relevant werden die Konfliktphänomene dadurch, daß in ihnen und ihrer Bewältigung einerseits sich erzieherisches Gelingen oder Mißglücken dokumentiert, und daß andererseits Konflikte nie nur einen psychologisch isolierbaren, sondern auch einen die Veränderung der Person betreffenden, also einen Bildungssinn haben" (S. 83).

Der sozialpädagogische Bildungssinn liegt dabei im Erlernen der Fähigkeit, Konflikte produktiv zu bewältigen: Konfliktfähigkeit als Erweiterung der persönlichen Handlungsfähigkeit. Ich denke, es ist nicht überzogen, wenn wir sagen, daß unser sozialpädagogischer Zugang zu Kindern und Jugendlichen – erzieherische Hilfe zur Lebensbewältigung –, sei es nun unter dem einfachen Bewältigungsaspekt des Zurechtkommens oder dem erweiterten der Bildung, in dem Mollenhauer'schen Entwurf grundsätzlich – wenn auch zeittypisch – angelegt ist. Es war ein Entwurf, mit dem es gelang, den gesellschaftlichen Charakter der

Sozialpädagogik des Jugendalters zu erfassen, und der auch in der Dynamik der sozialen Bewegungen, die Ende der 60er Jahre über die Jugend und die Jugendpädagogik kommen sollten, in seinen Grundzügen hielt.

Antiautoritäre Sozialpädagogik und Pädagogik der „Bildungsjugend"

Die ausgehenden 60er und beginnenden 70er Jahre brachten mit den antiautoritären Jugendprotesten (Studenten-, Schüler-, Lehrlings-, Jugendzentrumsbewegungen) eine neue Dynamik in das Feld der Sozialpädagogik des Jugendalters. Im Gefolge dieser Bewegungen und ihrer gesellschaftlichen Resonanz wurden vor allem die Institutionen der Jugendhilfe — von der Jugendarbeit bis hin zur Heimerziehung — einer radikalen Kritik unterzogen. Manfred Liebels Aufsatz „Abschied von der sozialintegrativen Jugendarbeit" (1969) brachte dies für die Jugendarbeit auf den Begriff; im Bereich der Fürsorge- und Heimerziehung machte das Buch „Gefesselte Jugend — Fürsorgeerziehung im Kapitalismus" (1971) Furore. Hier wurde bewußt an den Fürsorgerevolten und den sozialistischen Erziehungskonzepten der Weimarer Zeit angeknüpft. Im Theoretisch-Konzeptionellen kristallisierten sich in dieser Zeit hauptsächlich zwei Bezugspunkte heraus: einerseits das Verständnis von Kinder- und Jugendpädagogik als antiautoritärer Praxis einer jugendkulturellen Gegenwelt zu der die Jugend nur verwertenden kapitalistischen Gesellschaft und andererseits ein politisches Verständnis von Jugend und Jugendpädagogik. Jugend wurde als kritische Masse der Gesellschaft begriffen, jugendliche Randgruppen als Symbolgruppen der sich der gesellschaftlichen Verwertung verweigernden Jugend, mithin als antikapitalistisches Potential, das die Jugendpädagogik als solches — und eben nicht im traditionalen sozialintegrativen Verständnis der Kanalisierung abweichenden Verhaltens — zu begleiten und zu unterstützen hatte.

Mit der Integration in die gesellschaftlichen Modernisierungs- und Demokratisierungsprozesse der 70er Jahre hatten die antiautoritären Protestszenerien ihre historische Eigenmächtigkeit weitgehend eingebüßt (vgl. dazu Böhnisch/Blanc 1989). Sie sind aber für uns in der Jugendpädagogik das geblieben, was Herman Nohl in den 20er Jahren für das Erbe der Jugendbewegung in der Wohlfahrtspflege formuliert hat: Sie wirken als geistige Energien auch für die heutige Sozialpädagogik weiter, die es immer wieder produktiv erinnernd – und nicht einfach nostalgisch – aufzufrischen gilt.

Der Prozeß der Modernisierung und Demokratisierung der bundesrepublikanischen Gesellschaft, in dem auch die antiautoritäre und antikapitalistische Jugendpädagogik letztlich aufging, drückte sich im Erziehungsfeld vor allem in der Bildungsreform und dem Aufbau eines reformierten Bildungswesens aus. Der Aufstand der Jugend wurde in ein umfassendes bildungspolitisches Modell der Chancengleichheit und Partizipation umgemünzt. Die so in die Gesellschaft zurückgeholte Bildungsjugend sollte in einen neuen aufgeklärten Jugendstatus hineinwachsen, der der Jugend eine Rolle in der Gesellschaft — als Human Capital und strategische Gruppe der Modernisierung — zuwies. Die Integrationsthematik wurde gleichsam positiv gewendet. Die Jugend sollte einen eigenwertigen gesellschaftlichen Bildungsstatus erhalten, der nicht von vorneherein durch das gesellschaftliche Verlangen nach frühzeitiger Anpassung an den durchschnittlich geltenden Normen- und Sittenkodex eingeschränkt werden dürfte, sondern offen sein müßte für die Nutzung der gesellschaftlich gewährleisteten Chancen von Bildung und Ausbildung. Dies war die einschneidende qualitative Veränderung im Jugendbild unserer Gesellschaft. Jugend wurde nicht länger hauptsächlich als Schon- und Übergangsraum in die Erwachsenengesellschaft gesehen, sondern nun als durch Bildung strukturierte Statuspassage mit eigenem gesellschaftlichem Gewicht. An diesem Punkt hat sich die Mollenhauer'sche Kategorie der Anpassung historisch-gesellschaftlich überholt, indem der Jugend ein anderer gesellschaftlicher Status eingeräumt wurde.

W. Hornsteins „Bildungsplanung ohne sozialpädagogische Perspektiven"

Für die Sozialpädagogik stellte sich nun die Frage, welche Konsequenzen das Aufgehen der Jugend in der Bildungsjugend für den konkreten Alltag der Lebensbewältigung Jugendlicher haben könnte.

„Weder Strukturplan (des Bildungsrats 1970, L.B.) noch Bildungsbericht (1970, L.B.) haben ein Bewußtsein dafür, daß mit der Realisierung der vorgelegten Pläne die sozialpädagogische Problematik im Vorfeld der Schule und in der Schule selbst radikal verschärft werden; dies wird weder gesehen noch werden entsprechende Vorschläge für die Lösung der damit verknüpften Probleme gemacht; (. . .) weder Strukturplan noch Bildungsbericht sind sich im Klaren darüber, daß die vorgeschlagene Reform im Bildungswesen einer weitreichenden Neuverteilung der Erziehungsaufgaben und einer Neuvermessung der Erziehungslandschaft gleichkommen" (Hornstein 1971, S. 288).

Damit war die Befürchtung ausgedrückt, daß die beabsichtigte zeitliche und stoffliche Extensivierung und Intensivierung des schulischen Bildungswesens für alle Kinder und Jugendlichen eine direkte und indirekte Ausdehnung des Schulischen in sämtliche Lebensbereiche nach sich ziehen würde. Die Schule wäre aber aus ihrer traditionellen Fixierung auf die durch die schulischen Funktionserfordernisse geprägte Schülerrolle keineswegs für den Umgang mit den allgemeinen und offenen Bewältigungsproblemen im Kindes- und Jugendalter gerüstet. Ihr strukturelles Unverständnis diesen Problemen gegenüber würde also dazu führen, daß die bisher außerschulischen Bewältigungsräume für Kinder und Jugendliche weiter eingeengt wären. Auch die psychosozialen Bewältigungskosten für die gestiegene schulische Anforderung würden nicht von der Schule getragen, sondern auf die Kinder und Jugendlichen und ihre Familien abgewälzt. Deshalb müßte die neue Schule auch sozialpädagogisch reformiert werden; vor allem aber wären die außerschulischen sozialpädagogischen Einrichtungen in ihrer Bedeutung als eigenständige Sozialisationsbereiche auch bildungspolitisch aufzuwerten.

„Sozialpädagogik ist zwar einerseits die Theorie eines spezifischen pädagogischen Feldes, das im allgemeinen mit dem Feld „Jugendhilfe" bezeichnet wird; sie ist jedoch andererseits ein Aspekt, der auf die verschiedensten Sozialisationsfelder bezogen sein kann . . . Sozialpädagogik muß, insofern sie auf gesellschaftliche Prozesse und deren Auswirkungen auf die Sozialisationskonflikte blickt, notwendig über die eigens zum Zwecke der Erziehung eingerichteten Institutionen wie Schule, Berufserziehung hinaus die gesellschaftlichen und politischen Prozesse reflektieren, welche die Sozialisationssituation und -lage von Kindern und Jugendlichen bestimmen" (Hornstein 1971, S. 287/288).

Mit diesem Anspruch auf Neuverortung und Neubewertung der Sozialpädagogik im Erziehungsfeld wurde eine neue Qualität in die sozialpädagogische Konzeptionsdiskussion gebracht. Bislang hatte explizit oder implizit die traditionelle Bäumersche Definition gegolten, Sozialpädagogik sei alles, was nicht Familie und Schule sei. Diese Begrenzung auf das Außerschulische wurde nun von Hornstein sowohl bildungspolitisch als auch pädagogisch zugunsten des Anspruchs auf Durchgängigkeit der sozialpädagogischen Fragestellung im Erziehungsfeld durchbrochen. Damit konnte nun auch die Sozialpädagogik in den sozialisationstheoretischen Hintergrund der modernen Bildungsdiskussion eingehängt und ihr besonderer Sozialisationsmodus im Kontrast zur Lernorganisation Schule profiliert werden. Sozialpädagogik ist „weniger die Theorie einer ‚Lehre' und eines schulisch verstandenen ‚Lernens', sondern die Theorie einer von individuellen oder kollektiven ‚Lagen' bzw. Problemen und Bedürfnissen ansetzenden, auf die Lösung und Verarbeitung von Konflikten gerichteten Intervention, die mehr auf Aufklären, Motivieren, Bewußtseinserweiterung gerichtet ist als auf Informationsvermittlung" (Hornstein 1971, S. 287).

Hier scheint nun wiederum – in den Begriffen der Lösung und Verarbeitung – die sozialpädagogische Bewältigungsdimension durch. Mit dem Aufweis der Durchgängigkeit des sozialpädagogischen Bewältigungsaspekts – auch Schule muß sozial bewältigt werden – ist darüber hinaus die Möglichkeit der Verknüpfung von sozialpädagogischer und schulpädagogischer Perspektive aufgezeigt. Dieser Zusammenhang von schulischem Lernen und alltäglicher Lebensbewältigung ist heute – durch die Modelle der Schulsozialarbeit und die schulbegleitenden Hilfen empirisch erhärtet und erweitert – zu einem der Grundpfeiler des disziplinären Selbstverständnisses der Sozialpädagogik des Kindes- und Jugendalters geworden.

H. Thierschs Alltagsorientierte Sozialpädagogik

Die 70er Jahre standen unter dem Vorzeichen der Professionalisierung der Sozialpädagogik. Die Ausbildungsgänge wurden wissenschaftlich fundiert, das Berufsbild geschlossener und gegenüber anderen Sozialberufen abgrenzbarer gemacht. Die Folge war auch, daß die Sozialpädagogik sich nun zunehmend mehr auf ihre institutionelle Professionalität, denn auf die pädagogische Einfühlung in die soziale Wirklichkeit des Kinder- und Jugendlebens zu stützen schien — so wenigstens die aufkommende Kritik in der zweiten Hälfte der 70er Jahre. Sie bediente sich in ihrem professionellen Verständnis verallgemeinerter wissenschaftlicher — vor allem sozialwissenschaftlicher — Modelle der Erklärung abweichenden Verhaltens und sozialen Lernens, die zwar empirisch gehaltvoll waren, die aber — so wiederum die Kritik — selektiv wirkten. Das heißt, man ordnete die soziale Wirklichkeit nach professionellen Kriterien, interessierte sich nur für das, was in den professionellen Bezugsrahmen paßte, und schien sich damit immer mehr von einer für die Sozialpädagogik des Kindes- und Jugendalters so wichtigen offenen Erfassung der Bewältigungswirklichkeit von Kindern und Jugendlichen zu entfernen. Sozialpädagogische Institutionen arbeiten

„wie jede Institution — nach einem spezifischen Kanon von Problemdefinitionen und Lösungsmustern. Wenn sie sich der Alltagswirklichkeit ihrer Adressaten aussetzt, wird sie verunsichert und herausgefordert, selbstkritisch zu prüfen, ob sie mit ihrem Handlungsrepertoire den Nöten ihrer Adressaten gerecht wird, oder ob sie — in Analogie zu dem bösen Diktum von Karl Kraus, daß die Psychoanalyse die Probleme heile, die sie erst selbst schaffe — durch ihr Hinzutreten Probleme der Adressaten kompliziert . . . ja erst schafft" (Thiersch 1986, S. 44).

Thiersch entwickelte ein sozialpädagogisches Alltagskonzept, mit dem einerseits die soziale Wirklichkeit der Kinder und Jugendlichen lebensnah interpretiert, ihr Verhalten gerade aus dieser Alltagsbezogenheit in unserem Sinne als Bewältigungsverhalten verstanden werden kann. Gleichzeitig war das Alltagskonzept so angelegt, daß die gesellschaftliche Einbettung des Alltags thematisierbar blieb.

Thiersch hat keine systematische Alltagspädagogik des Kindes- und Jugendalters entworfen, er bezieht sich aber in seiner empirischen Plausibilisierung immer wieder auf diese Lebensphasen und auf sozialpädagogische Einrichtungen, die mit Kindern und Jugendlichen umgehen. Wenn wir sein Alltagskonzept also auf die Kinder- und Jugendphase beziehen, dann müßten wir formulieren:

Unter Alltag im jugendpädagogischen Sinne verstehen wir die Art und Weise, wie Kinder und Jugendliche mit ihren Problemen des Aufwachsens unterhalb der institutionellen Kindheits- und Jugendbilder zurechtkommen. Der Alltag ist also der Ort, von dem aus sie sich mit diesen institutionellen und gesellschaftlichen Vorgaben auseinandersetzen. In diesem Alltag bilden sich auch die Schwierigkeiten der Bewältigung, vor allem die, welche aus den institutionellen Mustern und Vorgaben nicht erkennbar, institutionell verdeckt sind:

„Sozialpädagogik versucht die Schwierigkeiten da anzugehen, wo sie sich für den Betroffenen ausgebildet haben und zeigen, in der Komplexität des gegebenen Alltags. Sie sieht und akzeptiert die eigenen Erfahrungen, Interpretationen, Lösungsstrategien und Ressourcen der Betroffenen" (Thiersch 1986, S. 43).

Alltag ist zwar für die Einzelnen je besonders, wird aber von ihnen genauso als etwas gemeinsam Geteiltes empfunden. Hervorstechend bei der Alltagsorientierung ist ihr Pragmatismus. Alltagsorientierung verweist auf die Dimension Handlungsfähigkeit, wie wir sie auch aus dem Lebensbewältigungskonzept kennen. Alltag bedeutet ein Ensemble von Routinen, wiederkehrenden Ritualen, tradierten und typisierten Erfahrungen, auf die sich soziale Gruppen in einem gemeinsamen Sozialraum beziehen können, in denen sie ihre gesicherte Normalität, ihre Handlungsfähigkeit suchen. Alltag können wir deshalb auch als soziales Medium der Lebensbewältigung bezeichnen.

Thiersch weist immer wieder auf die „Pseudokonkretheit" dieses Alltags hin und meint damit, daß Alltäglichkeit und Wirklichkeit nicht identisch sind (S. 16), auch wenn die Menschen den Alltag subjektiv als die eine, ihre Wirklichkeit begreifen. Der Alltag ist „borniert", er immunisiert in seinem Pragmatismus gegen gesellschaftliche Zwänge, genauso wie sich die ökonomischen und politischen Mächte des Alltags bedienen können, indem sie ihre Ziele und Absichten als nicht alltagsbedrohend darstellen. Und trotzdem wirken die gesellschaftlichen Zwänge und Bedrohungen in den Alltag hinein, auch wenn sie von den Menschen in ihrer Alltagsroutine überspielt, verdrängt werden können. Dies ist das regressive Moment der Alltagsorientierung. Alltagsborniertheit führt dazu, daß die Handlungsfähigkeit immer mehr reduziert wird, die Menschen nicht mehr vorbereitet sind auf soziale Veränderungen und Konflikte, auf die sie dann regressiv reagieren. Nicht umsonst sagen wir: Offiziell gibt es bei uns keine Kinderfeindlichkeit, aber der Alltag ist sehr kinderfeindlich; offiziell gibt es bei uns keinen Rassismus, aber der Alltag ist rassistisch. Andererseits darf uns diese Perspektive den Blick nicht dafür verstellen, daß im Alltag auch unverhoffte Handlungs- und Bewältigungsalternativen liegen können. Gerade Kinder und Jugendliche, die in den Institutionen in der Regel nicht zum Zuge kommen, suchen im Alltag ihren sozialen und kulturellen Experimentierraum.

Wir werden an späterer Stelle sehen, daß sich im Alltagskonzept unser zentrales sozialpädagogisches Konstrukt Lebensbewältigung widerspiegelt, daß wir über den Alltagsbezug Verhalten von Kindern und Jugendlichen verstehen und einordnen können, das uns vom durchschnittlichen normativen und institutionellen Verständnis her kaum zugänglich ist. Alltagsbezogene Konzepte helfen uns, die Logik des Bewältigungsverhaltens von Kindern und Jugendlichen zu bestimmen. Das sozialpädagogische Alltagskonzept ist ein offenes und deshalb methodisch schwer zu standardisierendes Konzept. Es ist deshalb methodisch sehr anspruchsvoll, weil im alltagsorientierten sozialpädagogischen Verstehen und Handeln zwei Ebenen zusammenkommen müssen: das Verständnis des Alltagskonkreten und die Suche nach der Verbindung des alltäglichen Bewältigungsverhaltens von Kindern und Jugendlichen zu den objektiven gesellschaftlichen Problemlagen, auf die es immer wieder bezogen werden muß. Diese Verbindung nicht nur theoretisch und methodisch, sondern auch in der konkreten Praxis für die Kinder und Jugendlichen aushaltbar herzustellen, ist die hohe Kunst einer alltagsorientierten Sozialpädagogik.

Die in dieser historischen Herleitung immer wieder bemühte These, daß sich sozialpädagogische Konzeptionen aus der Empirie des Kinder- und Jugendlebens zu entwickeln hätten, bekommt auch im Alltagskonzept eine neue Qualität. Es braucht dazu einen alltagsbezogenen Typus von Kinder- und Jugendforschung, einen Typus, der teilnehmend und aktivierend ist, der die Alltagsfolien erkennen kann, über die Kinder und Jugendliche ihre Lebensschwierigkeiten, aber auch ihre biographischen Optionen in der Regel ausdrücken.

Der 6. Jugendbericht: Chancengleichheit von Mädchen

Bisher war überwiegend von männlichen Sozialpädagogen die Rede. Und bei näherem Hinsehen entpuppen sich „die Jugendlichen", um die es in sozialpädagogischen Einrichtungen geht, als überwiegend männliche Jugendliche. Anders ausgedrückt: bei der Darstellung von Entwicklungs- und Bewältigungsproblemen im Kindes- und Jugendalter dominiert meist − unhinterfragt − die Figur des männlichen Jugendlichen, die dann für „die Jugend" insgesamt verallgemeinert wird.

„Jugendarbeit ist Jungenarbeit" − so heißt bis heute eine Kampfparole der feministischen Mädchenarbeit gegen die etablierte Jugendarbeit in den Jugendhäusern und Verbänden. Die Mädchen, die ja auch die Heime, die Beratungseinrichtungen und Jugendhäuser bevölkern, tauchten nämlich lange Zeit in der öffentlichen Jugendarbeit gar nicht auf. Aber da es sie gibt, ist zu fragen, warum in der Sozialpädagogik bis in die 80er Jahre hinein kein weibliches oder gar feministisches Konzeptionsverständnis auftreten, geschweige denn sich fachbeeinflussend durchsetzen konnte.

Den Schlüssel für eine Erklärung finden wir in der Umschreibung „Erziehung zur Unauffälligkeit", wie sie in einer der Expertisen zum 6. Jugendbericht (1984) als Titel gebraucht wird: Mädchen fallen nicht auf, weil ihnen traditionell öffentliche Räume verwehrt sind und weil sie so erzogen wurden − und oft noch werden −, daß sie nicht auffallen. Der Ausdruck Straßenjunge ist unverfänglich, die Zuschreibung Straßenmädchen dagegen absolut kompromittierend.

Solange die sozialpädagogischen Einrichtungen der Jugendhilfe vorwiegend nachrangige Ersatzerziehung organisieren mußten, wurden die Mädchen doppelt übergangen. Die gesellschaftlich üblichen Geschlechterrollenstereotype, welche die allgemeine Mädchenerziehung zur Unauffälligkeit steuerten, wurden hier in der Jugendhilfe noch einmal verdoppelt. Aus der Unauffälligkeit wurde das Verschweigen. Die Jugendhilfe hat zwar immer mit Zahlen und Berichten über weibliche Jugendliche in ihren Einrichtungen aufgewartet, aber sie hat sich jahrzehntelang nicht damit auseinandergesetzt, daß es in ihren Einrichtungen Mädchen gibt, deren besondere Benachteiligung durch die Jugendhilfe noch weiter verstärkt und – was sozialpolitisch fast noch schlimmer war – verschwiegen wurde.

Deshalb überstieg es wohl auch die Kraft von Einzelpersonen, die so gestellte Mädchenfrage in die Fachöffentlichkeit der Sozialpädagogik zu bringen. Es bedurfte eines besonderen öffentlichen, fast hoheitlichen Akts, um dieses Thema, lange nach den Kampagnen der Frauenbewegung und den allgemeinen Gleichstellungsprogrammen der Sozialpolitik hoffähig zu machen. Erst der 6. Jugendbericht hat mit seiner emanzipatorischen Handschrift und ausdrücklichen Parteilichkeit für die Mädchen für eine Öffentlichkeit und Verbreitung des Themas gesorgt, die eine fachinterne Diskussion – so sehr sie früher notwendig gewesen wäre – wohl nie erreicht hätte.

Bemerkenswert ist an diesem 6. Jugendbericht, daß er Chancengleichheit für Mädchen nicht vordergründig am Aufholen von Defiziten in Bildung und Erwerbstätigkeit und als Angleichung an ein Männerniveau definiert. Vielmehr wird die Forderung nach Verbesserung auf Chancengleichheit vor dem Hintergrund und in der Rekonstruktion einer ungleichen geschlechtsspezifischen Arbeitsteilung und einer männlich dominierten Geschlechterhierarchie entwickelt.

„Chancengleichheit bedeutet dann: gleiche Verantwortung und gleiche Handlungsmöglichkeiten von Frauen und Männern in privaten Beziehungen, in Beruf, Familie, Öffentlichkeit und Politik. ‚Weibliche' und ‚männliche' Eigenschaften oder Tugenden – zum Beispiel soziale Sensibilität, durchsetzungsfähige Leistungsbereitschaft – würden nicht länger Frauen oder Männern zugeschrieben oder abverlangt bzw. nur in bestimmten Lebensbereichen (Familie oder Arbeitswelt) zugelassen. Einstellungen und Verhaltensweisen von Frauen – wie Emotionalität, Verantwortungsgefühl, Personenbezogenheit –, die bisher als ‚weibliche Schwächen' abgewertet werden, würden für gesellschaftliche

Überlebens- und Entwicklungsstrategien produktiv werden können" (Sechster Jugendbericht 1984, S. 23).

Dieser gegenläufige Blick auf das eigene Bewältigungsvermögen von Frauen und Mädchen hat auch den Bereich der Mädchenerziehung in ein anderes Licht gerückt: Daß Mädchen in den sozialpädagogischen Einrichtungen in der Regel als Mängelwesen behandelt, daß die Räume der außerschulischen Bildung immer noch männlich dominiert sind und daß das sozialpolitische Programm der Vereinbarkeit von Familie und Beruf für viele Mädchen zwar erstrebenswert, im familialen und sozialen Alltag aber kaum befriedigend durchsetzbar ist.

Der 6. Jugendbericht hatte eine hohe jugendpolitische, verbandliche und kommunale Resonanz. Richtlinien und Programme für fast alle sozialpädagogischen Einrichtungen wurden entwickelt: eigene Mädchentreffs sollten eingerichtet, in den Jugendhäusern die Mädchengruppenarbeit gefördert werden; berufsvorbereitende Hilfen und berufsqualifizierende Maßnahmen sollten ihre Begrenztheit auf „mädchentypische" Berufsperspektiven überwinden; in den Erziehungshilfen wollte man die definierten Zonen von Verhaltensstörungen und Auffälligkeiten auf ihre sexistischen Verzerrungen zu Lasten der Mädchen überprüfen; die Problematik des sexuellen Mißbrauchs wurde zum ersten Mal öffentlich und institutionell thematisiert.

Die Sozialpädagogik weist der 6. Jugendbericht darauf hin, daß Mädchen-Sein und Junge-Sein spezifische Bewältigungsformen darstellen. Das bedeutet aber auch, daß das sozialpädagogische Konstrukt Lebensbewältigung/Sozialintegration auch auf der Ebene des Geschlechterverhältnisses ausgefüllt werden muß. Die alltagskonkreten weiblichen, aber auch männlichen Bewältigungsmuster im Kontext der gesellschaftlich sanktionierten Geschlechterhierarchie und geschlechtsspezifischen Arbeitsteilung werden damit zu einer zentralen Problemzone sozialpädagogischer Analyse und Praxis.

Für die männliche Seite allerdings ist dergleichen noch kaum öffentlich thematisiert. Die Tatsache, daß männliche Definitionen das Profil der Sozialpädagogik bestimm(t)en, obwohl es so viele Frauen in der sozialpädagogischen Praxis und Ausbildung gibt, bedeutet nicht, daß diese männliche Seite ein gelungenes Mann-Sein wiederspiegelt. Gerade auch die Jungen werden in ihren Bewältigungsmöglichkeiten eingeschränkt und festgelegt auf männliche Rollenstereotype, die ihnen eine allseitige soziale Entfaltung ihrer Persönlichkeit verwehren. Wir werden in dieser Einführung zumindest versuchen, hier einige sozialpädagogische Ansatzpunkte herauszuarbeiten.

3. Zur Konzeption einer Sozialpädagogik des Kindes- und Jugendalters

Der historische Spannungsbogen Jugend und Gesellschaft

Im vorhergehenden Kapitel wurde versucht abseits der offiziellen Jugendhilfediskussion dieses Jahrhunderts einen eigenen Weg zu bahnen, um zu den Entwicklungslinien eines eigenständigen sozialpädagogischen Denkens, das nicht von den Institutionen in Dienst genommen ist, vorzudringen. Daneben dürfen wir jedoch keineswegs das Problem der gesellschaftlichen Einbindung der Sozialpädagogik konzeptionell vernachlässigen. Schon bei der Rekonstruktion der Pädaogischen Jugendkunde, aber auch an den einzelnen Beispielen aus der Nachkriegszeit konnte gezeigt werden, wie schwer es ist, sich beim Nachzeichnen der Geschichte der Sozialpädagogik aus dem Problem ihrer staatlichen und politischen Indienstnahme zu lösen. Wir entgehen ihr nicht: Sozialpädagogik hat bis heute immer eine gesellschaftliche und politische Dimension. Das bedeutet nun nicht, daß die Sozialpädagogik selbst eine politische Disziplin ist, sondern daß sie in der Struktur ihres pädagogischen Feldes und in ihren pädagogischen Möglichkeiten von der jeweiligen Gesellschaftsentwicklung beeinflußt bzw. ihr ausgesetzt ist. Sie ist ihr viel unmittelbarer ausgesetzt als die Schule, die in ihrem festen institutionellen Rahmen gegen gesellschaftliche Veränderungen resistenter ist.

Diese gesellschaftliche Dimension der Sozialpädagogik speist sich in ihrer Grundthematik aus dem jeweils historischen Verhältnis von Jugend und Gesellschaft. Die Art und Weise, wie die Gesellschaft mit ihrer Jugend umgeht, welche Rolle sie ihr zubilligt, welche Jugendbilder also in der Gesellschaft kursieren, hat auch Folgen für die gesellschaftliche Funktion der Sozialpädagogik bis hin zu ihren konkreten jugendpädagogischen Spielräumen. Ob Jugend überhaupt als eigene Sozialgruppe anerkannt wird, ob sie als gesellschaftlicher Risikofaktor oder als Faktor sozialen Wandels gesehen wird, ob sie als gesellschaftliches Kapital oder gesellschaftliche Hypothek gilt, dies alles bildet ein jugendpolitisches Klima, das auf die Sozialpädagogik unmittelbar einwirkt. Aber auch die andere Seite des Verhältnisses von Jugend und Gesellschaft spielt für die Sozialpädagogik eine große Rolle: die Art und Weise, wie sich die Jugend selbst als gesellschaftliche Gruppe artikuliert, wie sie versucht, sich gesellschaftlich einzubringen und darzustellen. Auch dies ist in manifesten Jugendbewegungen und Jugendprotesten in diesem Jahrhundert immer wieder geschehen. Die gesellschaftliche Dimension von Sozialpädagogik ist so als Spannungsverhältnis angelegt: zwischen dem Jugendbild, das die Gesellschaft bzw. die Gesellschaftspolitik jeweils definiert, und dem Jugendbild, wie es sich herauskristallisiert, wenn Jugendbewegungen sich gesellschaftlich in Szene setzen, bzw. wenn öffentliches Verhalten Jugendlicher einen Anspruch auf politische und gesellschaftliche Relevanz formuliert.

Das Spannungsverhältnis von Jugend und Gesellschaft in seinem Einfluß auf die Entwicklung der Sozialpädagogik zeigt sich historisch das erste Mal in dem Wirken und in den Auswirkungen der bürgerlichen und proletarischen Jugendbewegungen zu Ende des 19. Jahrhunderts. In der bürgerlichen Jugendbewegung suchten Teile der bürgerlichen Jugend nach eigenen kulturellen Ausdrucksmöglichkeiten und Räumen abseits der geschlossenen Gesellschaft des kaiserlichen Deutschlands. Der Auszug in ein autonomes Jugendreich, den die Bünde zelebrierten, war eine frühe Demonstration des später immer wiederkehrenden Konflikts zwischen einer Gesellschaft, die als Industriegesellschaft die Jugend zunehmend brauchte, und der Jugend, die als Kulturgruppe nicht vorgesehen war und für ihre kulturellen Bedürfnisse, ihre Ideale und Träume keinen gesellschaftlichen Platz erhielt (vgl. ausführlich Herrmann 1991).

Auch die proletarische Jugendbewegung – der Zusammenschluß proletarischer Jugendlicher innerhalb der Arbeiterbewegung der zweiten Hälfte des 19. Jahrhunderts — war ein Ausdruck dafür, daß Jugendliche in den Organisationen der Arbeiterbewegung *als Jugendliche* ernstgenommen werden wollten und eigene Rechte und Räume beanspruchten. Sie wollten sich eben nicht mit dem Status des noch nicht voll gültigen Partei- oder Organisationsmitglieds, mit der Vertröstung auf später zufriedengeben. Ihr Kampf um die besondere Anerkennung ihrer Ausbildungs- und Arbeitsbedingungen richtete sich gegen die Erwachsenenorganisationen der Arbeiterbewegung wie gegen die Gesellschaft gleichermaßen. Bürgerliche und proletarische Bewegung haben bis heute nicht nur das jugendpolitische Denken in der Sozialpädagogik, ihr Gesellschaftsverständnis mitbestimmt, sie hatten auch konkrete Auswirkungen auf das konzeptionelle Denken in der Sozialpädagogik. Die Orientierung an der Schaffung eigener Räume für Jugendliche und der Aspekt der politischen Interessenvertretung Jugendlicher in der Gesellschaft, wie ihn vor allem die Jugendarbeit vertritt, sind auf diese Wurzeln zurückzuführen.

Die Ideen der Jugendbewegung begannen in die Sozialpädagogik Eingang zu finden, als nach dem Ende des 1. Weltkrieges die Jugendbewegung abebbte und viele ihrer Mitglieder in die nun entstehenden sozialpädagogischen Berufe und Institutionen einmündeten. Sie brachten dort das Gedankengut des Jugendraums und der Interessenvertretung Jugendlicher in die sozialpädagogische Praxis ein. Vor allem in diesem Sinne ist Herman Nohl zu verstehen, wenn er sagte, daß die Jugendbewegungen (genauso wie die Frauenbewegung) zu den „geistigen Energien der Jugendwohlfahrtsarbeit" gehörten. Anknüpfend an das sozialräumliche Verständnis entstand in der Weimarer Zeit sowohl im Bereich der Jugendfürsorge als auch der Jugendpflege eine Reformpädagogik, innerhalb derer erzieherische Programme entwickelt wurden, die vor allem an den Eigenarten und Eigengesetzlichkeiten des Jugendlebens selbst ansetzen wollten.

Die Jugendproteste der ausgehenden 60er und beginnenden 70er Jahre (Studenten-, Schüler-, Lehrlingsbewegungen) bilden eine zweite historische Zäsur in der Entwicklung des Spannungsbogens Jugend und Gesellschaft in seinen Ausstrahlungen auf die Entwicklung der Sozialpädagogik des Jugendalters. Der wichtige historische Unterschied zwischen den Jugendprotesten der 68er und der bürgerlichen Jugendbewegung besteht vor allem darin, daß sich die protestierende Jugend *in* der Gesellschaft *gegen* die Gesellschaft und ihre Institutionen wandte und diese zu verändern suchte. Die Jugendbewegung war dagegen Auszug aus der Gesellschaft.

In den sozialpädagogischen Diskussionen im Umkreis und Nachklang der Jugendproteste entwickelte sich eine breite Palette der Resonanz, die von antikapitalistischen Ansätzen einer sich politisch verstehenden Sozialpädagogik (antikapitalistische Jugendarbeit und Randgruppenarbeit) bis hin zu den reformpädagogischen Ansätzen einer emanzipatorischen Sozialpädagogik reichte. Im Mittelpunkt stand wieder − ähnlich wie in der Weimarer Zeit − der Jugendliche als gesellschaftliches Subjekt: sei es der sozial randständige Jugendliche, an dem sich der Unterdrückungs- und Benachteiligungsmechanismus der Gesellschaft konkret abbildet, sei es der politisch aktive Schüler oder Lehrling, in dem sich das Kritische und Politische der Generationengestalt Jugend kristallisiert. Die politischen Jugendbilder der sozialpädagogischen Szenerie im Umkreis der Jugendproteste der 68er Jahre sind bis heute in unseren sozialpädagogischen Denkfiguren und Praxiskonzeptionen aufzuspüren.

Das politische Klima, das die 68er Proteste heraufbeschworen hat und das neue Jugendverständnis, das in die Sozialpädagogik einzog, haben tiefgreifende institutionelle Funktionsdebatten ausgelöst. Die Organisationen der Jugendhilfe − gleich ob Jugendarbeit oder Fürsorgeerziehung − mußten sich öffentlich rechtfertigen, ob sie sich genauso repressiv gegenüber der Jugend verhielten wie das autoritäre gesellschaftliche System. Es kam zu einer kontroversen Funktionsdebatte vor allem in der Fürsorgeerziehung und Jugendarbeit. Diese lief im Ergebnis darauf hinaus, daß die sozialpädagogische Jugendhilfe sowohl ihre pädagogische Autonomie in der Gesellschaft als auch ihr gesellschaftliches Mandat für die Jugend zu formulieren versuchte. Wir bezeichnen dies als die emanzipatorische Wende der Jugendhilfe. Seitdem gehört die Vergewisserung und Verständigung über die gesellschaftlichen Funktionen der Sozialpädagogik und ihre Auswirkungen auf sozialpädagogisches Handeln zum festen Theoriebestand einer Sozialpädagogik des Jugendalters.

Der pädagogische Spannungsbogen: Von der Kontrolle zur Erziehung

Mit der emanzipatorischen Wende im sozialpädagogischen Selbstverständnis hat sich auch die Praxis der Sozialpädagogik des Kindes- und Jugendalters verändert. Ich will dies im folgenden am Beispiel der historischen Veränderung sozialpädagogischer Indikation zeigen, das heißt daran, wie sich im Verlaufe der Zeit die Anlässe (bzw. die Definitionen dieser Anlässe) für sozialpädagogisches Tätigwerden und Eingreifen gewandelt haben. An dieser Wandlung läßt sich nachvollziehen, wie sich die Sozialpädagogik von einer behördlichen Hilfsdisziplin zu einer eigenständigen pädagogischen Disziplin entwickelt hat. Eigenständigkeit bedeutet hier, daß die Sozialpädagogik ihre Zugänge zu den Jugendlichen und ihre Methoden im Umgang mit ihnen nicht mehr länger an den öffentlichen und behördlichen Kontrollvorgaben ausrichtet, sondern an der Lage der betroffenen Jugendlichen, also an ihren Sozialisationsbedingungen.

Solange die sozialpädagogische Jugendhilfe in ihrem Tätigwerden primär vom Verdikt der Kontrollücke bestimmt war, war sie Hilfsagentur der staatlichen Ordnungs- und Kriminalpolitik. Jugendliche auf der Straße, das heißt die aus der pädagogischen Jugend herausgefallenen Jugendlichen, galten von der zweiten Hälfte des 19. Jahrhunderts bis in die 50er Jahre unserer Zeit hinein nicht nur als öffentliches Ärgernis, sondern vor allem auch als öffentliches Risiko. Die Straße war der Inbegriff der Gefährdung, weil sich hier abweichendes Verhalten offen und unvermittelt ausdrücken konnte, jedenfalls in der Ideologie des klassischen pädagogischen Jugendschutzes. So hießen auch die ersten Häuser der Offenen Tür in den 50er Jahren, die von der kommunalen Jugendarbeit eingerichtet wurden, „überdachte Straßenecken", durch die die Jugendlichen „von der Straße geholt" und dadurch der Verwahrlosung entzogen werden sollten. „Die Straße" war also ein Synonym für das „Asoziale" und „Verwahrloste" schlechthin. Es verlor in dem Maße seinen pädagogischen Schrecken, in dem das Bildungs- und Ausbildungssystem auch für jene Jugendlichen erweitert wurde, die nicht der bürgerlichen Jugend angehörten.

Die Ausdehnung des Schulwesens, die Einrichtung der Berufsschulen, vor allem aber auch die Einführung von sozialen Sicherungs- und Unterstützungssystemen bei Jugendarbeitslosigkeit minderten die soziale Sogkraft der Straße, ließen sie nur noch zum letzten Ausweg für deklassierte Jugendliche werden. In diesem Sinne ist das Fazit von H. Peters (1973) zu verstehen, daß die ordnungs- und kriminalpolitische Ausrichtung der Jugendhilfe in dem Maße zurückgegangen ist, wie mit dem Ausbau der Bildungs- und Ausbildungspolitik, vor allem aber auch der sozialen Sicherheitspolitik, abweichendes Verhalten kein direktes gesellschaftliches Risiko mehr darstellte. Heute ist „die Straße" im sozialpädagogischen Sprachgebrauch eher jugendkulturelle Gelegenheitsstruktur denn kriminogener Gefährdungsbereich.

Festzuhalten ist aber: Wenn SozialpädagogInnen heute bei Lebensschwierigkeiten von Kindern und Jugendlichen tätig werden, dann tun sie es nicht mehr auf die „Zuweisung von der Straße", sondern auf „Zuweisungen über Familie und Schule" hin. Abweichendes Verhalten und Auffälligkeit werden heute in erster Linie als Indikatoren für Erfolge oder Mißerfolge der Erziehungsträger Familie und Schule gewertet. Man spricht von „mißlungener Erziehung", von „Erziehungsdefiziten", von „Schulversagen", von „Berufsunreife". Natürlich ist das abweichende Verhalten selbst, das sich ja immer noch auch auf der Straße zeigt, in den meisten Fällen äußerer Anlaß für das Eingreifen der Jugendhilfe; die fachlichen Indikationen (Problemanzeigen, die auf den Entstehungszusammenhang abweichenden Verhaltens verweisen) werden aber nun über die personalen Problemstrukturen der betroffenen Kinder und Jugendlichen und weitergehend aus ihrem sozialisatorischen Bedingungsfeld definiert.

Dieser Zusammenhang ist für das pädagogische Profil der modernen Sozialpädagogik zentral, denn erst als es ihr möglich war, Jugendliche nicht mehr an ihrem Verhalten zu messen, sondern die Person von dem abweichenden Verhaltenstatbestand zu lösen und auf ihre Sozialisationsbedingungen rückzubeziehen, wurde es ihr auch möglich, pädagogisch zu handeln. Pädagogisch handeln in diesem Sinne bedeutet, Jugendliche dadurch der personalen Selbständigkeit und Autonomie näherzubringen, indem ihnen geholfen wird, sich aus der Abhängigkeit belastender Sozialisationsbedingungen ihrer Biographie zu lösen, sich ihnen gegenüber zu emanzipieren. So könnte man wohl den pädagogischen Leitsatz moderner Sozialpädagogik formulieren.

Eine zweite Entwicklung, welche die pädagogische Profilierung der Sozialpädagogik gefördert hat, war ihre zunehmende Einbindung in das öffentliche Erziehungs- und Bildungswesen. Dies begann in der Weimarer Zeit, verdichtete sich aber vor allem in den 60er und 70er Jahren mit der bundesrepublikanischen Bildungsreform. Mit der Verallgemeinerung, zeitlichen Ausdehnung und organisatorischen Differenzierung des schulischen und beruflichen Bildungswesens strukturierten Schule und Ausbildung immer maßgeblicher den Alltag der Jugendlichen. Auch Familie und Schule gerieten in einen immer engeren Zusammenhang. Das Schülerdasein wird zur Normalität, abweichendes Verhalten wird auf die Normalität dieses Schülerseins genauso rückbezogen wie pädagogische Angebote außerhalb der Schule. Damit wurden Angebote der sozialpädagogischen Jugendhilfe automatisch zu außerschulischen Maßnahmen und bekamen ihren Erziehungscharakter „verliehen". Das spiegelt sich auch in den Begriffen wider: Die Jugendarbeit ist „außerschulische Jugendbildung", die Heimerziehung wird von der früheren „Zwangserziehung" zur „Ersatzerziehung".

Die Fixierung der Sozialpädagogik auf das Umfeld der Schule, wie sie sich in den 70er Jahren anbahnte, ist allerdings heute durch eine dritte — ebenfalls neuere — sozialpädagogische Definitionslinie aufgelockert worden:

Der Sozialpädagogik kommen in der modernen Industriegesellschaft zunehmend Funktionen der „sozialen Reproduktion" (Gärtner/Sachße 1978) zu. Sozialpädagogik ist danach Teil der sozialen Infrastruktur. Was ist darunter zu

verstehen? Vor allem, daß die Sozialpädagogik in den
außerschulischen und außerbetrieblichen Lebensbereichen
der Jugendlichen nicht nur Hilfsfunktionen für Schule und
Ausbildung wahrnimmt, sondern durchaus eigenwertige
Aufgaben erfüllt. Dazu gehört die Jugendberatung, der
Aufbau von kulturellen Gelegenheitsstrukturen und alternativen sozialen Milieus, alltägliche Orientierungshilfen in
der Lebensführung, Intergenerationenarbeit, Anbieten von
Orten für soziale und politische Aktionen etc. Wir können
heute sagen: Je wichtiger der reproduktive 'Bereich für
Lebensalltag und Aufbau der Lebensperspektiven von
Jugendlichen wird — z.B. in dem Maße, in dem schulische
Bildung und Ausbildung nur bedingt der Lebensqualität
und dem Lebenssinn des Jugendalters entsprechen kön-
nen —, desto stärker wächst die eigenständige pädagogische
Bedeutung der Sozialpädagogik. Dies betrifft sowohl die
Hilfen zum Aufbau einer normalen Lebensführung als
auch die Bildungsangebote als Beitrag zur Erweiterung der
Lebensperspektive.

Grundbegriffe: Lebensbewältigung und Sozialintegration

Die moderne Sozialpädagogik des Jugendalters ist in ihrer
konzeptionellen Reichweite, ihren Handlungsspielräumen
und in ihrem pädagogischen Profil strukturiert in der Spannung von Sozialintegration und Lebensbewältigung. Dies
haben wir historisch hergeleitet und werden es im folgenden in eine konkrete Begrifflichkeit bringen.

Sozialintegration

Mit dem Begriff der Sozialintegration ist die Vorstellung
von einer tendenziellen Übereinstimmung von persönlichen, subjektiven Wertorientierungen und den geltenden
gesellschaftlichen Werten und Normen verbunden. Pädagogisch bedeutet dies die gelungene Vermittlung von personalen und gesellschaftlichen Wertmustern. Da die
Jugendphase vor allem durch das Hineinwachsen in die

Gesellschaft bestimmt ist und mithin einen Prozeß verkörpert, in dem Jugendliche gleichermaßen eine stabile Persönlichkeit ausbilden und gesellschaftsfähig werden sollen, ist der Begriff der Sozialintegration für den theoretischen und konzeptionellen Zugang der Sozialpädagogik zur Jugendphase zentral. Konflikte und Bewältigungsprobleme im Jugendalter werden deshalb vor allem als Integrationskonflikte verstanden. Dabei ist es sinnvoll, diese Grundfigur der Sozialintegration für die Sozialpädagogik des Jugendalters in drei Bedeutungsebenen auszudifferenzieren.

– Sozialintegration meint den *Prozeß* des Hineinwachsens der Kinder und Jugendlichen in die Gesellschaft, der sich zunehmend ausdifferenziert und pluralisiert. Dieser Prozeß wird einmal strukturiert durch jugendtypische (entwicklungsbedingte) Integrationskonflikte, zum zweiten durch die frühe Suche nach Formen eigenständiger Lebensführung.

– Sozialintegration meint auch die tendenzielle *Übereinstimmung* von individueller Wertorientierung und gesellschaftlichen Normen. Für die Sozialpädagogik ist hier die Erkenntnis handlungsleitend, daß dieser Prozeß aus der psychischen und sozialen Entwicklungsdynamik der Adoleszenz heraus notwendig konflikthaft sein und damit von den Jugendlichen *bewältigt* werden muß. Sozialerziehung und politische Bildung sehen es deshalb als ihre Aufgabe, Kompetenzen für diese Bewältigung jugendkulturell zu vermitteln, indem sie Jugendlichen Räume und Bildungsangebote verschaffen, in denen sie sich produktiv, aber kontrovers mit gesellschaftlichen Normen aus ihrer jugendkulturellen Befindlichkeit heraus auseinandersetzen können.

– Schließlich meint Sozialintegration in einer modernen, pluralistisch und sozialstaatlich verfaßten Gesellschaft auch, daß Lebenswelten und *Subkulturen*, die sich längerfristig nicht der Mehrheitskultur und der darin herrschenden Sozialnorm (so gilt die durchschnittliche Erwerbsbiographie als Maßstab) anpassen wollen oder können, auch neben dieser gesellschaftlichen Durchschnittskultur bestehen und toleriert werden müssen. Gerade für den sozialpädagogischen Umgang mit

Jugendlichen und jungen Erwachsenen, die sich abweichend verhalten, gilt, daß ihnen Milieus mit gesellschaftlichen Sonderkonditionen aufgebaut werden können, die von der Mehrheitsgesellschaft toleriert und mit sozialpädagogischen Hilfen gestützt werden. Wir bezeichnen diesen Zusammenhang mit dem Begriff der „sekundären Integration", einem Integrationsbegriff, der signalisiert, daß eine Eingliederung in und eine Partizipation an der Gesellschaft nicht unbedingt über den Mainstream der gesellschaftlichen Durchschnittskultur gleichlaufen muß. Die Sozialpädagogik ist hier gleichsam die Vermittlerin zwischen Mehrheits- und Subkultur. Dieser Aspekt der sekundären Integration ist gerade für die Jugendphase sehr wichtig. Wie sonst sollten die Jugendlichen die Chance haben, sich in der experimentellen Auseinandersetzung mit ihrer sozialen Umwelt auch in die Grenzen und Risikozonen des Rollen- und Normverhaltens zu begeben, wenn diese Möglichkeiten von vorneherein stigmatisiert und tabuisiert wären?

Lebensbewältigung

Im Kapitel zur Geschichte wurde gezeigt, wie lange die Sozialpädagogik des Jugendalters in ihrem Selbstverständnis einseitig sozialintegrativ ausgerichtet war. Sozialpädagogische Reaktionen auf abweichendes Verhalten Jugendlicher waren und sind teilweise bis heute von der Vorstellung bestimmt, daß Jugendliche ihr Verhalten primär an der gesellschaftlichen Norm orientieren und abweichendes Verhalten deshalb zuvörderst auch als Normverletzung empfinden sollten. Diese Einstellung hat zu vielen Mißverständnissen zwischen Sozialpädagogen und Jugendlichen geführt.

Die neuere entwicklungspsychologische Jugendforschung hat in verschiedenen empirischen Arbeiten dargestellt, daß sich Jugendliche die in Problem- und Konfliktsituationen geraten, viel eher an der Situation als an der Norm orientieren, daß sich die Bewältigungsperspektive „in der Situation handlungsfähig bleiben" oft vor die Orientierung „der Norm gehorchen" schiebt. Motive, wie „Aus-der-Situation-Herauskommen", „Überleben", „Über-die-Runden-

Kommen", „Selbstwert-Behalten", „Handlungsfähig-Bleiben" stehen im Verhalten dieser Jugendlichen über der Normorientierung.

Dies ist allerdings schichtspezifisch zu differenzieren, wobei die Annahme vorherrscht, daß sich Jugendliche aus der Mittelschicht eher normorientiert verhalten als Unterschichtjugendliche. Das hängt wohl damit zusammen, daß Jugendliche aus der Mittelschicht — vor allem durch ihre Herkunftsfamilie — über mehr soziale Unterstützung und Handlungsressourcen verfügen, um situatives Verhalten und Normverhalten in eine Balance bringen zu können.

Der Vorrang der Situationsorientierung wird allgemein verstärkt durch den jugendkulturell bedeutsamen Umstand, daß Jugendliche noch nicht in der Weise an Rollen und Institutionen gebunden und an ihnen orientiert sind wie Erwachsene an ihren Berufspositionen. Beruflich strukturierte Lebenszusammenhänge sind auch sehr hoch normstrukturiert bzw. folgen der durchschnittlichen Gesellschaftsnorm geradezu zwangsläufig. Kids und Jugendliche dagegen — gleichsam im Vorraum der beruflich strukturierten Lebenswelt — erleben und erfahren ihre Welt sozialräumlich, also in einem eher normdiffusen Aufforderungscharakter

Die situative Handlungsorientierung hat in dem Maße ins Bewußtsein gedrängt, in dem in den letzten beiden Jahrzehnten die Kinder- und Jugendphase zunehmend zum offenen Entwicklungsprozeß geworden ist. Wir sprechen in diesem Zusammenhang von einer Entstrukturierung der Jugendphase. Jugendliche können sich heute nicht mehr auf vorgegebene soziale Entwicklungsbahnen (Statuspassagen) verlassen, die Abfolge ihrer Entwicklungsaufgaben ist unübersichtlicher geworden. Schon im Jugendalter müssen soziale Probleme gelöst werden; das Jugendalter ist also längst kein Schonraum mehr. Kultureller Übergangsstatus und Problemstatus Jugend überlagern und vermischen sich. Jugendliche müssen heute gleichzeitig Entwicklungsaufgaben und soziale Probleme lösen. Die klassische Jugendpädagogik ging nur von den Entwicklungsaufgaben der Reifung der Persönlichkeit aus. Heute ist die Jugendphase gleichermaßen Zeit des persönlichen Experiments wie soziale Bewältigungszeit, beides geht ineinander über.

Sowohl die in sozialstaatlich verfaßten Gesellschaften tolerierten Möglichkeiten der sekundären Integration als auch die Offenheit und Unübersichtlichkeit der modernen Kinder- und Jugendphase haben Strukturen des Aufwachsens entstehen lassen, deren Charakteristika sich mit dem Konzept *Lebensbewältigung* sozialpädagogisch am besten erfassen lassen. Dabei darf allerdings dieses Konzept Lebensbewältigung nicht für sich gesehen werden; es steht immer in der Spannung zur sozialintegrativen Dimension. Wir können also formulieren: Die sozialpädagogische Perspektive Lebensbewältigung gilt unter Wahrung einer sozialintegrativen Option, die zur Bewältigungsperspektive kongruent sein muß: Sozialpädagogisches Handeln wird in der Regel daran gemessen, ob es zur Integration der Jugendlichen in die Gesellschaft verhilft und diese soziale und gesellschaftliche Integrationsaufgabe in Einklang mit den je biographischen Möglichkeiten der Jugendlichen bringen kann. Dies wird an drei Beispielen aus sozialpädagogischen Arbeitsfeldern — der Jugendberufshilfe, der Arbeit mit gefährdeten Jugendlichen und der politischen Bildung — erläutert.

Jugendliche in Maßnahmen der Jugendberufshilfe, die aus unterschiedlichen Gründen ihre Berufsausbildung nicht schaffen, aus der Berufsfindung herausfallen bzw. denen der Einstieg nicht gelingt, dürfen nicht um jeden Preis wieder in den regulären Arbeitsmarkt gedrängt, das heißt nur deshalb vermittelt werden, damit sie wenigstens „etwas arbeiten". Vielmehr muß verstanden werden, daß berufliches Scheitern und der Ausstieg in Job-Konsum-Milieus oder subkulturelle Milieus abweichenden Verhaltens Reaktionsweisen Jugendlicher sind, um ihre Verhaltens- und Handlungssicherheit und Selbstachtung wiederzugewinnen. Sozialpädagogische Hilfe muß die Möglichkeit einbeziehen, daß es nicht mangelnder Arbeitswille oder fehlende Intelligenz sind, die die Jugendlichen scheitern lassen, sondern das in ihrer Biographie angelegte Unvermögen, Arbeitsprozesse — mit ihrem spezifischen Leistungsdruck, Arbeitsrhythmus, ihren sozialen Organisationsanforderungen — zu bewältigen.

Für die sozialpädagogischen Berufshilfen kommt es dann auf zwei Dinge an. Einmal gilt es, solche Jugendliche — unterhalb der offiziellen Arbeitsmarkt- und Berufszusammenhänge — in sozialpädagogisch gestützte Milieus zu

bringen. Hier sind sie zwar auch mit Arbeits- und Berufs-
anforderungen konfrontiert, diese sind aber dem Vermögen der Jugendlichen angepaßt. Gleichzeitig werden mittels soziokultureller Angebote neue Anregungsmilieus für
die Jugendlichen aufgebaut, in denen sie Selbstwerterfah-
rung und soziale Kompetenzen erwerben können. Dadurch
sollen sie aus ihrem alten Milieu herauswachsen. Komplementär dazu auch eine entsprechende sozialintegrative
Option entwickelt werden. Das Ziel bleibt die Einmündung
in den offiziellen Arbeitsmarkt. Sie wird aber auf später
verschoben, wenn die Jugendlichen stabilisiert sind. Wir
sehen aus diesem Beispiel, wie Lebensbewältigungsper-
spektive und Sozialintegrationsperspektive (hier durchaus
im Sinne „sekundärer Integration") in ein produktives
Spannungsverhältnis gebracht werden können.

Ein weiteres Beispiel, stammt aus der Arbeit mit gefährdeten Jugendlichen, aus der Kriminalprävention. In einem
Stadtviertel machen Jugendliche immer wieder Randale,
ihr Verhalten läßt darauf schließen, daß es weiter eskalie-
ren kann, daß sie Eigentums- und Gewaltdelikte in Kauf
nehmen. Die Öffentlichkeit fordert Sanktionen und die
Polizei steht an der Schwelle zu Ordnungs- und Strafmaß-
nahmen. Die Sozialpädagogen im Stadtteil haben aber
längst erfahren, daß den Jugendlichen nicht mit dem Ver-
weis auf ihre Normverletzung beizukommen ist, daß vielmehr hinter dem gewalttätigen Auftreten der Jugendlichen
eine biographische Ausgangs- und Herkunftskonstellation
steht, die spezifische Merkmale hat. Schon in der Kindheit
haben Jugendliche selbst Gewalt erlebt, die Herkunftsfamilie war sozial isoliert, soziale Bindungsfähigkeit konnte nie
erlernt werden. Sie sind in einem Viertel aufgewachsen,
das für sie „zu" war, das heißt keine produktiven sozialräumlichen Aneignungs- und Entfaltungsmöglichkeiten
bot, das gewalttätige Aneignungsmuster förderte.

Sozialpädagogische Aufgabe ist es nun, „funktionale Äquivalente" (vgl. Kastner/Silbereisen 1987) zu schaffen, das
heißt, milieubezogene Angebote zu entwickeln, in denen
diese Jugendlichen auf eine andere Weise als bisher Handlungsfähigkeit, Selbstwertgefühl und Anerkennung
erfahren können. Hier leitet sich das sozialpädagogische
Handeln nicht aus der aktuellen oder befürchteten Normverletzung ab, sondern aus der biographischen Bewälti-

gungskonstellation, vor deren Hintergrund sich die Jugendliche so verhalten.

Ein drittes Beispiel bezieht sich auf rechtsextremistische Jugendliche mit Gewaltdelikten gegen Ausländer und Jugendhäuser. Aus der empirischen Forschung über rechtsextremistische Jugendliche wissen wir, daß ihr Handeln in der Regel nicht einer bewußten neonazistischen politischen Motivation oder Doktrin folgt, sondern daß hinter dieser neofaschistischen Symbolik alltägliche Ohnmachtserfahrungen und Selbstwertverluste (vgl. Heitmeyer 1988) verborgen sind. Die rechtsextremistische Gruppe ist für diese Jugendlichen attraktiv, weil sie durch ihre autoritäre Struktur klare Verbindungen, Einordnungen, Orientierungen vorgibt. Mit Gewalt kann man auf sich aufmerksam machen, unklare Lebenssituationen durchschneiden und sich als „Herr der Situation" fühlen. Eine normativ ansetzenden politische Aufklärungs- und Überzeugungsarbeit hülfe hier wenig. Wichtig ist das Angebot alternativer soziokultureller Milieus mit funktionalen Äquivalenten, aus denen die Jugendlichen auf sozialverträgliche Art das an Selbstwert und Orientierungssicherheit beziehen können, das sie vorher bei solchen Gruppen gesucht haben.

Lebensbewältigung — so verdeutlichen die Beispiele — meint die in Alltagssituationen abverlangte biographische Verfügbarkeit von psychischen und sozialen Kompetenzen zur Bewältigung von Lebensereignissen. Dabei wird aber nicht nur gefragt, welche Hypotheken sozialer Herkunft, welche Problembelastungen und Ressourcen in der Biographie von Jugendlichen entscheidend sind für eine „gelungene" bzw. „mißlungene" Bewältigung der sozialintegrativen Anforderungen im Jugendalter (Qualifikation, Arbeit, Sozialverhalten). Es wird gleichzeitig gefragt, welche positive Bedeutung dieses „mißlungene" Bewältigungsverhalten für die Jugendlichen aktuell hat. Nur so ist die Balance Sozialintegration/Lebensbewältigung zugunsten der sozialpädagogischen Option Lebensbewältigung herstellbar.

Die Orientierung an diesem sozialpädagogischen Konzept Lebensbewältigung bezieht sich nicht nur auf aktuelle Belastungssituationen und Lebensschwierigkeiten, sondern weitergehend auch auf die sinnhafte Veränderung der biographischen Situation insgesamt. Die Arbeit mit funktionalen Äquivalenten und alternativen Milieus kann auch genutzt werden, Jugendlichen Horizonte für einen neuen „Lebenssinn" zu eröffnen, der aus der konkreten Individualität der Jugendlichen heraus im neuen Bezug zur sozialen Umwelt geweckt werden soll. Auf diesen Bildungsgedanken im Bewältigungskonzept der Sozialpädagogik des Jugendalters soll an späterer Stelle ausführlich eingegangen werden.

Die Beispiele haben gezeigt, daß mit dem Konzept der Lebensbewältigung nicht nur die Grammatik der jeweiligen Verhaltenssituation entziffert, sondern diese auf die Biographie des Jugendlichen rückbezogen werden kann. Diesen Rückbezug empirisch erschlossen zu haben, ist das Verdienst des entwicklungspsychologischen „Coping-Ansatzes" (vgl. dazu Oerter 1985). Dort wurde aufgezeigt, daß sich Bewältigungsmuster aus dem jeweiligen Sozialisationsverlauf Jugendlicher ausgehend von der Herkunftsfamilie und ihrem sozialen Milieu entwickeln, also gelernt werden. Bewältigungsmuster sind in diesem Sinne Produkte von Lernprozessen, die den jugendlichen Umgang und das „Fertigwerden" mit für sie bedrohlichen und einschränkenden Situationen ermöglichen. In der eigenen Sozialisation erfahrene Gewalt wird als einschränkend und bedrohlich erlebt, gleichzeitig aber auch als Bewältigungsmuster gelernt. Wenn in einer Situation keine Bewältigungsalternativen gesehen werden, entwickelt sich die Tendenz, Gewalt als ein erfolgreiches Bewältigungs- und Bestätigungsmuster einzusetzen.

In der Unterstreichung dieser Zusammenhänge können wir den sozialpädagogischen Gehalt des Konzepts Lebensbewältigung noch einmal pointieren.

Es verweist sozialpädagogisches Handeln zwangsläufig auf das Verstehen und die situative Akzeptanz der positiven Subjektivität, die Jugendliche in ihrem Verhalten realisieren wollen. Es verweist weiter darauf, daß sozialpädagogisches Handeln immer auch milieustrukturierend ausgerichtet sein muß. Und dies gilt für die ganze Bandbreite der Sozialpädagogik des Jugendalters, von der Jugendberatung bis zur Heimerziehung.

Lebensbewältigung und Sozialisation

Die Sozialpädagogik spielt im Prozeß des Aufwachsens von Kindern und Jugendlichen eine zunehmend wichtige Rolle. Diesen Prozeß des Aufwachsens, die Entwicklung der Personalität im Austausch, in aktiver Interaktion mit der sozialen Umwelt bezeichnen wir allgemein mit dem Begriff der Sozialisation.

Die Versuche, sozialpädagogische Arbeitsfelder als dritten (oder vierten) Sozialisationsbereich neben Familie, Schule und eventuell auch beruflicher Ausbildung zu verorten, gehen — so wurde in Kapitel 2 gezeigt — in dieser ausdrücklich sozialisatorischen Intention auf die 60er und 70er Jahre zurück. In der damaligen Reform des schulischen und beruflichen Bildungswesens (seiner zeitlichen Extensivierung und curricularen Intensivierung) wurden auch die vielfältigen Verknüpfungen und Verschränkungen von Schule, Ausbildung und Freizeit thematisiert (vgl. Bildungsgesamtplan 1971). Doch waren diese Anstöße meist nur programmatisch, die sozialpädagogischen Arbeitsfelder konnten aufgrund ihrer Offenheit (mit Ausnahme der Heimerziehung) nicht jene meßbaren Sozialisationswirkungen nachweisen, wie sie der schulische Bildungsbereich für sich reklamierte. Allerdings wurde schon in den 80er Jahren thematisiert, daß die Schule den Alltag im Kindes- und Jugendalter zwar maßgeblich strukturiert, die sozialisatorische Entwicklung aber längst nicht durchgehend steuern kann; daß vielmehr eine Vielzahl außerschulischer Sozialisationseinflüsse — vor allem die Gleichaltrigenkultur Jugendlicher, die Medien, der Konsum — auf das jugendliche Selbstbild in seiner Gegenwarts- und Zukunftsorientierung wirken und mithin auf die personale und soziale Entwicklung. Gleichzeitig wurde deutlich, daß die Sozialisationsverläufe nicht mehr so linear und eindeutig sind, sich eher „pluralisiert" haben, daß die Übergänge und Brüche im Sozialisationsverlauf bei Kindern und Jugendlichen nicht mehr so ohne weiteres durch die Institutionen des Bildungssystems übergangen oder verdeckt werden können. Das Problem der sozialen Integration und ihrer Bewältigung — bisher nur bei Randgruppen öffentlich sichtbar — wurde immer mehr zum allgemeinen und öffentlichen Problem, das nicht mehr privat in der Familie gehalten und in der Schule überspielt werden konnte. Der sozialpädagogische Gehalt der Sozialisation von Kindern und Jugendlichen wurde somit eigenmächtig und bedurfte einer eigenwertigen Beachtung. Heute ist deshalb die Sozialpädagogik in den Versuchen ihrer sozialisatorischen Begründung nicht mehr darauf angewiesen, sich mit der Schule zu vergleichen, sich an ihr zu messen oder gar von ihr abzuleiten (wie dies im Begriff der Sozialpädagogik als außerschulischem Feld nicht von ungefähr zum Ausdruck kam).

Das Grundmuster der Sozialisation in unserer Gesellschaft ist durch die Erfordernisse der Reproduktion der Arbeitskraft geprägt. Die Erfordernisse der Arbeitsgesellschaft bestimmen die Sozialisation und sind über das Erziehungs- und Bildungssystem vermittelt und organisiert. Erst wenn man Kompetenzen und Qualifikationen erworben hat, wird ein ökonomisch und sozial selbständiges Leben in dieser Gesellschaft möglich. Aber der Begriff Sozialisation beinhaltet mehr als nur die Vorstellung von einer einfachen Anpassung der Menschen an die Erfordernisse der Arbeitsgesellschaft. Sozialisation bedeutet auch den Prozeß der Erlangung einer persönlichen Identität. Dieses Grundmuster der Sozialisation wiederholt und verdichtet sich in bestimmten aufeinanderfolgenden oder auch nebeneinanderliegenden biographischen Hauptstationen: in der Familie, in der Schule, in der Arbeitswelt.

Sozialisation als biographischer Prozeß hat eine typische Grundstruktur. Erwachsenwerden stellt sich als eine fortlaufende Bewältigung von phasenspezifischen Entwicklungsaufgaben dar, in deren Verlauf Kinder und Jugendliche sich immer neue Ausschnitte und Ebenen der gesellschaftlichen Wirklichkeit aneignen müssen. Kleinkinder wachsen in der Familie auf, treten immer mehr aus der Familie heraus, übernehmen sukzessive soziale Rollen, werden mit Institutionen konfrontiert, lernen gesellschaftliche Entwicklungen in ihren Auswirkungen auf sich selbst zu erfahren und zu begreifen. Sozialisation hat also verschiedene aufeinander bezogene Dimensionen: Persönlichkeitsentwicklung, soziale Interaktion, Institutionen- und Gesellschaftsbezug (vgl. Tillmann 1990).

Wenn wir uns unsere bisherigen sozialwissenschaftlichen Sozialisationsdefinitionen etwas näher anschauen, so fällt uns der unzweifelhaft sozialintegrative Charakter des Sozialisationsprozesses auf. Von einer gelungenen Sozialisation spricht man in unserer Gesellschaft vor allem dann, wenn es den Menschen gelingt, in Übereinstimmung mit den Werten und Normen der Gesellschaft zu leben und dabei mit sich selbst identisch zu sein. Dieser sozialisatorische Prozeß der Integration in die moderne Industriegesellschaft stellt an die jungen Leute hohe Anforderungen: Sie sollen einerseits mit wachsenden und wechselnden Anforderungen der gesellschaftlichen Entwicklung, die sich z.B. im Wandel der Arbeits- und Berufsgesellschaft zeigen, fertigwerden. Sie sollen offen, anpassungsfähig, änderungsbereit, flexibel und mobil sein. Dies ist aber nicht nur ein technisches Problem, sondern verlangt ein hohes Ausmaß an sozialkulturellen Fähigkeiten. Diese beiden Eigenschaften — die wechselnden Anpassungskompetenzen wie die Fähigkeit zu neuen Orientierungen — machen die moderne Persönlichkeit aus. Allerdings braucht der Mensch auch für die andere Seite der Persönlichkeitsentwicklung, die Herausbildung einer personalen Identität, soziale und emotionale Bezüge, in denen er sich als Persönlichkeit erkennen, an die er sich halten, in denen er sich wiederfinden und mit sich eins sein kann. Dies wird um so nötiger, je offener die Gesellschaft ist, je mehr Flexibilität und Mobilität sie abverlangt. Der Mensch braucht also nicht nur gesellschaftliche Optionen (die ihm die offene Gesellschaft verheißt), sondern auch „Ligaturen" (Dahrendorf 1981), Bindungen an Traditionen, Werte, Gruppen, Gewohnheiten. Nur so kann die Identitätsbalance zwischen Person und Gesellschaft gelingen.

Wenn wir seit den 80er Jahren von einem gesellschaftlichen Prozeß der Individualisierung sprechen, einem Prozeß, in dem sich traditionelle Milieus (Dorfmilieus, Arbeitermilieus, Quartiermilieus) so weit aufgelöst haben, daß die Menschen stärker auf sich gestellt und der Offenheit der Gesellschaft damit stärker ausgesetzt sind, so heißt das auch, daß die Verfügung über solche Ligaturen nicht mehr selbstverständlich ist. Übergänge und Brüche in der Sozialisation werden öffentlich, mit traditionellen Milieus vermittelte Sozialrollen reichen nicht mehr für die biographische Orientierung aus.

Der zentrale Aspekt der Sozialintegration, der im durchschnittlichen Prozeß der Sozialisation selbstverständlich ist, das heißt in der normalen Biographie kaum thematisiert wird, wird öfter „zum Problem". Die Problematisierung sichtbarer und öffentlicher Integrationskonflikte war früher nur auf offensichtlich abweichendes Verhalten und soziale Randgruppen beschränkt. Heute wird es als durchschnittlicher und allgemeiner Aspekt des Sozialisationsgeschehens diskutiert. Die Sozialisationsthematik hat ein sozialpädagogisches Gesicht bekommen.

Das sozialintegrative Sozialisationskonzept der balancierenden Identität hat in der Diskussion um alternative, vom konventionellen Lebensentwurf der Arbeitsgesellschaft abweichende, Lebensformen seine ersten Risse bekommen. Alternative Lebensentwürfe wurden von Leuten – vor allem auch Jugendliche und junge Erwachsene verwirklicht –, die man nicht mehr so einfach mit dem Etikett des „abweichenden Verhaltens" abtun konnte. Sie fühlten sich nicht aus der Gesellschaft als „herausgefallen", sondern nahmen für sich in Anspruch, neben der Gesellschaft und ihren durchschnittlichen Sozialisationspassagen der Übergänge in die Arbeitswelt eigene Lebensformen zu suchen und zu entwickeln.

Aber auch in der pädagogischen Diskussion über die Sozialisation *in* der durchschnittlichen Arbeitsgesellschaft wurden Fragen laut, ob die mit dem herkömmlichen sozialintegrativen Sozialisationsmodell verbundenen Lebensmuster und Kompetenzen noch mit der Wirklichkeit des Sozialisationsverlaufs übereinstimmten.

Entspricht die gesellschaftlich vorgegebene Normalität noch biographischen Normalitäten? Ist es oft nicht so, daß die Individuen nach einer eigenen Identitätsbalance suchen, die sich nicht mehr unbedingt mit der Identitätsvorstellung des sozialintegrativen Sozialisationsmodells deckt? Braucht man für ein biographisch gelingendes Leben auch noch andere Kompetenzen als die, welche durch Bildung und Ausbildung im Sinne des sozialintegrativen Sozialisationsmodells vermittelt werden? Kommt es in problematischen Situationen und unübersichtlichen Übergängen nicht eher darauf an, Kompetenzen des „Über-die-Runden-Kommens" zu haben, Kompetenzen, die einem dazu verhelfen können, daß man Situationen übersteht, daß man sich Optionen offenhält? Hat man gelernt, sich in komplexen Situationen, wo allein normgerechtes Verhalten oft keine Lösungen bringt, so zu inszenieren, daß dies von anderen noch als „normales Verhalten" akzeptiert wird? Was ist, wenn die verschiedenen Lebensbereiche nicht mehr aufeinander abgestimmt, miteinander synchronisiert sind, wenn z.B. in der Schule ein anderes Lebensmuster Jugend gilt, als es die Jugendlichen außerhalb der Schule leben wollen? An welchen Verhaltensbildern sollen sich Kinder orientieren, wenn sie schon in frühen Schülerjahren sich mit einer Medien- und Konsumwelt konfrontiert sehen, auf die sie weder die Schule noch die Familie eingerichtet hat? Was ist mit den jungen Erwachsenen, die als Zweiundzwanzig- oder Dreiundzwanzigjährige immer noch in der Ausbildung sind — nicht mehr Jugendliche, nicht Studenten, aber auch nicht Erwachsene mit ökonomischem Erwerbs- und Familienstatus — und weitgehend selbst schauen müssen, wie sie ihre Ausbildung optimieren, sich Optionen offenhalten können?

Kinder und Jugendliche müssen heute nicht nur Alltagssituationen, sondern ganze biographische Settings auf sich gestellt managen, bewältigen. Gerade im Jugend- und jungen Erwachsenenalter finden wir inzwischen eine Pluralität von Lebensentwürfen, angesichts der die alte Uniformität der durchschnittlichen Lebensführung sowohl von ihren ökonomischen Voraussetzungen wie auch von der Legitimation her nicht mehr aufrechtzuerhalten ist.

Diesen biographischen Steuerungsmechanismus der Sozialisation bezeichnen wir mit dem Begriff „Lebensbewältigung". Es ist die sozialisationstheoretische Entsprechung des entwicklungspsychologischen Konstrukts des coping, das wir an früherer Stelle eingeführt haben.

Mit der Verlagerung der sozialintegrativen Perspektive geglückter Sozialisation hin auf die Dimension der „Normalisierung" innerhalb pluraler Lebenszusammenhänge erhält die sozialpädagogische Zugangsperspektive der Lebensbewältigung auch ihre sozialisatorische Bedeutung. Lebensbewältigung als Normalisierung meint, daß es in jeder Lebenssituation in dieser Gesellschaft einen Weg geben muß, einigermaßen „normal" hindurchzukommen. Was jedoch normal ist, läßt sich auch nicht mehr von allgemein gültigen Werten und Normen ableiten. Gelungene Sozialisation mißt sich nicht mehr allein an der Realisierung und Beherrschung des durchschnittlichen Erwerbsstatus. Gelungene Sozialisation erweist sich auch in den Fähigkeiten, situative Chancen außerhalb der konventionellen Karrieremuster und Statuspassagen zu nutzen, Ansprüche aufrechtzuerhalten, um überhaupt „über die Runden zu kommen". Sozialpädagogik als erzieherische Hilfe zur Lebensbewältigung trägt zur Stützung solcher Lebenswelten bei, sie kann nun gesellschaftlich akzeptiert das Geschäft der sekundären Integration betreiben.

Es gibt inzwischen in der sozialpädagogischen Praxis genug Beispiele, die zeigen können, wie der Umgang mit Problemen bei der Sozialisation unter dem Aspekt der Normalisierung und Lebensbewältigung aussieht. Gerade bei der Arbeit mit gefährdeten Jugendlichen, aber auch in der Drogenhilfe wird deutlich, daß es zunächst nicht darum geht, die sozial oder körperlich beschädigte Arbeitskraft wiederherzustellen, sondern daß man sich einfach um pragmatische Hilfen zur Wiedereingliederung in eine einigermaßen „normale Lebensführung" bemüht. Arbeit ist in der Drogentherapie eher ein therapeutisches Mittel, als daß sie die materielle Basis oder Sinnstiftung einer durchschnittlichen Existenz verkörpern würde. Auch die Jugendberufshilfe und die moderne Heimerziehung können als Beispiele dafür gelten, daß die Chancen der Reintegration in die Durchschnittsgesellschaft nicht mehr daran gemessen werden, wie schnell und wie vollständig Jugendliche in die durchschnittlichen Arbeits- und Ausbildungssysteme eingegliedert werden, sondern wie lange und wie sorgfältig ein biographisches Milieu aufgebaut werden muß, in dem sich die Jugendlichen stabilisieren und von dem aus sie neue biographische Optionen entfalten können. Die biographische Perspektive der Lebensbewältigung steht also schon in vielen Bereichen der sozialpädagogischen Praxis vor dem Erwartungszwang der Integration in die vorgegebenen gesellschaftlichen Bildungs- und Karrieremodelle.

Wir haben nun das sozialpädagogische Konzept Lebensbewältigung von der Empirie des Verhaltens und vom historisch-theoretischen Konzept der Sozialisation her begründet. Das sozialintegrative Modell der Sozialisation wirkt in unserer Gesellschaft zwar weiter, Familie, Schule und

Berufsausbildung als Sozialisationsagenturen sind im wesentlichen durch dieses Modell strukturiert. Aber es wirkt nicht mehr in seiner unbefragten traditionalen Selbstverständlichkeit und kann längst nicht mehr alle Übergänge, Brüche und Diskrepanzen der pluraler gewordenen Sozialisationslandschaft Kindheit und Jugend umfassen. Gerade Kinder und vor allem Jugendliche sind in ihrem Aufwachsen an dieses sozialintegrative Sozialisationsmodell, wie es in Familie, Schule und Ausbildung institutionalisiert ist, gebunden. Sie müssen aber gleichzeitig „außerhalb dieses Sozialisationsmodells" Kompetenzen der Lebensbewältigung entwickeln, die sich oft an situativen und normativen Mustern orientieren, die anders sind als die vom sozialintegrativen Modell vorgegebenen. Jugendliche leben damit gleichsam in zwei unterschiedlichen Sozialisationswelten. Die Kunst und Kompetenz der Lebensbewältigung Kinder und Jugendlicher heute besteht nun darin, daß die unterschiedlichen Sozialisationswelten miteinander vermittelt werden müssen. Die zu Anfang dieses Kapitels thematisierte Identitätsfrage stellt sich nun unter dem Aspekt Lebensbewältigung für die Jugend wesentlich komplexer: Identität für Kinder und Jugendliche heute bedeutet nicht nur, daß man den gesellschaftlichen Anforderungen in Schule und Ausbildung genügt und zugleich mit sich − als Persönlichkeit − eins werden muß. Identitätsbalance im Kindes- und vor allem im Jugendalter in einer Gesellschaft, die durch Individualisierung und Pluralisierung gekennzeichnet ist, bedeutet vielmehr, den auf Zukunft ausgerichteten sozialintegrativen Anforderungen in Schule und Ausbildung gerecht werden zu müssen und zugleich Muster gegenwartsbezogener Lebensführung entwickeln zu können.

Lebensbewältigung und Individualisierung

Seit den 80er Jahren wird der Vergesellschaftungsmodus der bundesrepublikanischen Gesellschaft, das heißt das hauptsächliche Strukturprinzip, nach dem sich das Leben der Menschen im Verhältnis zur Gesellschaft gestaltet, mit den Begriffen Individualisierung und Pluralisierung charakterisiert. Der Achte Jugendbericht (1990, S. 52f.) nimmt diesen Vergesellschaftungsmodus ausdrücklich auf und bezeichnet damit auch die moderne Grundstruktur der Problemgenese und Interventionsmöglichkeit in der Jugendhilfe.

Das Individualisierungstheorem ist seit dem Buch von U. Beck „Risikogesellschaft. Auf dem Weg in eine andere Moderne" (1986) zur stehenden Rede in den Sozialwissenschaften und gerade auch in der Sozialpädagogik geworden. Es gilt inzwischen als neues Paradigma (disziplinärer Verständigungszusammenhang), mit dem sich die sozialpädagogisch relevanten sozialen Probleme, Chancen und Lebensschwierigkeiten im Verhältnis von Individuum und Gesellschaft aufeinander beziehen und deuten lassen.

Beck versteht unter Individualisierung

„bestimmte subjektiv-biographische Aspekte des Zivilisationsprozesses (. . .), insbesondere in seiner letzten Stufe von Industrialisierung und Modernisierung (. . .): Modernisierung führt nicht nur zur Herausbildung einer zentralisierten Staatsgewalt, zu Kapitalkonzentrationen und zu einem immer feinkörnigeren Geflecht von Arbeitsteilungen und Marktbeziehungen, zu Mobilität, Massenkonsum usw., sondern eben auch — und damit sind wir bei dem allgemeinen Modell — zu einer dreifachen ,Individualisierung': Herauslösung aus historisch vorgegebenen Sozialformen und -bindungen im Sinne traditioneller Herrschafts- und Versorgungszusammenhänge (,Freisetzungsdimension'), Verlust von traditionalen Sicherheiten im Hinblick auf Handlungswissen, Glauben und leitende Normen (,Entzauberungsdimension') und — womit die Bedeutung des Begriffs gleichsam in ihr Gegenteil verkehrt wird — eine neue Art der sozialen Einbindung (,Kontrollbzw. Reintegrationsdimension')" (Beck 1986, S. 206).

Drei Mißverständnissen gilt es im Umgang mit dem Individualisierungstheorem gerade auch bei seiner Anwendung in der Sozialpädagogik des Kindes- und Jugendalters vorzubeugen.

Die Tendenz zur Individualisierung ist nicht erst in den 80er Jahren, also zur Zeit ihrer erstmals so breiten öffentlichen Thematisierung entstanden. Sie ist vielmehr ein sich seit der Jahrhundertwende entwickelndes und im 20. Jh. verdichtendes Kennzeichen der industriellen Moderne.

Wenn wir – in Anlehnung an Beck – von der „Freisetzung der Jugend" als Individualisierungsphänomen reden und damit die Herauslösung der Jugend aus traditionellen Familien-, Dorf-, Arbeiter- und Bürgermilieus etc. in Richtung eines eigenwertigen Sozialstatus meinen, so ist das ein Prozeß, der schon in den 20er und dann verstärkt in den 50er Jahren begonnen hat. Nicht umsonst haben wir in dieser Einführung die Erscheinungsformen der modernen Jugend in der Gesellschaft der Weimarer Republik so ausführlich und ausdrücklich unter dem Charakter dieser beginnenden Freisetzung beschrieben. In den 50er und 60er Jahren war es dann vor allem die sich rasant entwickelnde Konsumgesellschaft, welche die Individualisierung im Sinne der Freisetzung der Jugendlichen in einen eigenständigen Konsumstatus förderte. In den damaligen Beschreibungen der Lebensverhältnisse und Verhaltensformen der Jugend wurde das Individualisierungsphänomen immer wieder deutlich, ohne daß es begrifflich systematisch gegenwärtig war. Die zweite Hälfte der 70er Jahre stand in den Sozial- und Erziehungswissenschaften demgegenüber im Zeichen der Analyse und Diskussion der Versozialstaatlichung der Gesellschaft, das heißt der Erfassung vor allem der gesellschaftlichen Bereiche Bildung und Soziales durch die sozialstaatliche Reformpolitik. Die Individualisierungsthematik trat analytisch in den Hintergrund, obwohl sie in der Jugend gerade aufgrund der individualisierenden Auswirkungen von Bildungssystem und Konsumindustrie weiterging. Die große öffentliche Wirkung, welche die Propagierung des Individualisierungstheorems in den 80er Jahren erzielte, ist also vor allem darauf zurückzuführen, daß es 20 Jahre lang nicht thematisiert und dafür die „andere Seite der Medaille", die sozialstaatliche Vergesellschaftung, herausgestellt wurde.

Das zweite Mißverständnis um die Individualisierung äußert sich darin, daß die öffentliche Thematisierung der sozialen Ungleichheit scheinbar in den Hintergrund getreten ist. Hat die Individualisierung die soziale Ungleichheit verdrängt? In der Tat wurde bei uns früher die soziale Ungleichheit an kollektiven Bezügen abgehandelt: Klassen, sozialen Milieus, Gruppenmerkmalen der Benachteiligung. An solch kollektiven und milieugebundenen sozialen Erscheinungsformen und Verhaltensmustern ist die soziale

Ungleichheit heute nicht mehr zu erkennen. Im Gegenteil: Wir machen die Beobachtung, daß die Menschen ihre soziale Benachteiligung oft selbst nicht wahrhaben wollen, sie vertuschen, viel mehr betonen, daß sie in, dabei sind.

Wie ist das zu erklären? Das „freigesetzte" Individuum kann seinen personalen Selbstwert und sozialen Status nicht mehr aus traditionellen statussichernden Milieus und gewährleistenden Statuspassagen ableiten, sondern Persönlichkeit und Status müssen vom Individuum selbst immer wieder „neu inszeniert" werden. Steckt nun der Mensch in Lebensschwierigkeiten, so kann er sich in der Regel aus diesen Lebensschwierigkeiten heraus schlecht inszenieren, weder Selbstwert noch Sozialstatus aus ihnen ableiten. Also ist er zum „Übergehen" dieser seiner sozialen und personalen Schwierigkeiten gezwungen. Vor diesem Hintergrund tut sich die Sozialpädagogik mit der Individualisierung schwer. Sie muß soziale Benachteiligung und damit zusammenhängende Lebensschwierigkeiten je biographisch ergründen, kann sich kaum mehr auf allgemeine Schichtfaktoren beziehen und hat schließlich mit der Tendenz zu kämpfen, daß ihre Adressaten − gerade Jugendliche − ihre objektive Hilfebedürftigkeit subjektiv immer weniger ausdrücken wollen (können).

Das dritte Mißverständnis schließlich im Umgang mit dem Individualisierungstheorem wäre die Gleichsetzung von Individualisierung mit subjektivem, individuellem Verhalten. Auch Beck hat auf dieses Mißverständnis hingewiesen. Gewiß, so meint er, kann man davon ausgehen, daß auch die Ausformung der personalen Individualität vom gesellschaftlichen Individualisierungsprozeß wesentlich beeinflußt wird. Aber:

„Individualisierung wurde als historisch-soziologische, als gesellschaftsgeschichtliche Kategorie verstanden, als Kategorie, die in der Tradition der Lebenslagen- und Lebenslaufforschung steht und sehr wohl zu unterscheiden weiß zwischen dem, was mit den Menschen geschieht, und dem, wie sie in ihrem Verhalten und Bewußtsein damit umgehen" (Beck 1986, S. 207).

Wenn wir also in dieser Einführung im weiteren immer wieder vom „Auf-Sich-Gestellt-Sein" der heutigen Jugendlichen oder dem stärkeren „Ausgesetzt-Sein" der Jugendlichen gegenüber gesellschaftlichen Entwicklungen sprechen, so meinen wir damit nicht einen individuellen Verhaltenszustand, sondern die Charakteristik einer bestimmten Lebenslage.

Der Begriff der Lebenslage verweist auf die Zwischenstruktur zwischen subjektivem Verhalten und objektiven sozialen Verhältnissen. Gerade die Sozialpädagogik, welche das Verhalten der Kinder und Jugendlichen als Bewältigungsverhalten und damit als Ausdruck dahinterliegender Lebensschwierigkeiten erkennen will, ist auf dieses Konzept der Lebenslage angewiesen. Subjekte haben keine Lebenslage an sich. Lebenslage ist vielmehr ein gedankliches Konstrukt, in dem sich die Totalität der Lebensbedingungen der Subjekte unter einer spezifischen Perspektive strukturieren läßt, nämlich unter der Perspektive der Verfügbarkeit von Ressourcen zur Bewältigung bestimmter Lebensereignisse. Lebenslagen sind sozialstaatlich vermittelte Zuschnitte von Chancen, Belastungen und Ressourcen. Man könnte auch pragmatisch sagen: Unter Lebenslage versteht man einen Set von Bewältigungsmöglichkeiten von Lebensproblemen. „Sozialstaatlich vermittelt" bedeutet in diesem Zusammenhang, daß es gesellschaftspolitische und öffentliche Vorstellungen von der Jugend und ihrer gesellschaftlichen Rolle gibt und daß diese gesellschaftlichen Jugendbilder auch die je individuelle Lebenslage Jugend mehr oder weniger bestimmen können. Ob die Jugend in einer Gesellschaft als Faktor sozialen Wandels anerkannt oder als Problem- und Risikogruppe betrachtet wird, wirkt sich auf die Art des gesellschaftlichen Entwicklungshorizonts aus, in dem sich die Lebenslagen Jugendlicher entfalten können.

Wenn also SozialpädagogInnen Lebenslagen von Jugendlichen erkunden wollen, so müssen sie diesen in der Grundstruktur wohl für viele Jugendliche gleichen, aber wohl in der Kombination und Ausprägung der Merkmale individuell verschiedenen Ressourcen-Set rekonstruieren: biographische Erfahrungen, ökonomischer, sozialer und kultureller Hintergrund der Herkunftsfamilie; Zugänge zu sozialen Kontakten, Zugänge zu Kommunikation, Zugänge zu Gruppen, Verfügung über Informationen und natürlich über Einkommen, Bildung etc. In der Lebenslagenanalyse stoßen wir zwangsläufig auf die sozialen Netzwerke, in die Jugendliche eingebettet sind und die für sie Ressourcen- und Unterstützungssysteme darstellen.

Wenn wir von Individualisierung sprechen, so meinen wir damit die biographische Individualisierung von Lebenslagen. Die sozialökonomische Struktur hat sich im Durchschnitt nicht grundlegend geändert: schulische Bildung, Qualifikation, Übergang ins Erwerbsleben. Jugendliche können heute diesen Zusammenhängen genauso wenig entgehen wie früher. Aber der individuelle Umgang damit ist biographisch variabel geworden. In der Begrifflichkeit der Lebenslage ausgedrückt: Die Zugänge zu Ressourcen und Chancen, aber auch das Ausgesetztsein gegenüber den Risiken und Belastungen sind für Jugendliche nicht mehr durchgängig über soziale Milieus vermittelt, sondern über die jeweiligen biographischen Konstellationen, in denen sich Ressourcen und Belastungen für Jugendliche entwickeln.

Mit der „Individualisierung der Jugend" ist neben der Vorstellung der Freisetzung der Jugendlichen aus den traditionellen familialen, sozialen und pädagogischen Milieus — noch eine zweite, allerdings damit zusammenhängende Vorstellung verbunden: die Entstrukturierung der Jugendphase.

Die Jugendphase ist keine eindeutige und in ihrem Ablauf verläßliche Übergangs- und Statuspassage mehr, Jugendliche sind im Aufbau ihrer Lebensperspektiven stärker auf sich gestellt, die Lebenslage Jugend hat sich auch in ihrer biographischen Entwicklungsperspektive individualisiert und pluralisiert. Wir werden dies im Kapitel „Jugend und Individualisierung" noch ausführlich darstellen. Bei der modernen Jugend können wir also von einer „doppelten Individualisierung" sprechen: einmal ist Jugend herausgelöst, freigesetzt aus den traditionellen sozialen und pädagogischen Milieus und damit zu einer individualisierten Lebenslage geworden; zum zweiten ist diese Individualisierung dadurch verstärkt, daß die Lebensphase Jugend entstrukturiert und pluralisiert worden ist. Jugendliche heute sind also — in der Beck'schen Begrifflichkeit — auf der biographischen Suche nach Orientierungen und neuen Arten der sozialen Einbindung jenseits der traditionellen Jugendbilder. Individualisierung im Sinne der Freisetzung und

Entstrukturierung macht Jugend zu einer Lebenslage mit je biographisch verteilten Risiken und Chancen gleichermaßen. Dies ist auch in dem Begriff der Pluralisierung ausgedrückt: So wie in unserer Gesellschaft inzwischen unterschiedliche und alternative Lebensentwürfe nebeneinander existieren, so gibt es auch unterschiedliche Jugendbilder und unterschiedliche biographische Optionen für die Jugendphase. Für die Sozialpädagogik bedeutet diese Pluralisierung eine Entlastung: Sie wird nicht mehr so wie früher gezwungen, Kinder und Jugendliche bei abweichendem Verhalten auf einen durchschnittlich gültigen Lebensentwurf, auf die fest umrissene Gestalt einer Normalbiographie hin zu erziehen, zu *resozialisieren*. Vielmehr ist es möglich geworden, der biographischen Konstellation der Lebenslage von Kindern und Jugendlichen entsprechend Formen der Lebensführung und Lebenszuschnitte zuzulassen, ja zu fördern, die durchaus von den öffentlichen Vorstellungen normaler Lebensführung abweichen können. Dem liegt der Gedanke zugrunde, daß Resozialisierung nur gelingen kann, wenn die Kinder und Jugendlichen das Resozialisierungsziel auch auf ihr je biographisches Vermögen, das aus ihrer Lebenslage resultiert, beziehen können. Wir haben diesen Zusammenhang an früherer Stelle auch mit dem Begriff der sekundären Integration umschrieben.

Vom Konstrukt der „Lebenslage" her läßt sich der sozialpädagogische Schlüsselbegriffs der Lebensbewältigung weiter strukturieren. Lebensbewältigung ist nichts anderes als die subjektive Seite der Lebenslage, wir sprechen also von Lebensbewältigung „vor dem Hintergrund einer (biographisch) individualisierten Lebenslage". „Lebensbewältigung" in diesem Sinne umschreibt den subjektiven Prozeß des „Aufschließens" der Zugänge und Möglichkeiten, die in der Lebenslage liegen, um das alltägliche und situative Ressourcenmanagement, so wie es die jeweilige Lebenslage zuläßt. Dazu gehören die alltäglich routinisierten Praktiken ebenso wie das Streben nach Erweiterung der Handlungsfähigkeit und das Suchen nach sinnhaften biographischen Lebensperspektiven. Die Lebenslage gibt dabei den strukturellen Kontext der Lebensbewältigung ab. Das bedeutet nun nicht, daß die Lebensbewältigung durch die Lebenslage „determiniert" ist, sondern vielmehr, daß die subjektiven Ansatzpunkte für die Wahrnehmung sozialer Chancen, aber auch ihre Blockierungen — also allgemein die biographischen Entwicklungshorizonte —, in der Lebenslage enthalten sind.

Die drei Dimensionen der Lebensbewältigung

In den vorangegangenen Kapiteln „Lebensbewältigung und Sozialintegration", „Lebensbewältigung und Sozialisation", „Lebensbewältigung und Individualisierung" wurde der sozialpädagogische Schlüsselbegriff „Lebensbewältigung" auf drei Ebenen begründet:

— Auf der Handlungsebene: Lebensbewältigung als individuelle Strategie der alltäglichen Normalisierung der Lebensführung, der Suche nach Handlungsfähigkeit in Lebensschwierigkeiten und konfligierenden und belastenden Alltagssituationen;

— Auf der sozialisatorischen Ebene: Lebensbewältigung als Management der Übergänge und Diskrepanzen im lebensaltertypischen Sozialisationsprozeß, die dadurch entstehen, daß sich Jugend als eindeutige und gewährleistete Übergangsphase und Statuspassage entstrukturiert und pluralisiert hat;

— Auf der Ebene der Lebenslage: Lebensbewältigung als Selbstbehauptung innerhalb der gegebenen gesellschaftlichen Verhältnisse je nach den biographischen Möglichkeiten.

Diesen Dimensionen entsprechend läßt sich auch die zentrale sozialpädagogische Handlungskategorie „erzieherische Hilfe zur Lebensbewältigung" in dreifacher Bedeutung darstellen:

— Als Hilfe zur Stützung und Vernetzung alltäglichen Normalisierungshandelns;

— Als sozialisationsbezogenes Hilfekonzept, das auf die alltagsübergreifende Bewältigung von Übergangs- und Integrationsproblemen bezogen ist.

— Als Hilfekonzept, das sich an den biographischen Chancen und Risiken, aber auch an den möglichen Optionen orientiert, die sich im Jugendalter in dem Maße entwickeln, in dem es zur sozialen Lebenslage „freigesetzt" und individualisiert ist.

Wenn wir diese Bedeutungen in unterschiedlichen Funktionen ausdrücken, welche sozialpädagogische Angebote für Kinder und Jugendliche erfüllen können, so ergeben sich drei entsprechende Funktionsbereiche:

— verhaltensstützende und verhaltenserweiternde Angebote, die über Erziehungshilfen, Freizeiten, kulturelle und politische Bildung sowie Erziehungs- und Jugendberatung vermittelt werden;

— schul- und berufsbegleitende Hilfen sowie Integrationshilfen bei abweichendem Verhalten; vor allem die Schülerhilfen, Hilfen zur Berufsfindung und Berufsbildung in der Jugendsozialarbeit, die Angebote und Maßnahmen für gefährdete Jugendliche (Aufbau alternativer Sozialmilieus), sowie die Heimerziehung und ihre offenen Formen (Angebot besonderer Milieus des Aufwachsens);

— sozialinfrastrukturell ausgerichtete Aktivitäten, wie der Aufbau sozialer Netzwerke für Kinder und Jugendliche und die Stützung jugendkultureller Milieus.

Allgemein ist im Blick auf den zweiten Teil dieser Einführung festzuhalten, daß wir den Begriff der Lebensbewältigung im folgenden hauptsächlich auf der Verhaltens- und der Sozialisationsebene gebrauchen. Einmal also in dem sozialpädagogisch besonderen Sinne, daß Lebensschwierigkeiten bewältigt werden; zum anderen in der Bedeutung, daß die zunehmend entstrukturierten und individualisierten Lebensphasen Kindheit und Jugend allgemeine Bewältigungsprobleme aufwerfen, mit denen Kinder und Jugendliche je biographisch unterschiedlich konfrontiert sind (Kindheit und Jugend müssen „bewältigt" werden).

Die institutionellen Zwänge sozial-pädagogischen Handelns

Sozialpädagogisches Handeln kann sich in der Praxis nicht frei aus sich heraus entfalten, sondern ist gesellschaftlichen und institutionellen Vorgaben, ja Zwängen ausgesetzt. Diese Zwänge wirken heute in der modernen sozialstaatlichen Gesellschaft nicht mehr so direkt und unvermittelt auf die sozialpädagogischen Handlungsfelder ein, sodaß Sozialpädagogik heute viel mehr Chancen hat, sich „sozialisatorisch" zu verstehen. Das heißt, sie ist nicht mehr ausschließlich mit gesellschaftlichen Kontrollaufgaben gegenüber der Jugend beauftragt und kann sich direkter an den Problemen des Aufwachsens von Kindern und Jugendlichen orientieren. Trotzdem muß die Sozialpädagogik sich mit gesellschaftlichen und institutionellen Definitionen auseinandersetzen, das Wissen um den Umgang mit solchen institutionellen Definitionen muß Teil einer Konzeption der Sozialpädagogik des Kindes- und Jugendalters sein (vgl. allgemein zur institutionellen und administrativen Dimension der Sozialpädagogik als „Jugendhilfe": Müller/Otto 1981; Jordan/Sengling [2]1990; Maas 1990; Olk/Otto 1989, Achter Jugendbericht 1990).

Eingriffe

Ein beträchtlicher Teil sozialpädagogischer Praxis ist über institutionelle Vorgaben und Zwänge vermittelt: so die Fürsorgeerziehung (die früher Zwangs-Erziehung hieß) oder die Arbeit mit delinquenten (straffälligen) Jugendlichen. *Bevor* in diesen Feldern sozialpädagogische Arbeit im Sinne der sozialisatorischen Hilfe zur Lebensbewältigung beginnen kann, steht ein öffentlicher (hoheitlicher) Akt des Eingriffs in das Leben der betroffenen Jugendlichen: die Einweisung in ein Erziehungsheim, die Androhung oder Verhängung von Jugendstrafe. Dieser Eingriff oder diese Intervention richtet sich in der Regel nach dem Tatbestand des „öffentlich sanktionierten" abweichenden Verhaltens der Jugendlichen, das heißt eines Verhaltens, das von der sozialen Umwelt nicht mehr toleriert wird oder werden kann. Die öffentliche Sanktion kann verschieden sein; das fängt damit an, daß Jugendliche mit Strafe bedroht werden, weil ihr Verhalten ein öffentliches Ärgernis in den Augen maßgeblicher Erwachsener darstellt, und geht bis hin zu strafrechtlich relevante Gewaltakten, welche die persönliche Integrität anderer bedrohen. Öffentliche Sanktionen gegenüber abweichendem Verhalten Jugendlicher haben die unterschiedlichsten Gründe. Der sanktionierende Eingriff und die darauf folgenden sozialpädagogischen Maßnahmen sollen in erster Linie dazu dienen, die Jugendlichen zu resozialisieren, wieder gemeinschaftsfähig zu machen. Was in den Jugendlichen selbst vorgegangen ist, welchen „Bewältigungscharakter" dieses abweichende Verhalten hat, bleibt angesichts der öffentlichen Priorität dieser Eingriffs- oder Interventions-Perspektive erst einmal zweitrangig. Es ist dann Aufgabe der damit befaßten SozialpädagogInnen, daß sie dem Bewältigungsaspekt Geltung verschaffen. Sie müssen im Heim oder in der Resozialisierungsmaßnahme erst das Klima, das entsprechende Milieu dafür schaffen und dazu oft den vorherrschenden institutionellen Zwangscharakter abbauen. Die nächste Schwierigkeit ist es dann, mit den Jugendlichen selbst in ein pädagogisches Verhältnis zu kommen, das ein Anknüpfen an den sozialpädagogischen Bewältigungsaspekt möglich macht. Viele Jugendliche teilen die öffentliche Einschätzung über ihr Verhalten keineswegs, sehen sich zu Unrecht diesen Eingriffen ausgesetzt, verweigern sich dann auch dem sozialpädagogischen Zugang, weil sie die SozialpädagogInnen erst einmal als Teil dieser Eingriffs- und Zwangsapparatur sehen. Die Jugendlichen handeln ja selbst unter dem Bewältigungsaspekt. Für sie das abweichende Verhalten, die Tat, ein Lösungsversuch für eigene biographische Lebensprobleme, so wie wir es im Kapitel Lebensbewältigung dargelegt haben: mangelnder Selbstwert, keine soziale Bindung und Anerkennung etc. Es braucht also einen eigenen sozialpädagogischen Annäherungsprozeß, bis die Jugendlichen erkennen und spüren, daß ihnen der pädagogische Zugang etwas bieten, daß man über ihn auch auf andere Weise zur Lösung ihrer Probleme kommen kann. Damit so etwas gelingt, müssen erst einige Umwege gegangen werden. Die Jugendlichen wollen erst einmal in ihrer Tat, ihrem Verhalten ernstgenommen werden. Man darf also als SozialpädagogIn ihr Verhalten nicht einfach nur normativ desavouieren, sondern muß ihnen

Stück für Stück funktionale Äquivalente anbieten, damit sie ihre sozialpädagogisch angestrebte Resozialisierung auch in ihre biographische Lebenswelt integrieren können.

Natürlich spielen auch noch andere Aspekte bei der sozialpädagogischen Auseinandersetzung mit dem Eingriffs- und Zwangscharakter der Reaktionen auf abweichendes Verhalten Jugendlicher eine Rolle. In dieser Richtung haben die Theorien des labeling approach (Etikettierungs-Ansatz) zwei wichtige Hinweise gegeben:

Bei abweichendem Verhalten ist nicht nur das Verhalten selbst, sondern sind die Definitionen und Zuschreibungen des Verhaltens sehr oft ausschlaggebend. Wenn ein Jugendlicher aus einer sozial stigmatisierten Familie stammt oder aus einem Viertel mit „schlechtem Ruf", kommt er in seinem abweichenden Verhalten eher in Gefahr eines kriminellen Verdachts bzw. einer öffentlichen und polizeilichen Sanktion, als jemand aus einem „betuchten" Viertel, jemand aus der Mittelschicht, wo man oft noch annimmt, daß die Eltern das schon regeln werden. Wenn jemand schon im Jugendamt „in der Akte" ist, seinen schlechten Ruf auch behördlich „weghat", öfters „auffällig" war, wird man von vorneherein von ihm oder ihr annehmen, daß er oder sie einen „Hang zum abweichenden Verhalten" hat und wird die ganze Persönlichkeit pauschal in dieser Richtung einschätzen. Das öffentlich sichtbare Verhalten Jugendlicher unterliegt immer wieder den jeweils in der Öffentlichkeit geltenden normativen Definitionen darüber, was Jugendliche tun dürfen, was für Jungen erlaubt und für Mädchen schicklich ist. Viele Jugendliche, die in den 50er Jahren unter Etiketten wie „sexuelle Verwahrlosung" oder „Streunertum" in Zwangserziehung kamen, würden das bei dem heutigen, wesentlich aufgeklärteren öffentlichen Sittenkodex längst nicht mehr erdulden müssen. Angesichts dieser sozialstrukturellen Willkür, die Eingriffe an sich haben, ist es Aufgabe der SozialpädagogInnen — so gut es innerhalb ihrer Arbeitsbedingungen geht — Anwälte für die Jugendlichen zu sein.

Aus der Etikettierungstheorie läßt sich für die Sozialpädagogik eine weitere Erkenntnis ziehen: Jugendliche, die in ihrer familialen und sozialen Umgebung keine Chance haben, sich gegen solche Etikettierungen und Zuschreibungen zu wehren, Alternativen kennenzulernen, übernehmen diese Zuschreibungen mit der Zeit, verhalten sich auch dann tatsächlich so, wie man es von ihnen aufgrund der negativen Etikettierung erwartet. Sie integrieren also diese Zuschreibung in ihr Selbstbild, sie kann zum Grundmuster ihres Lebenslaufs im Sinne einer kriminellen Karriere werden. Hier ist es für die SozialpädagogInnen besonders schwer, einen Ansatzpunkt zu finden. Sie hören dann oft: „Lieber brumme ich meine Strafe ab, als daß ich mich auf euch einlasse". Doch auch hier gibt es prinzipiell sozialpädagogische Zugänge, so ähnlich, wie wir es bei den Beispielen zur Konzeption Lebensbewältigung aufgezeigt haben: Es muß versucht werden, alternative Milieus zu schaffen, in denen die Zwangsläufigkeit des Handelns aus dem kriminellen Selbstbild heraus unterbrochen werden kann; in denen sich Gelegenheiten auftun, wo die Jugendlichen spüren und erfahren können, daß sie sich auch anders verhalten können und daß dieses andere Verhalten für sie befriedigend und perspektivenreich ist.

Verwaltung

Sozialpädagogische Arbeit mit Kindern und Jugendlichen findet vielfach in Einrichtungen statt, die zu Kommunal- und Regionalverwaltungen oder Wohlfahrtsverbänden gehören. Außerdem gibt es auch eine Fülle von Einrichtungen, die in ihrer Regel- oder Modellförderung von der Administration abhängig sind. Öffentliche Verwaltungen sind nach ganz anderen Prinzipien strukturiert als sozialpädagogische Handlungsfelder. Sie arbeiten nach bundesweit gleichen und vergleichbaren Regeln und Verfahren; sie sind an abstrakten Fällen orientiert und nicht an konkreten Personen. Die Verwaltung wird tätig, wenn bestimmte normierten Tatbestandsmerkmale zutreffen, wenn die Ansprüche der Hilfesuchenden rechtlich gedeckt sind, wenn die gesetzlichen Leistungsvoraussetzungen gegeben sind. Verwaltungen kontrollieren die ihnen unterstellten Einrichtungen meist nach dem Prinzip der Wirtschaftlichkeit. Ist die Einrichtung ausgelastet, paßt sie sich in ihren Ausgaben an den Rhythmus des Haushaltsjahres an? Dies gibt gerade bei Jugendeinrichtungen immer wieder Konflikte. Jugendhäuser z.B. kann man nicht an der

Größe des Besucherstamms messen. Sie sind heute Orte mit wechselnder Attraktivität und unterschiedlicher lokaler Bedeutung für Jugendliche, die Besuchergruppen verbleiben unterschiedlich lange und unterschiedlich intensiv. Auch richten sich die räumlichen und kulturellen Bedürfnisse Jugendlicher nicht nach einer starren Haushaltsplanung. Schließlich müssen Jugendhäuser variabel eingerichtet und organisiert sein, damit sie sich wandelnden Jugendstilen entsprechen können. Damit sperren sie sich auch dem verwaltungsmäßigen Rhythmus einer fünfjährigen Renovierungszeit. Diese Beispiele können wir im Prinzip auf alle sozialpädagogischen Arbeitsfelder übertragen, sofern sie mit Räumen und jugendkulturellen Gruppierungen zu tun haben, also auf sozialpädagogische Wohngruppen bis hin zu Erziehungsheimen.

Sozialpädagogisches Handeln braucht also Offenheit und Flexibilität, setzt an der Person und ihrem Milieu an, ist Situationsveränderungen ausgesetzt und braucht Mittel, um (Milieu-)Situationen kurzfristig verändern zu können. Sozialpädagogisches Handeln ist mithin im Prinzip unbürokratisch.

Aber trotzdem müssen Bürokratie und Sozialpädagogik miteinander auskommen. Und da zeigt sich: Verwaltungen sind nicht so starr, haben Ermessensspielräume, und die sind in der Sozialverwaltung traditionell größer als in anderen administrativen Bereichen. Neben die klassische „Konditionalbindung" der Verwaltung (d.h. sie wird nur dann tätig, wenn die der Norm entsprechenden Voraussetzungen vorliegen) ist eine sozialstaatliche Zweckbindung getreten. Die Verwaltungen orientieren ihr Handeln inzwischen stärker an einem kommunal- oder verbandspolitischen Zweck (etwa die Verbesserung der kulturellen Infrastruktur einer Gemeinde, die Förderung sozial benachteiligter Gruppen, die Betonung präventiver, also vorbeugender Maßnahmen, die Schaffung von Modellen etc.). Diese sozialstaatliche Zweckbindung hat das Verhältnis zwischen Verwaltung und Sozialpädagogik flexibler und kooperativer gemacht. Das sozialstaatliche Element der Zweckbindung hat dazu geführt, daß auch Verwaltungen sozial lernen. Zweckgerichteten Aktivitäten können eben nicht regelhaft durchgeplant werden, bergen Ablaufrisiken in sich. Verwaltungen lernen so mit ihren − auch rechtlichen − Möglichkeiten produktiv und offensiv und nicht nur restriktiv umzugehen. Sie können neue Strategien entwickeln: Dort, wo die Unwägbarkeiten und das Konfliktrisiko zweckgerichteten Handelns angesichts der grundsätzlich weiterwirkenden Konditionalbindung der Verwaltung nicht verkraftet werden kann, wird aus der öffentlichen Hand ausgegliedert. Jugendhäuser, betreutes Wohnen (Jugendwohngruppen für gefährdete Jugendliche), Frauenhäuser, Beratungsstellen gehen dann in die Regie von Vereinen und Initiativen über. Die Verwaltung beschränkt sich auf die Aufgabe, die Förderung solcher Einrichtungen nach Leistungsansprüchen und Infrastrukturnotwendigkeiten zu „gewährleisten".

Dieses kooperative Verhältnis von öffentlicher Verwaltung und lokalen Vereinen und Initiativen hat sich in den 70er und 80er Jahren in der Bundesrepublik bewährt. Es verweist die beiden Bereiche in ihre spezifischen Zuständigkeiten: Öffentliche Verwaltung ist für sozialpädagogische Arbeit notwendig, weil sie sozialpädagogische Leistungen für alle öffentlich gewährleistet und aus dieser Gewährleistungspflicht heraus Ansprüche auf solche öffentlichen Leistungen einlösen und ihre Erreichbarkeit *für alle* garantieren kann. Öffentliche Verwaltungen können in diesem Sinne vor allem die Rechte derer wahren, die als sozial Benachteiligte wenig Chancen der Eigeninitiative und Selbsthilfe haben. In dieser produktiven Beschränkung auf ihr Wesentliches wird die Verwaltung für die Sozialpädagogik kalkulierbar. Die Grundformel heißt also: Sozialpädagogik und Verwaltung können in ein produktives Verhältnis zueinander gebracht werden, des einen Grenzen sind des andern Ausgangspunkte. Als fachliches Handeln muß sich die Sozialpädagogik aber primär auf ihren „sozialisatorischen" Gehalt beziehen können.

Soziale Probleme

Ein dritter außerpädagogischer Einflußfaktor, mit dem sich die Sozialpädagogik des Kindes- und Jugendalters auseinandersetzen muß, ist ihre gesellschaftspolitische Akzeptanz. Die Art und Weise, wie die Sozialpädagogik und die ihr zugeordneten Problemlagen öffentlich anerkannt und im Verhältnis zu anderen sozialen Problemen gewertet und

gewichtet werden, beeinflußt die öffentlichen Funktions-
möglichkeiten der Sozialpädagogik. Wir haben oben schon
darauf hingewiesen, daß das jeweilige gesellschaftspolitische Klima gegenüber der Jugend, die Art der gesellschaftlichen Rolle, die der Jugend zu spielen eingeräumt wird,
wesentlich dafür sind, ob die Sozialpädagogik sich in der
Gesellschaft offensiv (das heißt mit gesellschaftspolitischen und fachlichen Forderungen über ihren bestehen-
den Status hinaus) oder restriktiv verhalten kann.
Den gesellschaftspolitischen Mechanismus, in dem solche Gewichtungen und Zuschreibungen vorgenommen
werden, bezeichnen wir mit dem Begriffszusammenhang
soziale Probleme. Soziale Probleme sind sozialpolitische Definitionen, die sich auf gesellschaftliche Tat-
bestände beziehen, in denen abweichende oder risiko-
hafte soziale Tendenzen zum Ausdruck kommen. Sie
werden nach ihrem Risikocharakter in einer politischen Prioritätenhierarchie bewertet. Wenn etwas
zum sozialen Problem gemacht wird, dann hat es gesellschaftspolitische Aufmerksamkeit, dann wird seine gesellschaftspolitische Bearbeitung auch vorangetrieben. Dies
kann aber unterschiedliche Auswirkungen für die Problem-
bearbeitung selbst haben: Es kann dazu beitragen, daß das
Problem endlich auch bearbeitet wird und zu dieser Bearbeitung öffentliche Mittel fließen, es kann dazu führen,
daß die Gesellschaft endlich auf benachteiligte Gruppierungen aufmerksam wird, auf die sie ohne den öffentlichen
Charakter des sozialen Problems nicht aufmerksam geworden wäre.

Die Probleme, mit denen es die Sozialpädagogik des Kin-
des- und Jugendalters zu tun hat, sind immer wieder — in
unterschiedlichen zeitgeschichtlichen Dynamiken — in den
Definitionskreis sozialer Probleme geraten.

Wir nehmen wir als Beispiel die Jugendarbeitslosigkeit: In
den 70er Jahren wurde die Jugendarbeitslosigkeit in der
Bundesrepublik als brisantes soziales Problem gehandelt,
heute wird sie längst nicht mehr als ein solches soziales
Problem angesehen. Das hat einmal allgemein ökonomisch
etwas mit dem Strukturwandel der Arbeitsgesellschaft, mit
der veränderten Bedeutung von Qualifikation und Bildung
für die ökonomische Reproduktion unserer Gesellschaft
und der qualitativen Veränderung der Arbeitslosigkeit

selbst zu tun. Diese Veränderung der öffentlichen Problemeinschätzung ist aber auch darauf zurückzuführen, daß sich in der Zwischenzeit — seit den 70er Jahren — eine Fülle sozialpädagogisch begleiteter Einrichtungen zur Berufsförderung, zur Stützung der Berufsfindung und Berufsvorbereitung und zur Betreuung arbeitsloser Jugendlicher gebildet haben. Damit sind gesellschaftlich gesehen Puffer geschaffen worden, welche das Problem Jugendarbeitslosigkeit nicht mehr direkt zum gesellschaftlichen Risiko werden lassen. Das soziale Problem Jugendarbeitslosigkeit ist also auf die pädagogisch-fachliche Ebene verschoben worden. Wir sprechen in diesem Zusammenhang auch von einem „cooling-out"-Effekt.

Für die Sozialpädagogik ist ein solcher Mechanismus höchst zweischneidig. Auf der einen Seite braucht sie die Skandalisierung der Lebensprobleme vor allem benachteiligter Jugendlicher, um auf sie aufmerksam zu machen, um über dieses gesellschaftliche Gewicht mehr fachliche Mittel und Möglichkeiten zu bekommen. Auf der anderen Seite verführt die zunehmend professionelle fachliche Ausstattung in der Sozialpädagogik die Gesellschaft dazu, sich Kinder- und Jugendproblemen nicht mehr im Status „sozialer Probleme" anzunehmen, sondern gleich — auch wenn sie öffentlich massiv auftreten — der fachlichen Behandlung zu überweisen. Man kann dies im kommunalpolitischen Bereich sehr gut beobachten. In dem Maße, in dem die kommunale Apparatur der Jugendhilfe sich fachlich und professionell entwickelt und ausdifferenziert hat, werden Kinder- und Jugendprobleme in der kommunalpolitischen Öffentlichkeit meist nur noch als fachliche Zuständigkeitsprobleme und nicht als soziale Probleme, die einer öffentlichen Auseinandersetzung bedürfen, behandelt. Deswegen ist es wichtig, daß SozialpädagogInnen lernen, eine jugendpolitische und sozialpolitische Sensibilität zu entfalten, aus der heraus sie sich gegen jugendpolitischen Überforderungen ihrer fachlichen Zuständigkeit wehren und aus dieser politisch sensibilisierten Fachlichkeit heraus Signale an kommunalpolitische Gruppierungen oder soziale Initiativgruppen geben können. Denn diese Gruppen sollen ja Träger des demokratischen Konflikts in der Gemeinde sein, und dieser demokratische Konflikt ist der Kontext, in dem Lebensprobleme und

Interessen von Individuen und Gruppen öffentlich artikuliert und ihre Anerkennung zu sozialen Problemen durchgesetzt werden können.

Das Erzieherische und die Bildung in der Sozialpädagogik des Kindes- und Jugendalters

Lebensbewältigung bezeichnet die Zugangsdimension der
Sozialpädagogik zu den Kindern und Jugendlichen; das
sozialpädagogische Handeln selbst bezeichnen wir als
erzieherische Hilfe zur Lebensbewältigung, weil in seinem
Mittelpunkt eine pädagogische Beziehung steht, die sich
vor dem Hintergrund der Probleme der Lebensbewältigung
der Kinder und Jugendlichen konstituiert. Der Begriff der
Hilfe drückt dabei aus, daß die Sozialpädagogik über kein
geschlossenes Erziehungsfeld wie Familie und Schule verfügt, sondern daß sie dort auftritt und eingreift, wo diese
ausfallen, versagen, aber auch immer mehr dort, wo Kinder
und Jugendliche in ihrem Aufwachsen auf sich selbst
gestellt und allein nicht in der Lage sind, entsprechend
tragfähige normalitäts- und perspektivenreiche Lebensmuster zu entwickeln, weil ihnen die Ressourcen dazu fehlen.
Der Begriff der Hilfe bezieht sich nicht nur auf das Ausfallen bzw. die Unvollständigkeit zentraler (Erziehungs-)Lei-
stungen, sondern zunehmend auch auf die veränderten
und erweiterten Sozialisationskonstellationen, angesichts
derer Funktionen und Wirkungen der traditionellen
Erziehungsträger begrenzt und sowohl für die Erklärung als
auch die Gestaltung der modernen Entwicklung im Kin-
des- und Jugendalter nicht hinreichend sind.

Der Begriff Hilfe hat für die Sozialpädagogik eine traditionale und eine moderne Komponente. Im traditionalen
Sinne verweist er auf das kompensatorische und ausgleichende Verhältnis zu den Erziehungsinstitutionen, im
modernen Sinne drückt sich in ihm genauso die Eigenart
und Eigenständigkeit der sozialpädagogischen Funktionen
im Gesamtzusammenhang moderner Sozialisation im Kin-
des- und Jugendalter aus.

Sozialpädagogik als Erziehung

Wenn sozialpädagogisches Handeln erzieherisches Handeln ist, dann bedeutet das, daß es erzieherische Funktionen und Wirkungen hat. Erziehung meint im allgemeinen pädagogischen Verständnis die Vermittlung von Fähigkeiten und Kompetenzen für Kinder und Jugendliche mit der Absicht, daß sie dadurch aus dem Prozeß des Aufwachsens als autonome, selbstbestimmte und selbstbewußte Individuen hervorgehen können.

Da aber in der Sozialpädagogik das Individuum in das Spannungsverhältnis von Lebensbewältigung und Sozialintegration eingebettet ist, so müssen wir — wollen wir den pädagogischen Anspruch der Sozialpädagogik einlösen — auch dieses *gesellschaftliche* Spannungsverhältnis pädagogisch explizieren können. Die pädagogische Explikation des Gesellschaftlichen war allerdings — so die Vertreter der Kritischen Erziehungswissenschaft der 70er Jahre — in der Pädagogik schon immer problematisch:

"Im traditionellen Erziehungsverständnis konnte der Gedanke, daß die Pädagogik dem sich bildenden Subjekt um seiner selbst willen sich zuwenden müsse, fast zwanglos mit dem Postulat des Einklangs von Individuum und Gesellschaft vereinbart werden — zumindest solange, wie die bürgerliche Gesellschaft sich ohne Selbstlüge der Menschheit gleichsetzen konnte. Gleichviel ob in klassischer, bürgerlich-revolutionärer Formulierung oder in der kultur-affirmativen Variante der Liebesphilosophie; ob also am emphatischen Ziel der Menschwerdung des Menschen oder am ‚Lebensideal eines Volkes' (Nohl) orientiert — dem traditionellen Bildungsbegriff lag das Vertrauen zugrunde, daß die Zwecke der Individuen mit denen der Gesellschaft — sei es der Menschheit oder wenigstens des eigenen Volkes — harmonierten" . . . *„Der Gebildete, wie die traditionelle Pädagogik ihn sieht, lebt inmitten seiner geschichtlichen Welt: von Schleiermacher noch aufgefordert, restaurativem Stillstand zu wehren und, in die sich darbietenden Verbesserungen mit Kraft einzugehen' . . ., findet das gebildete Subjekt bei Dilthey schließlich seine ‚Souveränität' (!) darin, ‚jedem Erlebnis seinen Gehalt abzugewinnen, sich ihm ganz hinzugeben . . .'. Diese Hingabe kennt keinen Vorbehalt mehr: ‚Jede Schönheit, jede Heiligkeit, jedes Opfer, nacherlebt und ausgelegt, eröffnet Perspektiven, die eine Realität aufschließen. Und ebenso nehmen wir dann das Schlechte, das Furchtbare, das Häßliche in uns auf als eine Stelle einnehmend in der*

Welt, als eine Realität in sich schließend, die im Weltzusammen-
hang gerechtfertigt sein muß' (Dilthey). Der normative Sinn so
verstandener Bildung erfüllt sich in der ,subjektiven Anverwand-
lung der geschichtlichen Welt in einem Akt produktiven Verste-
hens' (Menze), und der gesellschaftsverändernde Impuls des
Anfangs erstirbt in gelehrsamer Rezeptivität" (Keckeisen 1984,
S. 197/198).

Dies legt nahe, daß wir uns bei der Bestimmung des Pädagogischen in der Sozialpädagogik nicht an die traditionelle
Pädagogik, sondern an die Kritische Erziehungswissenschaft als Kritik dieser traditionellen Pädagogik halten
müssen. Nur diese versucht, das Gesellschaftliche des
Erziehungsprozesses pädagogisch zu explizieren. Als
Zugang bietet sich hier die ideologiekritische Rekonstruktion der traditionellen Pädagogik an, wie sie Klaus Mollenhauer in seinem Buch „Erziehung und Emanzipation"
(1968) geleistet hat. Seine Hauptthese ist, daß die traditionelle Pädagogik ihr Unvermögen, gesellschaftliche Einflüsse auf die Erziehung aufzunehmen, dadurch kaschiere,
daß sie auf dem „Eigentlichen der Erziehung" bestehe.
Diese Betonung einer in sich geschlossenen pädagogischen
Provinz fuße auf der Vorstellung von der Familie als dem
Ursprungsort der Erziehung. Das Familienprinzip gilt
danach als Grundprinzip des Pädagogischen. Erziehung als
personale und kulturelle Beziehung zwischen Eltern (vor
allem der Mutter) und den Kindern ist nach der Selbstverständlichkeit des Generationenprinzips strukturiert. Die
ältere Generation gibt ihren kulturellen Bestand an die jüngere weiter, vermittelt ihr Fähigkeiten und Kenntnisse,
selbst in diesem kulturellen Bestand aufzugehen, ihn wei-
terzutragen und zu erneuern. Erziehung sei von dieser
Grundform ausgehend immer durch diese persönlich-emo-
tionale und kulturelle Komponente geprägt.

„Die Erziehung ist ein Vorgang, von dem man der Meinung sein
könnte, er stelle sich in der instinktähnlichen pflegenden und lie-
benden Zuwendung der Mutter zu ihrem Kind in reiner oder —
wie man mit Vorliebe sagt — ursprünglicher Form dar. Was an
diesem ,Urphänomen' nicht Natur sei, sei einerseits die spezi-
fisch menschliche personale Liebe, die hier das Kind um seines-
willen liebt, andererseits durch humane Gesittung kulturell über-
formt und festgelegt, ein verläßlicher kultureller Bestand, durch
den das Heranwachsen des Kindes gesichert werden müsse. Die
darin sich zeigende pädagogische Struktur, so könnte man weiter

der Meinung sein, sei ursprünglich nicht nur im genetischen, son-
dern zugleich im sachlichen Sinne des Wortes; in ihr zeige sich
das ,Eigentliche' der Erziehung, das nicht nur für das Erzie-
hungsverhältnis zwischen Mutter und Kind, sondern allgemein
gelte. Diese Meinung, da sie sich für Einsicht in das ,Wesen' der
Erziehung hält, formuliert damit nicht nur das angeblich Fakti-
sche, sondern zugleich eine für das Erziehungsgeschäft funda-
mentale Norm. Um recht erziehen zu können, bedürfe es der
Anschauung dieses Urphänomens und seiner Transposition in
die familienfernen Erziehungsverhältnisse. Die Aufgabe der
Erziehungswissenschaft wäre demnach die Explikation dieses
pädagogisch-Eigentlichen, das — nach dem Sprachgebrauch die-
ser Meinung — ,sich verwirklicht', in welchem Bildung ,sich ereig-
net': die Explikation der ,zeitlosen, ewig gültigen Idee der Erzieh-
ung'" (Mollenhauer 1986, S. 55).

Die kritische Erziehungswissenschaft versucht, die von der
traditionellen Pädagogik übergangene oder ideologisch aus-
geblendete historisch-gesellschaftliche Komponente als
Teil des Erziehungsprozesses selbst zu rekonstruieren. In
dieser gesellschaftlichen Explikation des Pädagogischen —
wir folgen weiter Mollenhauer — ist nicht mehr das Individuum „an sich" das Subjekt der Erziehung, sondern das
Individuum in seiner gesellschaftlichen Ausgesetztheit.
Der Erziehungsprozeß ist also in seiner gesellschaftlichen
Relativität gedacht, mithin als Teil eines umfassenden
Sozialisationsprozesses, in den die pädagogische Beziehung
eingebettet und in dem sie aufgehoben ist. Jede intentionale erzieherische Größe hat ihre Entsprechung im Gesellschaftlichen, sie steht nicht für sich, sie muß in dieser
gesellschaftlichen Spannung expliziert werden. Mollenhauer hat dies an Beispielen verdeutlicht, aus denen ich das
von der Autorität zitiere.

„Anstatt das Problem (der Autorität, L.B.) in empirisch gehalt-
vollen Aussagen einer rationalen Kritik und Kontrolle zugänglich
zu machen (. . .), wird es immer noch und immer wieder als
metaphysische Bedingung des Erziehungsvorgangs dekretiert, als
die sogenannte echte Autorität gerechtfertigt (. . .). Hier ließe sich
besonders eindringlich zeigen, was es sowohl für die wissen-
schaftliche Erkenntnis wie auch für die Brauchbarkeit der Ergeb-
nisse bedeutet, wenn die pädagogischen Probleme aus dem
gesellschaftlichen Zusammenhang gelöst werden, in dem sie
doch überhaupt erst als wirkliche Probleme erscheinen" (Mollen-
hauer 1968, S. 59).

Autorität im gesellschaftlichen Sinne ist entweder legiti-
mierte oder illegitime Autorität, verweist also auf Herr-
schafts- und Machtstrukturen, ihre demokratische Kontrolle oder aber ihre autoritäre Verfassung. Aus dieser
gesellschaftlichen Sicht wird der Erziehungsprozeß selbst
zum Gewaltverhältnis, das Pädagogische realisiert sich in
der Spannung von intendierter positiver pädagogischer
Autorität und faktisch vollzogener und erlebter Gewalt.
Die gesellschaftliche Explikation des Pädagogischen — so
zeigt uns das Autoritätsbeispiel — verweist damit nicht nur
auf die gesellschaftlichen Funktionen von Erziehung, sondern auch auf die Position und Mitwirkungschancen der
Kinder und Jugendlichen im Erziehungsprozeß selbst.
Gerade die Sozialpädagogik hat es mit Opfern erzieherischer Gewaltverhältnisse zu tun gehabt. Dadurch, daß sie
auf die Bruchstellen und Ränder des Erziehungsfeldes verwiesen war und ist, gilt sie in gewissem Sinne als Seismo-
graph für die Gewaltförmigkeit und Irrationalität, zu der
Erziehung fähig sein kann.

Die im Problem des erzieherischen Gewaltverhältnisses
aufgeworfene Frage nach der Mitwirkung von Kindern und
Jugendlichen am Erziehungsprozeß wurde in der interaktionistischen Kritik der Pädagogik in den 70er Jahren aufgegriffen und einer eigenen reflexiven Systematik zuge-
führt (vgl. Brumlik 1976). Aus dem interaktionistischen
Blickwinkel ist der Erziehungsprozeß nicht nur dann ein
beidseitiger, wenn er unter einem demokratischen
Anspruch steht, sondern er *ist* von seiner Struktur her ein
beidseitiger. Kinder und Jugendliche verhalten sich — so
oder so — oft nicht entsprechend den pädagogischen Normen und Ansprüche, sondern orientieren sich an der sozialen Beziehung, welche pädagogisches Handeln konstituiert.
Was Pädagogen als funktionales Prinzip der Vermittlung
von Kenntnissen und Fähigkeiten interpretieren, ist in der
Wirklichkeit dieser sozialen Beziehung ein komplizierter
gegenseitiger Prozeß der sozialen Balance, den auch die
Pädagogen oft selbst nicht überblicken können. In der
interaktionistischen Perspektive geraten also die unterschiedlichen Wahrnehmungen, Deutungen und Interpretationen, welche die am Erziehungsprozeß Beteiligten in
diesen einbringen, in den Blick, bricht der unterschiedliche Alltag (vgl. Thiersch 1977), den Erzieher und zu Er-

ziehende haben, als Steuerungs- und Relativierungsmoment des pädagogischen Prozesses durch. Gerade in der Sozialpädagogik mit ihren offenen Erziehungsfeldern, muß deshalb das Erziehen viel stärker als soziale Interaktion verstanden und praktiziert werden. Wir werden auf diesen interaktionistischen Aspekt in dieser Einführung immer wieder stoßen.

Eine weitere Entmythologisierung der klassischen Vorstellung vom Pädagogisch-Eigentlichen hat die sozialökologische Beleuchtung des Erziehungsprozesses gebracht (vgl. vor allem Walter 1975). Die Grundthese lautet: Die intentionale und organisierte pädagogische Beziehung steht nicht für sich, sondern in einem sozialräumlichen Erziehungsfeld, sie ist sozialräumlich relativer Erziehungsort. Es gibt in diesem sozialräumlichen Feld eine Vielzahl von Miterziehern — Gleichaltrigengruppen, Konsum, Medien — welche das Aufwachsen genauso beeinflussen wie der intentionale Erziehungsprozeß. Aus der Sicht der Kinder und Jugendlichen erhält die geplante Pädagogik dadurch immer wieder eine andere (situative und biographische) Bedeutung als die, die von den Pädagogen gewollt wird. Pädagogen müssen also erkennen, daß sie ein Erziehungsort unter mehreren sind, daß sie ihr Handeln zu den anderen pädagogischen (im weiteren Sinne sozialisatorisch wirksamen) Orten in Beziehung setzen, ihre Wirkungen im bezug auf diese gewichten müssen. Mollenhauer hat schon darauf hingewiesen, wie schwer dies der Pädagogik fällt, da sie in ihrer Tradition sehr gerne zu geschlossenen Systemen, „pädagogischen Provinzen" tendiert, in denen man das „Pädagogisch-Eigentliche" abgeschirmt von relativierenden Außeneinflüssen entfalten kann. Davor sind auch Sozialpädagogen nicht gefeit: Gerade weil ihr pädagogisches Feld so offen ist, drängt es sie in der Praxis immer wieder dazu, sich in ihren Einrichtungen (z.B. Jugendhäusern) „einzuigeln.

Grundsätzlicher noch als die kritische Erziehungswissenschaft haben sich feministische Pädagoginnen gegen die vorherrschende Pädagogik gewandt (vgl. die Bilanz der Sektion Frauenforschung der DGfE 1991). Als Grundthese kann man aus den bisherigen Diskussionen interpretieren, daß Pädagogik männliche Pädagogik ist, das heißt von Männern für Männer gemacht. Mollenhauer hat auf die

Urfigur der Mutter-Kind-Beziehung verwiesen, welche die Pädagogen kulturell überformt und verallgemeinert haben. Im feministischen Sinne, aber auch im Sinne der kritischen Männerforschung verbirgt sich dahinter ein zentrales Phänomen, das schon in der Gebärneid-These der Psychoanalyse enthalten ist: Auf die natürliche, ursprüngliche personale und familiale Macht der Frauen reagieren die Männer mit der Entwicklung rationaler Systeme, in denen sie den Frauen ihre Macht entziehen und diese damit ausschließen. Diese männlich-rationalen Systeme erweisen sich für einen gesellschaftlichen Fortschritt als tauglich, der nicht nur darauf beruht, daß er sich von den natürlichen und emotionalen Grundlagen des Menschseins entfernt, sondern auch auf ihrer Ausbeutung besteht. Je mehr sich die Gesellschaften von Familie und Natur entfernen, sozial komplexer werden, desto selbstverständlicher wird dieses männliche Prinzip (vgl. dazu auch das Kapitel „Männerbünde" bei Böhnisch/Winter 1992). Die Entwicklung der modernen Pädagogik ließe sich aus feministischer Sicht demnach so interpretieren: Auf jener Stufe der Gesellschaftsentwicklung, an der Erziehung und Qualifikation für die gesellschaftliche Reproduktion in großem Maße notwendig werden, wird das Erzieherische rationalisiert, der Verfügung der Frauen entzogen. Die Grundfigur der „weiblichen" Erziehung wird zwar beibehalten, gehört aber nicht mehr den Frauen. Es entsteht die männlich definierte Erzieherrolle, in die Männer und Frauen gleichermaßen „hineinschlüpfen" müssen.

Damit ist auch der Typ der Fähigkeiten und Kompetenzen, welche über Erziehung vermittelt werden und aus den pädagogischen Grundbildern von Autonomie und Individualität abgeleitet werden, ein männlicher Typ. Die kritischen Fragen lauten nun: Wo und wie wird das besondere Vermögen von Mädchen übergangen? Aber auch: Worauf werden Jungen festgelegt, was wird ihnen in der männlichen Rollenfixierung vorenthalten? Die Frauenforschung begnügt sich nun nicht mit dem Stellen solcher Fragen, sie ist radikaler: Es muß eine neue Pädagogik entwickelt werden, in der *alle* Kategorien und Begrifflichkeiten in ihrer geschlechtshierarchischen (patriarchalen) Grundstruktur offengelegt und neu formuliert werden: das Generationsprinzip, die Prinzipien der Autonomie, des Fortschritts, der

Moral. Aber auch unter einigen männlichen Erziehungswissenschaftlern regt es sich: Sie weisen darauf hin, daß Männer nicht nur Erziehung machen, sondern selbst unter dieser männlichen Erziehung leiden, durch sie eingeschränkt werden. Die historische Herkunftslinie des pädagogischen Generationsprinzips wird als pädagogisch überformtes Gewaltverhältnis entschlüsselt. Männliche Fähigkeiten und Kompetenzen sollen nicht länger über die stillschweigende Abwertung der Frauen vermittelt werden. Nicht Herrscher, aber kräftig, heißt eine Devise der Jungenerziehung (W. Hollstein 1990). Mit der zunehmenden sozialisatorischen und pädagogischen Bedeutung der Suche nach Geschlechteridentität als lange übergangene Grundfigur des Aufwachsens bei Mädchen und Jungen wird die Einsicht in die Notwendigkeit der Reformulierung der traditionalen pädagogischen Rationalität zwingend. Sie hat sich nicht nur gesellschaftlich, sondern auch als Geschlechterverhältnis zu explizieren. Die Erschütterung der Gültigkeit der traditionalen Grundfigur des „Pädagogisch Eigentlichen" — so wie sie von der Kritischen Erziehungswissenschaft und von der feministischen Frauenforschung ausging — hat den Weg dafür freigemacht, daß die Sozialpädagogik als empirische Pädagogik ihre eigenständige pädagogische Begründung im Sozialisationszusammenhang von Kindern und Jugendlichen entwickeln kann. Diese bezieht sie aus der pädagogischen Explikation des Sozialen und Gesellschaftlichen, wie es sich in der Spannung zwischen der jeweils historischen Realität des Kindes- und Jugendalters sowie dem realen und ideologischen Prozeß der Sozialintegration konstituiert. Pädagogische Ziele wie Autonomie, Individualität und Mündigkeit erhalten erst in diesem Spannungsverhältnis ihre sozialpädagogischen Entsprechungen: handlungsfähig bleiben, seine biographische Normalität herstellen können, nicht so von den Verhältnissen abhängig sein, daß man keine Verhaltensalternativen mehr hat, biographische Optionen offenhalten können. Die Vermittlung von Fähigkeiten und Kompetenzen zur Herstellung von sozialer Handlungsfähigkeit und der Aufrechterhaltung von biographischen Optionen ist *der* pädagogische Ansatz der Sozialpädagogik des Kindes- und Jugendalters. Er muß primär empirisch sein, das Pädagogisch-Normative ist in diese Empirie eingebettet: Gerade in den offenen Feldern der Sozialpädagogik können Kinder und Jugendli-

110

che so mit positiven Lebensentwürfen, kulturellen und sozialen Werten konfrontiert werden, daß ihnen die Chance gelassen bzw. gegeben wird, diese normativen Ansprüche und Aufforderungen auf ihren unterschiedlichen biographischen Hintergrund der Lebensbewältigung rückzubeziehen.

Der sozialpädagogische Bildungsbegriff

In der klassischen Begrifflichkeit der Pädagogik wird der Begriff „Bildung" dann gebraucht, wenn die kulturelle Dimension des Erzieherischen (Weitergabe des kulturellen Bestandes) besonders und eigenständig betont werden soll. „Bilden" wird in diesem Zusammenhang „im weitesten Sinne als Intention personaler Formung des Einzelnen unter dem Einfluß sittlicher Ansprüche und werthafter Sinngehalte verstanden" (A. Flitner 1963, S. 142). Flitner hat aber gleichzeitig kritisch darauf hingewiesen, daß mit diesem formalen Bildungsbegriff noch wenig gewonnen sei, ja daß er sehr schnell ideologisch würde, wenn man nicht fragte, aus welcher historischen Wirklichkeit er hervorgegangen beziehungsweise auf welche Wirklichkeit er jeweils neu zu beziehen ist. So erinnert Flitner an das „neuhumanistische Persönlichkeitsideal" Humboldt'scher Prägung, das in diesen traditionellen Bildungsbegriff eingegangen ist und das an sich dem Selbstverständnis der Gelehrten- und Dichterschicht einer bestimmten historischen Epoche entsprang, einer Schicht, die ihr Denken unabhängig, frei von politischen, ökonomischen und gesellschaftlichen Wirklichkeiten und Zwängen entfalten wollte.

Dieser Bildungsbegriff war Ausdruck einer „stark ästhetisch gefärbten individuellen und distinguierten Geisteskultur" (A. Flitner), wie sie in der Sozialdynamik und Interdependenz der modernen industriellen Massengesellschaft nicht mehr vorstellbar ist. Deshalb ist es notwendig, den Bildungsbegriff heute in seiner industrie- und konsumgesellschaftlichen Einbettung zu explizieren. Flitner hat dies schon 1963 in einer „prototypischen" Weise für den Bereich der Jugendbildung getan, indem er die Pädagogik darauf hinwies, „daß *jeder* Jugendliche schon mehr oder

111

weniger gebildet ist — das soll hier heißen, in seinem Sozialverhalten, im Verhältnis zu seiner Arbeit, in seinem täglichen Betragen und im Verständnis seiner selbst einer Anzahl von Formen, Einflüssen, Gedanken unterliegt, die sein bloßes Funktionieren überschreiten" (S. 142).

Damit hat Flitner die für uns Sozialpädagogen so wichtige Brücke zwischen Pädagogik und Sozialisation gebaut und vor allem darauf aufmerksam gemacht, daß sich das „Pädagogische" und „Bildende" in der Jugendbildung sich nicht allein in der intentionalen pädagogischen Beziehung zwischen Jugendbildner (heute sagen wir BildungsreferentIn) und Jugendlichen abspielen kann, sondern daß sie in ein alltagsbezogenes „pädagogisches Feld" eingelassen sind. Den so verwendeten Begriff des „pädagogischen Feldes" entnehmen wir Giesecke, der damit das Zusammenspiel der „mitgebrachten" Alltagsbildung und der von den Pädagogen intendierten Bildungsmaßnahmen umschreibt. In seinem zeitgenössischen Standardwerk „Politische Bildung in der Jugendarbeit" ([3]1972) zeigt er am kurzzeitpädagogischen Beispiel der Tagung („Seminar"), wie die Jugendlichen, die dort politisch gebildet werden sollen, schon Bildung mitbringen und wie sich die pädagogische Jugendbildung dazu in Beziehung setzen kann:

„Solche Selbstexperimente der Jugendlichen führten nicht von sich aus schon zu neuen Selbst- und Welterfahrungen. Ließ man ihnen einfach freien Lauf, so zeigten sie eine unverkennbare Tendenz zu „Subkultur-Strukturen", also zu gleichsam inoffiziellen Kultur- und Verhaltensformen, die sich durch die Mechanik der Kommunikation bildeten. Nur wo es gelang, solche Prozesse bewußt zu machen, hatten sie als neue Erfahrung auch eine produktive Lernwirkung. Nur selten gelang es den Jugendlichen, ohne unsere (der Pädagogen, L.B.) Hilfe diese Prozesse ins Bewußtsein zu heben . . ." (Giesecke 1972, S. 137).

Das, was die Jugendlichen an Bildung „schon mitbringen", ist kein wie immer abrufbares Wissen, an dem die Pädagogen planmäßig anknüpfen können. Es ist vielmehr verwoben in das sozial und gesellschaftlich rückgebundene Alltagsverständnis der Jugendlichen und dieses braucht — soll es pädagogisch erkennbar sein — eine sozialräumlich-jugendkulturelle Aktivierung (vgl. dazu Böhnisch/Münchmeier 1990). Erst in dieser Einbettung und Relativierung bekommt der intentionale pädagogische Akt seinen Sinn:

als Sich-Einlassen auf die Situationen und Ereignisse dieses sozialräumlichen Prozesses und daran anknüpfendes Einbringen von Bildungsinhalten. In der sozialen Rückbindung und sozialräumlichen Kontextualisierung erhält der Bildungsbegriff eine sozialpädagogische Ausrichtung. In dieses pädagogische Feld fließt die alltägliche Lebensbewältigung Jugendlicher ein. Das bedeutet auch, daß sich in der kulturellen und politischen Jugendbildung die Aspekte der Lebensbewältigung und der Bildung in besonderer Weise verschränken können. Der sozialpädagogische Bildungsaspekt zielt auf die „erweiterte Handlungsfähigkeit" ab. Das Bildungsziel lautet dementsprechend: weitergehende Handlungsmöglichkeiten und Optionen aufzuschließen, welche die kulturelle und politische Emanzipation der Jugendlichen befördern können.

Zweiter Teil:
Bewältigungsprobleme im Kindes- und Jugendalter und sozialpädagogisches Handeln

Es gibt heute eine breite und ausdifferenzierte sozialwissenschaftliche Kinder- und Jugendforschung, auf die sich SozialpädagogInnen in der Regel beziehen, und die zum Teil selbst von sozialpädagogischen Institutionen angeregt und initiiert worden ist. Und doch ist nicht zu übersehen, daß die üblichen Zugänge und Akzente dieser Forschung – die Untersuchung von Einstellungen, Verhaltensmustern, biographischen Verläufen und Karrieren – an das spezifisch sozialpädagogische Erkenntnisinteresse, das sich im Spannungsfeld von Lebensbewältigung und Sozialintegration entfaltet, nicht heranreichen. Schon im historischen Teil dieser Einführung haben wir dargelegt, daß die empirischen Jugendstudien erst dann im sozialpädagogischen Sinne aussagekräftig werden, wenn es gelingt, sie in das sozialpädagogische Bezugssystem zu übersetzen. Die Interpretation des verdeckten sozialpädagogischen Gehalts der Pädagogischen Jugendkunde der Weimarer Zeit macht das Problem deutlich. A. Flitner hat in seiner „Soziologischen Jugendkunde aus pädagogischer Sicht" darauf hingewiesen, daß Erhebungsdaten der Kinder- und Jugendforschung pädagogisch reformuliert und so neu zum Schwingen gebracht werden müssen. K. Mollenhauer schließlich hat es in seiner „Einführung in die Sozialpädagogik" Mitte der 60er Jahre ausgeführt: Die Sozialpädagogik des Kindes- und Jugendalters entfaltet ihre Kategorien aus der empirischen Wirklichkeit des Kinder- und Jugendlebens, indem sie sich die Materialien der sozialwissenschaftlichen Kinder- und Jugendforschung aus den Erfahrungen ihrer sozialpädagogischen Praxis heraus und im Spannungsverhältnis zu ihr erschließt. Sozialpädagogische Kinder- und Jugendkunde muß also mehr als nur nachgeordnete sozialpädagogische Interpretation der sozialwissenschaftlichen Forschung sein.

Um diesen Anspruch einzulösen, werden im zweiten Teil dieser Einführung die Lebensverhältnisse und die Lebenswirklichkeit von Kindern und Jugendlichen so dargestellt, daß die beiden empirischen Dimensionen immer wieder neu aufeinander bezogen und – unter kritischer Berücksichtigung ihrer unterschiedlichen empirischen Herkunft – miteinander verknüpft werden:

– die sozialpädagogisch gewichteten Ergebnisse der sozialwissenschaftlichen Kinder- und Jugendforschung, das heißt vor allem die empirischen Materialien, die direkt oder indirekt auf den sozialpädagogischen Aspekt der Lebensbewältigung verweisen;

– die empirisch gehaltvollen Erfahrungsbestände aus der sozialpädagogischen Praxis, wie sie sich seit über 30 Jahren moderner Professionalisierung akkumuliert und ausdifferenziert haben. Diese praktischen Erfahrungen verweisen in der Regel direkt (wenn auch den SozialpädagogInnen als Träger und Vermittler dieser Erfahrung oft nicht bewußt) auf den Kontext Lebensbewältigung/Sozialintegration.

Ich betrachte das in der professionellen Erfahrung gewonnene soziale Wissen der sozialpädagogischen PraktikerInnen über Kinder und Jugendliche als „zweite Empirie", die ihren eigenen Wert neben der „ersten Empirie" der sozialpädagogisch inspirierten Sozialforschung besitzt und diese erweitern, aber auch korrigieren, vor allem aber auch neu dimensionieren kann. Gerade SozialpädagogInnen, die in offenen Arbeitsbereichen tätig sind, sind darauf angewiesen, sich ein möglichst breites Bild über die Lebensverhältnisse von Kindern und Jugendlichen ihrer Umgebung zu verschaffen, das heißt sie können nicht von vorneherein sagen: für meinen Beruf brauche ich nur diese oder diese Informationen, andere brauche ich wiederum nicht, mir genügt also ein Ausschnitt aus der sozialen Wirklichkeit.

Im zweiten Hauptteil werden also die Probleme des Aufwachsens von Kindern und Jugendlichen als Bewältigungsprobleme interpretiert und Ergebnisse der Jugendforschung genauso wie Erfahrungen aus der sozialpädagogischen Praxis im Spannungsverhältnis von Lebensbewältigung und Sozialintegration aufeinander bezogen. Dabei werden wir in einem weiteren Schritt sehen, daß in der Art und Weise, wie wir das Jugendalter sozialpädagogisch aufschließen, die „verdeckten" Aspekte der geschlechtsspezifischen Bewältigungsthematik besonders hervortreten (Geschlechterfrage).

Im darauffolgenden Kapitel „Gefährdung und Risiko" wird versucht, die der Sozialpädagogik traditionell zugewiesenen Interventionsbereiche „abweichendes Verhalten" und „Gefährdung" im Lichte dieser Bewältigungsthematik des Kindes- und Jugendalters zeitgemäß zu strukturieren. Aber auch für die „Jugendbildung", das traditionell „zweite Bein" der Sozialpädagogik des Kindes- und Jugendalters neben der Arbeit mit gefährdeten Jugendlichen, wird eine besondere jugendpädagogische Begründung entwickelt. Die Einführung mündet schließlich in die Formulierung zentraler Arbeitsprinzipien, an denen sich SozialpädagogInnen konzeptionell und praktisch orientieren können.

Es geht also in erster Linie um die Grundlegung sozialpädagogischen Denkens und Handelns im Umgang mit Bewältigungsproblemen im Kindes- und Jugendalter. Von diesem Zugang her ist es plausibel, daß die institutionellen Arbeitsfelder (wie z.B. Jugendarbeit, Heimerziehung, Beratung etc.) nicht ausdrücklich systematisch behandelt werden. Sie kommen immer dort vor, wo die jeweiligen Konsequenzen aus den konzeptionellen Überlegungen für die sozialpädagogische Praxis der „Jugendhilfe" angesprochen werden. Deshalb ist es zu empfehlen, sich zur institutionellen Systematik der Jugendhilfe in den entsprechenden Standardwerken (Eyferth/Otto/Thiersch [Hg.], Handbuch der Sozialarbeit/Sozialpädagogik und Jordan/Sengling, Jugendhilfe) kundig zu machen.

Den Leserinnen und Lesern wird auffallen, daß die *Familie* in dieser Einführung nicht in einem eigenen Kapitel behandelt wird. Sie kommt jedoch immer wieder indirekt vor. Hauptsächlich als Elternfamilie, als zentrale emotionale Bezugsgröße, als alltägliches Unterstützungssystem oder auch in der Konstellation von Generationenverhältnis und Generationenkonflikt. Wenn wir so die Familie über die Kinder und Jugendlichen vermittelt sehen, nehmen wir in Kauf, daß z.B. mögliche Bezüge zwischen Kinderarbeit und sozialpädagogischer Familienhilfe vernachlässigen (welche die Funktionsfähigkeit der Familie in den Mittelpunkt ihres Interventionsinteresses stellt). Dafür aber — und hier folgen wir einer gewissen sozialpädagogischen Konvention, welche traditionell am Bild der sich von der Familie emanzipierenden Kinder und Jugendlichen hängt — können die eigenen Bewältigungsprobleme von Kindern und Jugendlichen analytisch schärfer herausgearbeitet werden. Denn auch in der Alltagspraxis der sozialpädagogischen Arbeit mit Kindern und Jugendlichen haben wir es meist nur im Hintergrund mit den Familien zu tun. Daß Kinder und Jugendliche allerdings — trotz aller entwicklungsbedingter und sozialer Ablösedynamik — die Familie als zentralen emotionalen Rückhalt weiter beharrlich suchen und damit das Bild von der selbständigen Jugend immer wieder eigenartig schwankend wird, ist in dieser Einführung wohl hinreichend zu spüren.

4. Kindheit aus sozialpädagogischer Sicht

Bewältigungsprobleme im Kindesalter

Die Spannung von Lebensbewältigung und Sozialintegration, wie sie für das sozialpädagogische Jugendalter kennzeichnend ist, stellt sich im Kindesalter so noch nicht. Denn dieses Spannungsverhältnis ist wesentlich durch den Aspekt der Ablösung von der Familie, den Generationenkonflikt und die Suche nach einem eigenen Status unabhängig von der Herkunftsfamilie geprägt. Das Konzept Lebensbewältigung in diesem pointiert sozialintegrativen Bezug ist also sinnvollerweise nur für die Jugendphasen — von den jüngeren Jugendlichen (Kids) bis zu den jungen Erwachsenen — anwendbar.

Was sich bis heute im modernen Kindsein an Bewältigungsproblemen angesammelt hat, liegt zwar unterhalb dieser sozialintegrativen Dimension des Jugendalters, zeigt aber deutliche Züge von Lebensbewältigung im engeren Sinne. Es gibt zunehmend Situationen und Konstellationen im Kindesalter, die von den Kindern die Suche nach einer eigenen Normalität, also Normalisierungsstrategien im Sinne der Erhaltung ihrer Orientierungs- und Handlungsfähigkeit verlangen. In dem Maße also, in dem dieser engere Begriff von Lebensbewältigung auf die Lebenssituation von Kindern zutrifft, werden sie Adressaten sozialpädagogischen Handelns. Im folgenden sollen diese modernen Bewältigungskonstellationen im Kindesalter analysiert werden.

Ähnlich wie wir zwischen dem gesellschaftlichen Begriff der Jugend und den individuellen Lebenswelten der Jugendlichen unterscheiden, müssen wir auch die Begriffe Kindheit und Kinder (im Sinne des je individuellen Kindseins) auseinanderhalten. Unter Kindheit verstehen wir die gesellschaftliche Ausdifferenzierung der kindlichen

Lebensphase sowohl zum Zwecke des Schutzes vor früher ökonomischer Ausbeutung, vor allem aber zur Ermöglichung eines pädagogischen Entwicklungs- und Schonraums, den die moderne, zwischen Privatheit und Berufsleben aufgespaltene Familie nicht in ausreichendem Maße gewährleisten kann. Kindheit ist also ein historisch gewordenes gesellschaftliches Konstrukt (vgl. ausführlich Liegle 1987). In der historischen Entwicklung der Ausgrenzung eines eigenen Kindheitsraums liegt ein grundsätzliches Spannungsmoment des Kinderlebens: die (damit verbundene) Trennung zwischen Kinder- und Erwachsenenwelt ist lebenspraktisch immer wieder durchbrochen, Kinder sind — zum Beispiel über die Medien — mit der Erwachsenenwelt konfrontiert, während sie gleichzeitig von dieser Erwachsenenwelt im Schonraum Kindheit (z.B. Kindergarten) abgesondert werden. Solche und ähnliche Alltagsdiskrepanzen haben Kinder immer wieder auszubalancieren, zu bewältigen.

Mit der gesellschaftlichen Einführung von Kindheit, der Ermöglichung eines eigenen Kinderraums, ist sowohl das entwicklungsbedingte Eigenleben des Kindes gewachsen, sind aber genauso die erzieherischen Bemühungen um die Kinder verstärkt worden. In das Spannungsverhältnis zwischen Erziehung und Eigenleben ist die kindliche Bewältigungsthematik allgemein eingelassen.

Der gesellschaftlich eingerichtete und proklamierte pädagogische Schonraum für Kinder ist aber auch durch moderne ökonomische und soziale Entwicklungen konterkariert, welche die Entfaltungsmöglichkeiten von Kindern einschränken, blockieren oder überformen. Gemeint sind hier städtebauliche Entwicklungen, die Kindern räumliche Aneignungsmöglichkeiten verschließen oder sie in beengte und anregungsarme Spielreservate drängen; dazu gehören aber auch Konsum und Medien, welche die Kinder mit einer Eindrucksumwelt konfrontieren, die ihren entwicklungsbedingten Möglichkeiten weit vorauseilt, die kaum mehr von den Kindern her spielerisch gestaltbar, sondern nur noch verbrauchbar ist. Auch hier tun sich typische Bewältigungsprobleme für Kinder auf.

Schließlich sind Kinder außerhalb der Familie weitgehend in pädagogischen Institutionen untergebracht, die zwar für sich in Anspruch nehmen, Kinder erziehen zu können, die aber oft daran scheitern, ihre Innenwelt — also z.B. den „Schulraum" — kinderfreundlich zu organisieren und zu gestalten. Dies setzt Kinder unter emotionale Spannungen, die im außerschulischen Bereich — gerade in der sozialpädagogischen Kinderarbeit und in sozialpädagogisch betreuten Hausaufgabenhilfen — zum Ausbruch kommen können.

Häufiger als offiziell zugegeben haben Kinder bei uns den Widerspruch zwischen gesellschaftlich hochgehaltener Kinderfreundlichkeit und alltäglich neu entstehender, aber nicht eingestandener und daher tabuisierter Kinderfeindlichkeit auszuhalten. Dies ist vor allem in Familien und Wohngegenden der Fall, in denen Eltern und Nachbarn von ihren ökonomischen und sozialen Möglichkeiten und einer sozialräumlich reduzierten Quartiersstruktur her überfordert sind, Kindern Entfaltungsräume zu ermöglichen oder mit den Reaktionen der Kinder auf beengte Räume umzugehen. Gerade solche Kinder bringen die ihnen widerfahrenen Zurückweisungen und Ausgrenzungen in die sozialpädagogischen Kindergruppen und Jugendhäuser hinein.

Kinder sind stärker und wehrloser als andere Altersgruppen der Gewalt innerhalb und außerhalb der Familie ausgesetzt.

„Erwachsene sind gegenüber Kindern zur Macht verführt. Seit je ist in der pädagogischen Tradition die Gefahr diskutiert worden, daß die Erwachsenen (. . .) ihre Position und ihren Vorsprung an Alter, an Erfahrung, an Wissen ausnützen, um die Erfahrungen und Selbständigkeiten der Kinder zu unterdrücken" (Thiersch 1986, S. 124).

Über diesen sozialemotionalen Bereich ausgeübter Erwachsenenmacht berichten SozialpädagogInnen von körperlichen bis hin zu sexuellen Gewalterfahrungen, die sie bei Kindern immer wieder bemerken oder erahnen, sehen sich damit konfrontiert, daß Kinder die eigenen Gewalterfahrungen dadurch zu bewältigen versuchen, daß sie gegen andere gewalttätig sind.

Wir haben mit dieser Darstellung unterschiedlich gelagerte Erfahrungen von Konflikten und Bewältigungsproblemen, die aus den Brüchen und Widersprüchen resultieren, die in der modernen Kindheit liegen, ein allgemeines sozialpädagogisches Portrait des Kindes skizziert. Damit ist wohl ausreichend deutlich und begründbar geworden, daß das Konzept Lebensbewältigung — wenn auch in einem sozial eingeschränkteren Sinn als bei der Jugend — auch auf den Zugang zu Kindern anwendbar ist. Sozialpädagogische Arbeit mit Kindern ist somit auch als erzieherische Hilfe zur Lebensbewältigung begreifbar.

Das Kind im Kindergarten

Der sozialpädagogische Zugang zum Kind beginnt in der Regel erst im Kindergarten- oder Vorschulalter. Auch im Achten Jugendbericht (1990) wird das so gesehen, indem die Jugendhilfe als familienersetzende Erziehung unter 3 Jahren „nur im Notfall" gewährt werden soll (S. 96). In der Regel sind in diesem Alter nicht die Kinder, sondern die Eltern die Adressaten der Jugendhilfe. Die Einrichtungen der Jugendhilfe vermitteln und unterstützen Formen der Tagespflege und der Eltern-Kind-Gruppen. Das klassische Entweder-Oder zwischen Familienerziehung und Fremdbetreuung ist dabei einer Perspektive gewichen, welche familienunterstützende Netzwerke in den Vordergrund stellt.

Mit dem Kindergarten setzt die Vergesellschaftung des Kindes, sein erstes Heraustreten aus dem privaten, sozial-emotional strukturierten erzieherischen Kontext der Familie, ein. Wenn auch die Kindergärten noch in vielem lediglich Verlängerung des Familialen sind, so wirken doch Elemente der außerfamilialen Kindergruppe zurück in das Familienmilieu, genauso wie sich die familiale Erziehung nun über sich selbst und die Nachbarschaft hinaus am neuen sozialen Kontext Kindergarten orientieren muß. Es beginnt eine deutliche soziale Ausdifferenzierung der Erziehungs- und Lebensbereiche der Kinder, deren unterschiedliche Bezugsgruppenformen und Zeitrhythmen von den Kindern bewältigt werden müssen.

Der moderne Kindergarten hat sich in seiner gesellschaftlichen Funktion seit der Mitte des 19. Jahrhunderts bis zu seiner heutigen Allgemeinheit entwickelt. Kindheit wurde mit der Einbindung in das öffentliche Erziehungssystem auch zum öffentlichen Problembereich, aus Kindern in der Familie, die bisher weitgehend unbeachtet waren, sind Vorschulkinder geworden, als Bereich der vorschulischen Erziehung ist der Kindergarten gerade in der Bildungsdiskussion der 70er Jahre in das öffentliche Interesse gerückt. Die Lern- und Entwicklungspsychologie gab in den 60er und 70er Jahren die Losung aus, daß die für ein Leben in der modernen Gesellschaft notwendigen Fähigkeiten — vor allem die Intelligenz — gerade in der Vorschulzeit geprägt werden. Die Pädagogik, die Medien, die Bildungspolitik und nicht zuletzt die Spielwarenindustrie übernahmen diese Parole.

Mit diesem Vergesellschaftungsprozeß wurde ein Spannungsverhältnis in der modernen Lebensphase Kindheit sichtbar, das gerade von den verschiedenen Gegenbewegungen zum öffentlichen Kindergarten artikuliert wurde: Kindheit könne nicht nur als Erziehungsphase pädagogisch aufgehen, sondern sei auch eine Lebensphase um ihrer selbst willen (authentische Kindheit). Während Kindheit als Erziehung also die Veranstaltungen beinhaltet, die mit Kindern in der Intention gemacht werden, etwas anderes aus ihnen werden zu lassen, als sie sind, erfaßt Kindheit als Lebensform dagegen all die „zwecklosen", weil nicht erzieherisch konzipierten Formen des Eigenlebens von Kindern. Sicher ist diese Unterscheidung analytisch. Man kann in der Lebenswelt von Kindern nicht so ohne weiteres nach diesen Unterscheidungen getrennte Lebensbereiche ausmachen. Man kann aber immer wieder in Situationen bei Kindern und im Umgang mit Kindern beobachten, wie ihr Eigenleben durchbricht und die Situation strukturiert. In manchen Situationen kann man sogar sehen, wie Erziehung als intentionales Unternehmen folgenlos bleibt, während gerade die spontan inszenierten Ereignisse und Erlebnisse bei Kindern eine nachhaltig prägende Wirkung auf ihre Persönlichkeit haben.

Bestreben der Kinderpädagogik muß es also sein, eine Balance zwischen Kindererziehung und dem Eigenleben der Kinder, wie es sich aus der Familie heraus in das soziale Umfeld hinein entwickelt, herzustellen. Intention der Kindergartenbewegungen zu Ende der 60er und Anfang der

70er Jahre war es, den Kindergarten zu einer sozialpädagogischen Institution zu machen, zu einem Ort sozialen Lernens und Lebens, in dem dieses Spannungsverhältnis von
den Kindern ausagiert werden konnte. Der Kindergarten
sollte nicht — wie in den schulpolitischen Absichten zur
Elementarerziehung vielfach angelegt — ein Ort der kognitiven Verschulung werden, in dem dieses Spannungsverhältnis latent gehalten worden wäre und damit immer wieder zu Bewältigungsproblemen bei den Kindern selbst
geführt hätte. Lieber den Kindergarten gleich sozialpädagogisch strukturieren, das heißt diese möglichen Bewältigungsprobleme entschärfen, indem man ein Ausagieren
dieser Spannungszustände zuläßt, als nachträglich eine
Kindergarten-Sozialarbeit riskieren. Deshalb entstanden
damals — ausgehend von sozialpädagogisch orientierten
wissenschaftlichen Institutionen wie vor allem dem Deutschen Jugendinstitut in München — curriculare Konzepte
soziales Lernen für den Kindergarten. Soziales Lernen im
sogenannten Situationsansatz wurde als Erwerb von Kompetenzen zur Bewältigung realer alltäglicher Lebenssituationen verstanden („Ich verlaufe mich in der Stadt", „Ich
lerne verstehen, was in meiner Umgebung abläuft: Müllab-
fuhr, Geschäfte, Post" etc.). Indem das tägliche Leben zum
Gegenstand des Lernens wurde, aber nicht vom Alltag
separiert, sondern gleichsam über den Kindergarten ausgelebt, mußte sich der Kindergarten nach außen sozial erweitern: Beziehungen zu den Familien der Kinder aufnehmen,
sich in die Gemeinde hinein öffnen und verlängern können. Viele Konzeptionen gingen über diese pädagogischen
Öffnungsperspektiven hinaus. So stellte man sich Kindergärten auch als Schnittpunkte des öffentlichen und privaten
Lebens in der Gemeinde vor, als soziale Räume, in denen
neue Lebensformen sowohl in der Familie als auch zwischen den Familien hin zum Gemeinwesen erprobt werden
sollten. Grundzüge dieser Vorstellung sind auch heute
Allgemeingut der Diskussion um die Kindergartenerzieh-
ung geblieben. Im Achten Jugendbericht wird dazu formuliert:

„Nach heftigen Kontroversen um unterschiedliche Lernkonzepte
für diese Altersphase wurde in Modellversuchen verschiedener
Bundesländer ein sozialpädagogisches Konzept für die pädago-
gische Arbeit entwickelt . . ., das dem Kindergarten seine konzep-
tionelle und institutionelle Eigenständigkeit sichert. Die Orientie-

rung an Lebenssituationen von Kindern und Familien, das Ernst-
nehmen der alltäglichen Erfahrungen der Kinder anstelle künst-
lich veranstalteten Lernens, das Zusammenleben von Kindern in
altersgemischten Gruppen, die Mitwirkung von Eltern und die
Verankerung im Gemeinwesen sind Merkmale dieses Konzepts"
(Achter Jugendbericht 1990, S. 97).

Diese über das Pädagogische hinausgehenden Vorstellungen von der Gemeinwesenorientierung über die soziale
Vernetzung von Familien hätten aber vorausgesetzt, daß
die Familien dieses erweiterte sozialpädagogische Programm auch von ihren alltäglichen Motiven und Interessen
her teilen können, daß sie auch als Eltern ihren lokalen
Lebenszusammenhang zu einem hohen Teil über den Kindergarten vermittelt sehen. Die Praxis zeigte aber, daß die
Bedeutung des Kindergartens für viele Eltern − vor allem
wenn sie sozial benachteiligt sind − weit unter dieser pädagogischen Zielvorstellung liegt. Kindergärten werden oft
einfach deshalb geschätzt, weil sie die Fürsorge um die
Kinder für eine Zeit des Tages abnehmen − dazu noch mit
dem Versprechen, daß das Kind etwas lernt und sich wohl-
fühlt. Woher sollte die Zeit, die Aufmerksamkeit, aber
auch die aus eigener Tradition und Erfahrung entstandene
Kompetenz bei den Eltern kommen, um sich mit der Kinderkultur des Kindergartens kritisch und produktiv auseinanderzusetzen, ihn sozial zu erweitern? Heute sehen wir,
daß sich der Kindergarten als Regeleinrichtung der Versorgung und Erziehung deswegen durchgesetzt hat, weil er die
Eltern in beiden Dimensionen − Erziehung und Lebensform − von der Aufgabe entlastet, ihre Kinder in der offenbar so wichtigen Phase vor der Schule zu fördern und
ihnen einen sozialen Zusammenhang zu bieten. Der Achte
Jugendbericht erweist der Kindergartendiskussion in diesem Zusammenhang einen schlechten Dienst, wenn er
statt der realistischen Einschätzung der Möglichkeiten des
Kindergartens die Gründe für die sichtbare Nicht-Verwirk-
lichung der Idealvorstellungen vom gemeinwesenorientier-
ten Kindergarten nur auf die Platzknappheit und Überfül-
lung der Kindergärten reduziert.

„Allerdings ist gerade diese Funktion und Qualität von Kinder-
gärten, sowohl integrierender Lebensraum für Kinder zu sein wie
auch die Kontakte und Unterstützungsleistungen zwischen Fami-
lien herauszufordern, derzeit in vielen Einrichtungen gefährdet:
So führt die gestiegene Nachfrage nach Plätzen vielerorts dazu,

daß die vorhandenen Kindergruppen vergrößert werden, was sich unmittelbar auf die Arbeits- und Lebensmöglichkeiten in den Einrichtungen niederschlägt" (Achter Jugendbericht 1990, S. 98).

Es wäre auch im Anspruch an den Kindergarten überzogen, ausgerechnet diesen vorgelagerten und sozial sensiblen Zwischenbereich zwischen Familie und kommunaler Umwelt zum Zentrum der Gemeinwesenorientierung machen zu wollen. Wenn es schon nicht gelungen ist, die Schule zur Gemeinwesenschule zu entwickeln, wenn Projekte der stadtteilbezogenen Gemeinwesenarbeit immer wieder erkennen müssen, daß sie der von der ökonomischen Logik der Stadtentwicklung induzierten Dynamik sozialer Segregation, Verinselung und Isolation meist hinterherhinken, soll nun der Kindergarten das bequeme Kaninchen aus dem Gemeinwesenhut sein? Gerade die Kindergartenpädagogik sollte in diesem Falle mehr soziologisch analysierend denn programmatisch einverständlich mit der Elternteilnahme am Kindergartengeschehen umgehen. Erfahrungen aus städtischen und ländlichen Gebieten zeigen, daß elterliches Engagement für das Weiterkommen und die Versorgung der eigenen Kinder nicht gleichzusetzen ist mit Gemeinwesenorientierung im Sinne eines öffentlichen Engagements für die Gemeinde, das über die in den Kindergarten hinein verlängerten familialen Eigeninteressen am Fortkomen der Kinder hinausgeht. Erkundungen der Kindergartengruppen im Gemeinwesen haben außerdem nicht gleich Gemeinwesenarbeitscharakter, sondern sind notwendige pädagogische Öffnungen des Kindergartens (im Sinne des Situationsansatzes), damit die Kinder sozialräumliche Kompetenzen erwerben und mehr von der Erwachsenenwelt außerhalb ihrer Familie erfahren können. So gesehen sind die Elternbegegnungen und gemeinsamen Aktivitäten pädagogische Netzwerke unterhalb der Gemeinwesenebene, in denen gegenseitig Informationen und Entlastung in Sachen Elternschaft in der Erziehung stattfinden können. Auf dieses pädagogische Netzwerk als Perspektive der sozialräumlichen Öffnung des Kindergartens sollten sich die SozialpädagogInnen im Kindergarten konzentrieren können.

Die sozialräumliche Öffnung des Kindergartens kann diesen zwar entlasten, die Spannung zwischen Erziehung und Eigenleben muß er aber in seinen Mauern selbst ausbalancieren. Der Kindergarten hat hier eine eigene Kindergartenkultur ausgebildet. Es ist ein Zusammenhang von Gruppe, Spiel, Lernen, Festen, räumlichen Arrangements wie Bastelecken, Puppenecken und ökologischen Gartennischen. Diese Kindergartenkultur setzt sich aus religiösen Traditionen, alten und neuen Kinderspielen, sozialpädagogischer Professionalität der Erzieher und Erzieherinnen, Sitte und Brauchtum des Kindergartenträgers zusammen. Dieser Kindergartenkultur liegt eine Vorstellung von einer durchschnittlichen Lebensform des Kindes zugrunde, die eben kindergartenspezifisch ist, das heißt wohl selten in der Realität der Familien ihre Entsprechung findet. Wir können auch sagen: Der Kindergarten versucht die Spannung zwischen Erziehung und Eigenleben so auszubalancieren, daß er eine eigene Kinderkultur entwickelt, die mit der Erziehungsfunktion des Kindergartens vereinbar ist. Er soll Kinder in ihrer sozialen Entwicklung unterstützen, sie anpassen, auf Gruppenfähigkeit achten, die verschiedensten sozialräumlichen Kompetenzen fördern. Allerdings bleiben viele Elemente eines normalen Familienlebens − wie etwa das Fernsehen oder die Konsumkultur − im Kindergarten weithin unberücksichtigt.

Die sozialpädagogische Balance zwischen Erziehung und Eigenleben, die der Kindergarten in sich herstellt, ist deshalb in dem Maße gefährdet, in dem mit der pluralistischen Entwicklung der 80er und 90er Jahre andere Medien breiter und intensiver werden, die Kindheit definieren und mit ihren Definitionen in ein Spannungsverhältnis zum Kindergarten treten. Gerade die Konsummedien der Kinderindustrie haben heute einen ganz anderen Kindheitsbegriff als die Kindergartenpädagogik. Das Modell des Lernens für später, wie es schon der Kinderpädagogik eigentümlich ist, wird durch das Vordringen der Massenkonsumkultur in den Alltag von Kindern gefährdet. Kinder werden von der Unterhaltungsindustrie inzwischen als autonome, kompetente und fertige Personen geführt; sie verhalten sich auch so gegenüber den Angeboten dieser Industrie. Deshalb zielt Werbung auf Kinder heute darauf ab, die Kinder selbst zu animieren, daß ihnen ihre Eltern etwas kaufen. Früher war es so, daß die Werbeindustrie die Eltern motiviert hat, ihren Kindern etwas zu kaufen. Eine Sozialpädagogik des Kindergartens muß also heute schon früh konsum- und medienpädagogisch aktiv werden, für den selbst-bestimmten Umgang mit Konsum und Medien sensibili-sieren können.

Daß auch im Binnenraum des Kindergartens noch man-ches zu verändern ist, zeigt der Blick auf die geschlechts-spezifische Seite der Vorschulerziehung. Zwar würden sich die modernen Kindergärtnerinnen dagegen wehren, wenn man ihnen unterstellte, sie würden Mädchen und Jungen anders erziehen. Sicher gibt es noch genug Reste von Rol-lenstereotypen und geschlechtsspezifischen Alltagstheo-rien, die in das Erzieherverhalten einfließen. Aber generell wird betont: Mädchen und Jungen werden bei uns gleich behandelt. Wenn wir uns nun aber im Kindergarten sozial-räumlich vergewissern, so fällt oft auf: Die Mädchen wer-den im Kindergarten eher kleinräumig am Tisch beschäf-tigt, sie sind die ruhenden Pole im Kindergarten. Die Jun-gen toben in der Regel mehr herum, sie sind unruhiger (vgl. Kerber 1991; B. Winter 1991). Die Erzieherinnen mei-nen, die Jungen brauchen das eher, ohne damit aber eine Geschlechterrollendiskriminierung verbinden zu wollen. Die Mädchen werden von ihnen sogar oft positiver bewertet, weil sie den Kindergarten überschaubar halten. Die sozialräumliche Beschränkung des Elternhauses setzt sich also für die Mädchen im Bereich des Kindergartens fort, die selbstverständliche Stereotypisierung des Rollen-verhaltens — ohne zu fragen, ob sie damit nicht einseitig festgelegt werden — für die Jungen. Wir werden an späterer Stelle in dieser Einführung zeigen, welche zentrale Bedeu-tung das Geschlechterrollenverhalten für die Lebensbewäl-tigung hat. Sozialpädagogisch orientierte Kindergartener-ziehung sollte hier durch erste Versuche der Rollenerwei-terung für Mädchen und Jungen — und nicht durch ein-fache Verlängerung der familialen Rollenstereotype — einen Raum für die Einübung geschlechtsspezifischer Bewältigungskompetenzen bieten können. Daß hier noch viel aufzuarbeiten ist, darauf macht allein schon der noch unterentwickelte Forschungsstand in diesem Bereich auf-merksam (vgl. Colberg-Schrader/v. Derschau 1991).

Schulkinder

Der Eintritt in die Grundschule bedeutet für die 6- bis 7jährigen einen deutlichen biographischen Einschnitt und wird deshalb allgemein als Beginn einer neuen Kindheitsphase angesehen. Für diese Phase hat sich die Vorstellung einer Altersspanne von 6-12 Jahren und die Bezeichnung mittlere Kindheit eingebürgert. Es ist aber sinnvoll, diese Phase noch einmal in die Altersgruppe der Grundschulkinder (6 - 9/10 Jahre) und der älteren Kinder oder Kids (9- bis 14jährige) zu unterteilen. Denn die Grundschulphase hat ihre eigenen und dazu noch sehr kindlichen Spannungszustände und Bewältigungsprobleme; die Grundthematik des Kindesalters Erziehung und Eigenleben erhält in dieser Zeit ihre deutlichste Akzentuierung. In die Phase der 9-14jährigen dagegen reicht schon die Verfrühung der Jugendphase herein, sie ist nicht mehr durch die Durchgängigkeit des Kindseins charakterisiert, wie dies für das Grundschulalter der Fall ist.

Der Schuleintritt bedeutet für die Kinder eine Erweiterung des sozialen Umfeldes; der Schulweg ist wesentlich eigenbestimmter, also nicht mehr so abhängig von der Elternaufsicht wie der Kindergartenweg, die eigenen Spielräume in der Entfernung zur Wohnung werden vielfältiger und selbstverständlicher. Das Hauptsächliche aber ist: Die Kinder *müssen* in die Schule gehen, sie bestimmt ab sofort die Zeitstruktur des Kinderalltages, sie zwingt die Kinder, sich an ihre strikten und bis ins Kleinste geregelten Organisationsformen anzupassen. Die Schule bringt eine neue Struktur in die Spannung von Erziehung und Eigenleben. Was in der Schule gelernt wird, gelernt werden soll, ist für das künftige Leben in der Gesellschaft unverzichtbar: Lesen, Schreiben, Rechnen, seinen Körper beherrschen, sich einfügen; arbeiten, auch wenn man keine Lust dazu hat, aber auch versuchen, für eine beliebige Arbeit, die einem vorgesetzt wird, doch noch Lust zu bekommen. Dies alles kann man nur in der Schule lernen. Einzelne Fertigkeiten mögen Kinder sich auch anderswo aneignen, die Einübung in eine „rationale Lebensführung" aber, wie sie von den Menschen in der modernen Industriegesellschaft verlangt wird, findet nur in der Schule statt.

Auch die Eltern sind früh von dieser Zukunftsweisung der Schule ergriffen. Schon in der dritten Grundschulklasse wird spekuliert, ob das Kind wohl geeignet für weiterführende Schulen ist, stehen Eltern unter einem Zukunftstrauma: ihr Kind könne angesichts von Bildungs-, Aufstiegs- und späteren Arbeitsplatzkonkurrenzen nicht früh genug gefordert werden und für das spätere Leben gerüstet sein. Gleichzeitig aber würden auch viele dieser Eltern ihren Kindern mehr Raum und Ruhe für das kindliche Eigenleben lassen. Sie befinden sich daher in einem permanenten Zwiespalt, den sie zwar nicht direkt, aber doch latent und spürbar an die Kinder weitergeben. Die Schule läßt sie in der Regel mit diesem — von ihr maßgeblich produzierten — Zwiespalt allein. Wenn man dann noch dazurechnet, daß viele Kinder schon früh einen vollen Terminkalender haben (Flöten, Ballett, Sportverein etc.), das heißt auch ein Teil ihrer Freizeitaktivitäten in Zeit und Ablauf genormt ist, so kommt man zu einer Konstellation des Kinderalltags, die unter einer vielfachen Spannung steht: Zeitnormierung und Lerngeschwindigkeitsdruck durch die Schule, spürbarer Leistungszwiespalt seitens der Eltern, Terminnot der organisierten Kinderfreizeit, Terminkonkurrenz seitens Vater und Mutter. Die Spannung, die in dieser Konstellation liegt, ist wohl auch gemeint, wenn David Elkind (1981) vom „gehetzten Kind" spricht. Angesichts dieser Entwicklung sollten sozialpädagogische Angebote für Kinder entwickelt werden, die nicht noch mehr Normierungen draufsetzen, sondern bewußt Räume für kindliches Eigenleben, freies Spielen und offene Gruppenerlebnisse bieten. Dies ist der erste sozialpädagogische Zugang zur Schule.

Aber zurück zu dem, was die Schule den Kindern abverlangt. Schon das bloße In-die-Schule-gehen-müssen ist eine Form rationaler Lebensführung: Schule ist bürokratisiert, verrechtlicht, verfachlicht, man muß sich an diese Prinzipien früh anpassen. Sie ist auf Vermittlung von Kompetenzen ausgerichtet, die meist erst später im Erwachsenenleben ihren Sinn erhalten. Die Kinder überblicken die Zukunftsorientierung der Schule nicht, sie erleben nur die „Lerngeschwindigkeitsnormen" (Zeiher), welche die Schule setzt, „indem sie Stoffmengen und Ziele in den Zeiteinheiten Unterrichtsstunde und Schuljahr vorgibt. So wird das aktuelle Leben der Kinder dem Bildungsziel, also einer Zukunftsvorstellung unterworfen. Im linearen Zeitdenken verliert die Gegenwart ihre Eigenständigkeit. Kindheit erscheint dann nur noch als Durchgangsphase" (Zeiher 1989, S. 108). Die Schule ist also von ihrer institutionellen Logik her zukunftsorientiert. Das Leben der Kinder außerhalb der Schule, vielleicht auch unter den Schulbänken, ist dagegen gegenwartsorientiert. Dieses Spannungsfeld von gegenwartsorientiertem Leben und zukunftsorientierter Schule, welche den Schüleralltag beherrscht, muß von den Kindern immer wieder emotional und sozial ausgeglichen werden. Dies ist der zweite sozialpädagogische Zugang zur Bewältigung von Schule: Für die meisten Kinder stellen sich hier zwar keine großen Bewältigungsprobleme, die Spannungen können schlecht oder recht von den Familien aufgefangen werden. Doch es gibt Kinder, die dies nicht bewältigen können, bei denen die Familien schon sehr früh in der Grundschule nicht imstande sind, die Balance zwischen Schule und außerschulischem Leben zu stützen. Dazu gehören insbesondere ausländische Familien, Familien, in denen der unterschiedliche Arbeits- und Zeitrhythmus der Elternteile das Kind kaum zum Zuge kommen lassen, Familien, die desorganisiert sind und deshalb dem Kind selbst noch emotionale Energie abziehen, die es eigentlich bräuchte, um sich für die Schule zu regenerieren.

In die Schule gehen bedeutet für das Kind, daß es zum ersten Mal im Leben mit einem rigiden Fahrplan für den zeitlichen Ablauf des Alltags konfrontiert wird. Es muß sich diesem Fahrplan anpassen, es lernt die Unterschiede zwischen (Schul-)Arbeit und Freizeit kennen, es muß die persönlichen Eigenschaften erwerben, die für das Einhalten dieses Fahrplans notwendig sind: pünktlich und zuverlässig sein, vorausschauend planen können. Aus der Schule heraus entwickelt sich ein rationaler Umgang mit der Zeit. Man lernt Bedürfnisse aufschieben, sieht mit der Zeit, daß nicht alles auf einmal geht, beginnt, Prioritäten zu setzen. Die Schule treibt dem Kind die unmittelbare, sinnlich-ganzheitliche Gebrauchswertorientierung aus. Sein allgemeiner Bezug zur Umwelt mit ihren materiellen und symbolischen Gegenständen wird nun abstrakter. Das Kind muß sich Objekte vorstellen können, es muß Interessen und Motivationen an Objekte entwickeln, auch wenn sie gegenüber konkreten Situationen und Bedürfnissen unabhängig, also abstrakt sind. Solche Formen der Rationalisierung sind für das Kind doppeldeutig: Sie bringen ihm einerseits einen enormen Zuwachs an Handlungsmöglichkeiten, sie bedeuten jedoch andererseits einen Verlust an Freiheit und Spontaneität, an Unmittelbarkeit, Körperlichkeit und Sinnlichkeit. Natürlich umfaßt die Schule nicht den ganzen Alltag der Kinder; außerhalb der Schule, aber auch in der Schule selbst entfalten sie ihre Eigensinnigkeiten. Trotzdem liegt der Rationalisierungsdruck der Schule über vielen Bereichen des Kinderalltags.

Die Schule unterscheidet sich vom Kindergarten vor allem dadurch, daß sie zwar auch Kinder aufbewahren, sie beschäftigen und ihnen Kompetenzen für den aktuellen Alltag mitgeben kann, daß diese Leistungen der Schule aber, anders als beim Kindergarten, Nebenprodukte sind. Im Vordergrund stehen die institutionellen und organisatorischen Anforderungen, welche die Schule an die Kinder hat. Auch unter diesem Aspekt können durch die Schule Bewältigungsprobleme entstehen. Dies ist ein dritter sozialpädagogischer Zugang zur Bewältigung von Schule. Daß diese Diskrepanz im Alltag ausgeglichen wird, daß das Schülerleben normalisiert wird, dafür ist die Schule auf eine andere Welt angewiesen: auf Erfahrungen, Erlebnisse, soziale Unterstützungen in den Familien, in den Kindergruppen der Jugendverbände, und wiederum, wenn dies nicht vorhanden ist oder nicht ausreicht, auf gezielte sozialpädagogische Angebote offener Kinderarbeit.

Die Schule setzt die Maßstäbe, welche Art von Lebensführung notwendig ist, um ein guter Schüler, eine gute Schülerin zu sein. Vom Frühstück bis hin zur Gestaltung des Abends kann die Schule Empfehlungen geben, unterscheiden, was für eine positive Schülerkarriere geeignet und was abträglich ist. Was allerdings Leben für sich, Eigenleben bedeutet, bleibt in der Schule ausgeklammert. Die Schule orientiert sich nicht am Alltagsleben des Schülers, sondern an der Schülerrolle, an den über Lehrpläne, Jahrgangsklassen und Leistungsstandards vermittelten Verhaltenserwartungen und Regelvorgaben. In der Schülerrolle sind die Kinder, die sonst in ihrem Eigenleben so unterscheidbar sind, austauschbar. Für die Schule ist diese Rollenperspektive funktional; die Kinder werden dadurch vergleichbar und – im Sinne des Leistungs- und Auslesesystems Schule – in der Konkurrenz mit anderen bewertbar.

Wir haben drei sozialpädagogische Zugänge zur Schule herausgearbeitet. Die Sozialpädagogik beschäftigt sich nicht mit der Schülerrolle, sondern mit dem „Schülersein" (Schefold 1987), mit dem durch die Schule strukturierten Alltagsleben des Kindes. Sozialpädagogik muß damit auch zwangsläufig die Schule als alltäglichen Lebenszusammenhang begreifen. Damit gewinnt sie ihren eigenständigen Blick auf die Schule. Schule muß vom Kinderalltag her bewältigt werden. Ob dies gelingt, hängt davon ab, welche Möglichkeiten die Kinder haben, die soziale Reproduktion ihres Schülerseins alltäglich zu leisten. Die Schule selbst bringt diese soziale Reproduktion nicht zustande, denn sie ist als primär funktionales System konzipiert. Das Soziale ist in diesem System ein eher nachrangiger Aspekt. Die Schule ist in der Regel nicht in der Lage, das Ausmaß der Lern- und Leistungsfähigkeit wiederherzustellen, also zu reproduzieren, das sie verbraucht: Erfahrung, soziale Beziehung, Motivationen für Leistungen und Sozialverhalten. „Soziale Reproduktion des Schülerseins" bedeutet deshalb mehr, als nur „Schulfähigkeit" im engeren Sinne (Intelligenz, Sozialverhalten, Sprache, Ich-Kontrolle) wiederherzustellen. Denn gerade in der außerschulischen Lebenswelt Jugendlicher müssen Identifikationen, Leitbilder, Motive und soziale Beziehungen hergestellt und gestützt werden, damit der soziale Austausch zwischen alltäglicher Lebenswelt und schulischen Anforderungssystemen gewährleistet ist" (Schefold 1987, S. 197). Das Schülersein ist also ein von der Schule bestimmter und damit in gewissem Sinne beschränkter Alltag. Diese beschränkte Existenzform verlangt ausgleichende und entschädigende Erlebnisse und soziale Beziehungen, um einen gesamten Lebenszusammenhang für die Kinder herstellen zu können. Hier können außerschulische Hilfen und Angebote der Sozialpädagogik eine soziale und kulturelle Erweiterung darstellen. Aber es gehört auch in die Zuständigkeit der Sozialpädagogik, daß die Bewältigungsprobleme, die im Schülersein stekken, öffentlich gemacht werden und daß darauf insistiert wird, daß die Schule selbst lernt, sich als Sozialraum zu begreifen und zu gestalten.

Alle sozialpädagogischen Auseinandersetzungen mit der Schule haben sich auf diesen spannungsreichen Hintergrund des Schülerseins zu beziehen. Dieses allgemeine Prinzip gilt wiederum nicht nur für die Grundschulkinder, sondern auch für die älteren Schüler und Schülerinnen. Die Sozialpädagogik darf nicht einfach zur Verlängerung der Schule in den Alltag werden, zum Instrument der Schule. Eher sollte sie sich als Gegengewicht verstehen, indem sie vor allem die negativen Zuschreibungen, die von der Schule ausgehen − so z.B. das Schulversagen, das die Schule als „Motivations- und Leistungsversagen" definiert − relativiert und vielmehr den alltäglichen Charakter der Bewältigung des Schülerseins in den Vordergrund stellt.

Kids

SozialpädagogInnen werden seit den 70er und 80er Jahren zunehmend mit Kindern konfrontiert, die nicht mehr auf die üblichen Spielplätze wollen, aber auch nicht in die klassischen Jugendhäuser passen. Trotzdem sind eingangs der 80er Jahre ungefähr die Hälfte der Jugendhausbesucher in der (alten) Bundesrepublik dieser Altersgruppe der 9-14jährigen zuzurechnen. Für diese Nicht-Mehr-Kinder und Noch-Nicht-Jugendlichen gab es in den sozialpädagogischen Einrichtungen lange keine speziellen Angebote. Diese Feststellung einer Angebots-Lücke für diese Kinder, vor allem aber die Beobachtung, daß sie sich ihre Spiel- und Rückzugsorte in Nischen und Bau-Lücken der Großstadt selbst suchen, hat ihnen in einer entsprechenden Berliner Untersuchung den Namen „Lücke-Kinder" eingebracht (Friedrich u.a. 1984, Harms u.a. 1985). Beim näheren Hinsehen auf das empirische Material, aber auch in anderen Berichten von SozialpädagogInnen fällt uns auf, daß es nicht nur Spielorte sind, welche die Kids aufsuchen, sondern auch Orte, wo ihnen außer Haus etwas essen können, wo ihnen möglicherweise auch beim Schulaufgabenmachen geholfen wird. Vor allem aber suchen sie einen Platz für sich, den sie sich zeitweise erobern können, den sie mit ihrer Bewegung, Phantasie, aber auch Aggressivität selber ausgestalten. Das ist − so können wir als Sozialpädagogen sagen − nichts anderes als Alltagsbewältigung, der Versuch, die spezifische Lebenskonstellation aus noch eindeutigem Familienstatus, Schülersein und zunehmend entwicklungsnotwendiger Suche nach eigenen außerfamilialen Sozialräumen in einen lebbaren Zusammenhang zu bringen. Jugendliche sind es noch keine, weil sie nicht wie diese Ablösung von den Erwachsenen öffentlich demonstrieren, Kinder sind sie aber längst nicht mehr, da ihre Spiele und Aktivitäten nicht mehr an die familiale Kontrolle gebunden, an diese rückverwiesen sind.

Die Jugendforschung spricht von einer Verfrühung der Jugendphase: Neun-, Zehn-, Elfjährige zeigen heute Verhaltensweisen, die man früher gemeinhin der klassischen Jugendphase, dem pubertären und nachpubertären Alter von 14 - 17 Jahren zugeschrieben hat. Neunjährige kommen zu spät nach Hause, bringen die falschen Freunde mit, wenden sich zeitweise von ihren Eltern ab, suchen selbständige Räume, bevölkern öffentliche Plätze, sogar die Medien- und Computerecken in Kaufhäusern. SozialpädagogInnen berichten: Man weiß nie so recht, ob sie noch Kinder oder schon Jugendliche sind. Ihr Verhalten fordert bei uns diese Ratlosigkeit heraus: Einmal distanzieren sie sich schroff von uns, wollen selbständig wie Jugendliche sein, kurz darauf signalisieren sie uns Erwachsenen, daß sie auf uns angewiesen sind, daß sie uns brauchen; wir wissen aber nicht, wann, auch oft nicht, in welchem Zusammenhang. Ihr Verhalten scheint uns widersprüchlich, in ihrem Schwanken zwischen Distanz und Abhängigkeit gegenüber den Erwachsenen ambivalent. In ihren Gesten und Gebaren orientieren sie sich oft an älteren Jugendlichen, und „auch im sexuellen Bereich hat man oft den Eindruck, daß Verhaltensweisen und Entwicklungsstand der jüngeren Jugendlichen weit auseinanderklaffen . . . Durch ihr wechselhaftes Verhalten ‚entziehen‘ sich die jüngeren Jugendlichen weitgehend der (sozial-)pädagogischen Angebotsplanung" (Deinet 1991).

Der Sozialpädagogik scheint es nur langsam zu gelingen, geeignete Angebote für diese Gruppe der Kids oder jüngeren Jugendlichen zu entwickeln. Dabei haben viele JugendarbeiterInnen gemerkt, daß weder eine Verlängerung der Kinderarbeit nach oben noch eine Vorverlegung der Jugendarbeit „nach unten" den spezifischen sozialräumlichen und sozialemotionalen Bedürfnissen dieser Altersgruppe gerecht wird.

U. Deinet (1991) hält für diese Verfrühung der Jugendphase, die Ausdifferenzierung einer zunehmend eigenständigen Zwischenphase zwischen traditioneller Kindheit und Jugend, drei Bedingungsfaktoren für ausschlaggebend:

Das moderne, differenzierte Schulsystem, welches die Kinder stärker als früher von der Familie separiert und einen besonderen Lebenszuschnitt des Schüler-Seins früh freisetzt. Institutionell gesehen erweitert sich das sozialräumliche Feld der Kinder vor allem im Übergang von der Grundschule zu den weiterführenden Schulen erheblich. Damit beginnt — zumindest in Segmenten — auch der Prozeß der Ablösung vom Elternhaus als zentraler Aspekt des Aufwachsens und der Selbstwert- und Identitätsfindung im Jugendalter schon bei den Kids. Insgesamt verändert sich dadurch die Konstellation Elternhaus — Schule — Kinder, indem aus dem Erziehungsdreieck durch die nun einsetzende sozialräumliche Orientierung der Kids an außerschulischen und außerfamilialen Öffentlichkeiten ein Erziehungsviereck mit einer unkalkulierten vierten Größe (Kinderöffentlichkeit/Konsum/Medien) wird.

Es scheinen sich auch die physisch-psychischen Rahmenbedingungen verändert zu haben: So hat sich das Eintreten der Geschlechtsreife im Laufe der letzten Jahrzehnte deutlich nach unten verschoben. Dies läßt darauf schließen, daß die früher einsetzende soziale Reifung auf den Prozeß der biologischen Reifung zurückwirkt und umgekehrt.

Drittens macht sich in den letzten beiden Jahrzehnten ein deutlicher Prozeß der sozialen und kulturellen Akzeleration schon in der älteren Kindheit bemerkbar. Auf die Kinder stürzt vieles früh und gleichzeitig ein, was sie nach dem traditionellen Modell des Aufwachsens und dem herkömmlichen Erziehungsverständnis erst sukzessive und in zeitlichen Abständen später erfahren sollten. Das sind vor allem die Anreize aus der Medien- und Konsumwelt, welche sich in der Umgebung der Kinder anhäufen, wodurch eine entwicklungsgemäße Selektion (Auswahl) schier unmöglich wird. Gerade hier liegt ein Bewältigungsproblem; der Fernsehkonsum und vor allem der Konsum von Videos ist in diesem Alter zwischen 8 und 13 besonders hoch (vgl. Baacke 1984, S. 231).

Für die Sozialpädagogik ist die neuartige sozialräumliche Dimension interessant, welche in dieser Lebensphase besonders hervortritt: die Suche nach eigenen Orten, aber auch die Konfrontation mit einer oft unübersichtlichen sozialen Umwelt, ohne die Anleitung oder auch Kontrolle der Familie. Im Sog der sozialräumlichen und medialen Akzeleration werden Kinder früher als pädagogisch geplant in den sozialen Integrationsprozeß gezogen. Es entsteht also ein frühes Spannungsfeld von Lebensbewältigung und Sozialintegration noch unterhalb der eigentlichen Jugendphase.

Die Kids brauchen auf einer sozial nun wesentlich erweiterten Entwicklungsstufe entsprechende sozialräumliche Kompetenzen. Sie müssen lernen nicht nur ihre Orte zu finden, sie zu vernetzen, sondern vor allem die sich ihnen bietenden öffentlichen, medialen und konsumtiven Aufforderungen zu verarbeiten. Indem sie sich in dieser neuen sozialräumlichen Welt so in Szene setzen können, daß sie dabei autonom bleiben und nicht abhängig (nur passiv konsumierend bis gewalttätig) werden, bewältigen sie sie. Wo dies nicht über den kulturellen Hintergrund der Herkunftsfamilie gelingt – und bei dieser Altersgruppe sind heute nicht nur die Unterschichteltern überfordert – ist die Sozialpädagogik als strukturierendes Element dieser sozialräumlichen Welt gefragt.

Mit diesen unübersehbaren sozialisatorischen Einflußgrößen sozialräumlicher und medialer Prägung, die neben und zwischen Familie und Schule liegen ist die spätere Kindheit immer mehr zur sozialpädagogischen Kindheit geworden. Die Sozialpädagogik des Kindes- und Jugendalters muß sich daher auch als Disziplin einen eigenen sozialisationstheoretischen Zugang zu dieser neuen Konstellation verschaffen können. Deinet hat zu Recht darauf hingewiesen, daß die Entwicklungstheorie Piagets viel zu eng auf die innere Persönlichkeit und auf den kognitiven Aspekt der Schulentwicklung bezogen ist, als daß sie den sozialräumlichen Bezug hinreichend explizieren könne. Auch in einer Bilanz zur neueren· Entwicklungsforschung zum Kindesalter heißt es:

„Entwicklung ist ein Prozeß, bei dem eine Vielzahl miteinander verbundener Faktoren permanent ineinandergreifen, und sie ist

gleichzeitig ihr Ergebnis. Solche komplexen Vorgänge können nicht mehr durch einfache Variablenmodelle beschrieben werden, sondern sie erfordern einen ökologischen Bezugsrahmen, in dem neben Familie, Schule und Gleichaltrigen auch der ökologische Nahraum, die Wohnumgebung, Stadt-/Landmilieu, Wertvorstellungen, Lebenskultur . . . berücksichtigt werden müssen" (Fölling/Albers 1989, S. 48).

Hier ist vor allem das ökologische Sozialisationsmodell von U. Bronfenbrenner theoretischer Ausgangspunkt. Die These, daß die Faktoren sozialräumlicher Umwelt nicht nur Einfluß auf die Entwicklung von Kindern nehmen, sondern daß die Kinder selbst ihre Umwelt verändern und sich in diesem Verhalten sozial entwickeln, stellt den grundlegenden sozialisatorischen Bezugsrahmen für die sozialräumliche Aneignungstheorie dar, die wir im folgenden als sozialisatorische Basistheorie einer Pädagogik des Kindesalters gelten lassen möchten.

Die Sozialpädagogik interessiert an dieser ökologischen Sozialisationstheorie vor allem die Dimension des sich über das Räumliche in die Gesellschaft Hineinentwickelns, der sozialräumliche Aspekt der Sozialintegration. Dieser kann in dem Begriff der „Aneignung" gefaßt werden:

„Die Aneignung des öffentlichen Raums bedeutet die Aneignung der sich hier materialisierenden, gesellschaftlichen Realität. Aneignung ist ein aktiver, selbstbestimmter Prozeß, Kinder . . . üben hier ihre gesellschaftliche Rolle ein, müssen sich dabei im Konflikt behaupten, müssen sich widersetzen, durchbrechen Regeln, lernen aber auch die dem Raum innewohnenden Möglichkeiten kennen" (Nissen 1990, S. 149).

Aneignung bezeichnet also einmal das wechselseitige Spannungsverhältnis von Kind und sozialräumlicher Umwelt, also ein Entwicklungssegment unter anderen, zum anderen verweist der Begriff auf die Perspektive des über die sozialräumliche Umwelt vermittelten sozialen und gesellschaftlichen Lernens mit seinen Chancen, Konflikten und Blockierungen, die wir sozialpädagogisch als zu bewältigende Integrationskonflikte interpretieren.

U. Deinet (1990, 1991) hat das Aneignungskonzept in Bezug zur sozialökologischen Perspektive gesetzt. Er kommt dabei zu folgenden Annahmen:

138

– Kinder entwickeln sich, indem sie ihre Lebensräume erweitern. Sie stoßen damit immer wieder auf neue Vergegenständlichungen und die in ihnen enthaltenen Bedeutungen. Kinder eignen sich aber diese Gegenstände vor allem nach ihrem Gebrauchswert an, versuchen sie sich also kognitiv und sozial-emotional verfügbar und zugänglich zu machen. Sie suchen also die „Gebrauchswertvergegenständlichung" in den Gegenständen ihrer Umwelt.

– Erwachsene haben meist schon bestimmte Definitionen von den Gegenstandsbedeutungen, die sich in der Regel auf ihren gesellschaftlichen Tausch- und Marktwert beziehen. Erwachsene sind im Aneignungsprozeß strategische Figuren: einerseits können sie dem Kind dazu verhelfen, die gesellschaftliche Bedeutung der gegenständlichen Umwelt besser zu erfahren und einzuschätzen, andererseits blockieren sie mit ihren Tauschwertdefinitionen immer wieder die gebrauchswertorientierten Aneignungsversuche der Kinder. Hier die Balance herauszufinden, ist der pädagogische Aspekt des Aneignungskonzepts. In Erwachsenen verkörpert sich also für die Kinder eine ambivalente personale Gegenstandsbedeutung: sie stehen für eine bestimmte Aneignungsform, die der der Kinder zuwiderlaufen, aber auch entgegenkommen kann.

Die Gegenstände der sozialräumlichen Umwelt – auch wenn sie längst erbaut und gestaltet sind – erfahren ihre zweite, je individuelle Produktion in den Menschen selbst, die ihnen gegenübertreten. Gerade Kinder und Jugendliche, die sich vor allem sozialräumlich orientieren – im Gegensatz zu der Rollen- und Institutionenorientierung der Erwachsenen – werden mit den in den Gegenständen liegenden Bedeutungen direkt, im Versuch ihres Zugangs und ihrer gebrauchswertorientierten Umwidmung, konfrontiert. In diesem Aneignungsprozeß erhebt sich die scheinbar tote sozialräumliche Welt der Gegenstände zu einer je individuellen sozialräumlich-personalen Entwicklungsstruktur. Je mehr aber die sozialräumliche Umwelt funktionalisiert ist, desto stärker fallen Produktion und subjektive Aneignungstätigkeit auseinander. Vor diesem Hintergrund werden jene Erklärungsmuster plausibel, die den Wandel der Kindheit als Verlust von Eigentätigkeit (vgl. Rolff/Zimmermann 1985) beschreiben.

Die moderne Funktionalisierung der räumlichen Wohnumwelt erweist sich gegenüber den Kindern in dreifacher Weise als hemmend: Es ist die Durchgängigkeit, mit der die Räume inzwischen funktionalisiert sind – aus Hofeinfahrten sind Garageneinfahrten geworden, Gehsteige und öffentliche Plätze lassen inzwischen nur monofunktionale Nutzungen zu, die eher den Erwachsenen zukommen, offene Spielplätze sind nicht offen, sondern Reservate. So wird die im ersten Moment paradox erscheinende Anmahnung an die Sozialpädagogik von H. Thiersch (1986) verständlich, der meint, daß heute Kindern nicht so sehr die pädagogischen Angebote abgehen, sondern vielmehr „Zeiten und Räume, in denen sie auch für sich selbst leben können; in unserer gesellschaftlichen Situation wird es . . . eine pädagogische Aufgabe, solche ‚unpädagogischen‘ Räume zu schaffen und zu sichern. Die pädagogischen Institutionen selbst müssen sich wieder in ihre Umwelt, in die Gesellschaft öffnen" (S. 154).

Die räumliche Wohnumwelt ist von den Kindern heute nicht mehr als Ganzes, als sozialer Mikrokosmos erlebbar, denn sie ist durchschnitten von Verkehrsschneisen und Funktionszonen, die sich nicht nur ihrem Aneignungsdrang verwehren, sondern auch oft Risiko für sie bedeuten.

Schließlich kann sich die Aneignungstätigkeit der Kinder nicht so ohne weiteres sozialräumlich-konzentrisch ausdehnen, wie dies manchmal in sozialökologischen Entwicklungsmodellen vorausgesetzt wird. Der familiale Nahraum erweitert sich in diesen Modellen zur Nachbarschaft, zum Viertel, wo man die ersten Außenbeziehungen annimmt und funktionale Verhaltensmuster erlernt, zum weiterliegenden Kranz der öffentlichen Funktionsorte. H. Zeiher (1983) setzt diesem Entwicklungs- und Aneignungsbild der sich erweiternden konzentrischen Kreise die Beobachtung von der Verinselung der für die Kinder erreichbaren und zu erreichenden Orte im näheren und weiteren Sozialraum entgegen. Die Kinder springen von Insel zu Insel, von Gelegenheitsort zu Treffpunkt, alle Orte liegen in einem Gesamtraum, der als solcher aber von den Kindern nicht mehr erfahren werden kann.

Die Verinselung verlangt von den Kindern zusätzliche Energien und Kompetenzen beim Erreichen und Vernetzen dieser Inseln. Da gleichzeitig aber auch die Aneignungserlebnisse zersplittert sind, können die Kinder Schwierigkeiten bekommen, sich aus diesen unterschiedlichen Segmenten die soziale Welt zusammenzureimen. Sie ziehen sich nicht zuletzt auf die Aneignungsangebote „aus zweiter Hand", wie sie die Medien bieten, zurück:

„Weil das Wohnumfeld unwirtlicher geworden ist, ziehen sich Kinder in die attraktiveren Innenräume zurück. Begünstigt wird diese Entwicklung durch das Medienangebot, vor allem das Fernsehen, den Kassettenkonsum und die Computerspiele, die im Kinderzimmer heute fast regelmäßig aufgestellt sind" (Hopf 1989, S. 86).

Individualisierung und Kindesalter

In dem Maße, in dem die Modernisierung die Lebensverhältnisse von Familien und Kindern − und damit Kindheit als Lebensphase − ergriffen hat, hat auch das augenfällige Folgeproblem der Modernisierung, die Individualisierung, vor den Kindern nicht halt gemacht. Die früher in die traditionalen Sozialmilieus eingebetteten Familienmilieus im Kleinen mit ihren gleichermaßen starren wie verläßlichen Partner-, Elternschafts- und Kindheitsmustern haben heute ein Großteil ihrer Selbstverständlichkeit eingebüßt. Die überkommenen Familienmuster scheinen nicht mehr die unbefragte normsetzende und prägende Kraft für die Familienmitglieder zu haben. So wie sich das Verständnis von Partnerschaft heute für viele nicht mehr selbstverständlich aus der Elternschafts- bzw. Familienfunktion ableitet, so geht auch das Kindsein nicht mehr so ohne weiteres in der Familie auf.

Die Familie gerät auf ihre Weise in den Sog der Individualisierung. Traditionell ist sie Generationenmilieu, geprägt durch die überkommene Selbstverständlichkeit der Generationenhierarchie von Eltern und Kindern. Aber Kinder heute sind immer weniger Kinder im Schatten eines unbefragten Generationsvorsprungs ihrer Eltern. Sie geben sich eher als Subjekte, die auch neben der herkömmlichen Kin-

141

derrolle leben und sich damit gegenüber den pädagogischen Aufforderungen der Eltern zumindest partiell
immunisieren können. Sie fühlen sich in einer eigenen
Welt, die ihren Platz beansprucht, gleich oder ähnlich der
des Vaters und der der Mutter. Sie entwickeln den Habitus
selbständiger Kunden und Adressaten des Medien- und
Konsummarktes, lassen sich nicht nur auf das vertrösten,
was ihnen in den Augen der Erwachsenen erst später
zukommt. Sie beobachten Eltern und Erwachsene: wie
diese auf Kinderwünsche reagieren und wie sie selbst miteinander umgehen.

Die Familien heute sind für Kinder Orte der Interessen-
aushandlung geworden. Trotzdem bleiben sie die vertrauten Räume für die emotionalen Wechselbäder von Distanz
und Nähe zu den Eltern, denen Kinder und Jugendliche
aus der unausweichlichen Entwicklungslogik des Aufwachsens heraus ausgesetzt sind.

Diesem innerfamilialen Individualisierungsprozeß scheint
im außerfamilialen Bereich eine teilweise Auflösung der
traditionellen kompakten Kindermilieus in den Wohnum-
welten mit ihren festen Ablauf- und Spielritualen, der traditionellen Verläßlichkeit ihrer Kinderkultur zu entsprechen:

*„Wenn die außerhäuslich gelegenen Besuchsorte, wie Treffpunkte
mit Spielkameraden, Wohnungen von Freunden und Freundinnen
oder Einkaufs- und Freizeitstätten aufgesucht werden sollen,
müssen darüber Absprachen erfolgen. Das heißt, Kinder scheinen
heute früher ihre Bedürfnisbefriedigung zu organisieren und die
Rahmenbedingungen dafür auszuhandeln. Dafür muß ein hohes
Maß an Mobilität, Flexibilität und Ausdauer vorausgesetzt werden. Diesbezüglich kann von einer frühzeitigen Selbständigkeit
der Kinder gesprochen werden, denn Autonomieerfahrungen
haben eine Chance, die in der Möglichkeit des Aushandelns von
gemeinsamen Aktivitäten und des dafür erforderlichen Zeitrah-
mens bestehen" (Hopf 1989, S. 90).*

Diese über das Aushandeln schon im Kindesalter erwerb-
baren Fähigkeiten und Kompetenzen können sich in der
Regel aber nur vor einem ökonomisch gesicherten und kulturell entwickelten familialen Hintergrund entfalten. Wenn
uns SozialpädagogInnen von Kindern aus sozial schwachen, im Wohnquartier isolierten Familien berichten, so

142

reden sie vom Gegenteil: Diese Kinder finden im Kinder- und Jugendhaus den einzigen außerfamilialen Ort, an den sie sich klammern; sie haben weder von ihren Eltern die Unterstützung noch selbst die Fähigkeit, sich sozialräumlich aktiv zu bewegen, Treffpunkte aufzutun. H. Zeiher (1990) beschreibt dies als „passive Verinselung" der Unterschichtfamilien und ihrer Kinder. Sie haben nicht gelernt, etwas für sich kommunikativ auszuhandeln, eher haben sie die Erfahrung gemacht, daß man Situationen, in denen man nicht mehr weiter weiß, mit Gewalt wenigstens zeitweise auflösen kann. Das bedeutet: Mit der Individualisierung tritt auch die „soziale Segregation" − die sozialräumliche Ausgrenzung und Zurückweisung der sozial und kulturell Benachteiligten − in neuem Gewande auf. Diese Tendenzen sozialer Segregation sind heute nicht so ohne weiteres am Auftreten der Kinder sichtbar; die „Schmuddelkinder" aus den ab- und ausgegrenzten unteren Sozialmilieus früherer Jahre gibt es wohl so nicht mehr. Fühlten sich die Kinder in diesen Milieus oft auch aufgehoben, so ist heute das einzelne Kind in seiner sozialen Benachteiligung stärker auf sich gestellt, muß schauen, wie es damit zurechtkommt. Auch hier entwickeln sich Formen der Bewältigungskompetenz, des Sich-Durchschlagens, die SozialpädagogInnen in Jugendhäusern immer wieder verblüffen, an denen sie aktivierend anzuknüpfen versuchen, indem sie ihnen Jugendhausmilieus anbieten, in denen sich situative und kommunikative Alternativen zu der sonst zwangsläufig selbstgefährdenden oder gewalttätigen Selbstbehauptung im Alltag eröffnen können.

Mädchen und Jungen

Kinder merken früh, daß sie ein Mädchen oder ein Junge sind. Schon im Alter von drei Jahren bildet sich bei ihnen eine Vorstellung von der eigenen Geschlechtsrolle, und mit ca. sechs Jahren begreifen sie, daß ihr eigenes Geschlecht − Mädchen oder Junge zu sein − unabänderlich ist (vgl. Kohlberg 1974).

Geschlechtsspezifisches Verhalten in der Kindheit wird dadurch geprägt, daß über die Familie, die soziale Umwelt und die Medien die gesellschaftlich gängigen Geschlechtsrollenmuster vermittelt und in der Interaktion der Kinder — vor allem auch untereinander mit Gleichaltrigen — verstärkt werden. Dabei wird zwischen den persönlichen Erfahrungen — die je nach Familienkonstellation unterschiedlich sein können — und den gesellschaftlichen Erfahrungen, die Kinder machen, unterschieden (vgl. Bilden 1980). Diese Unterscheidung ist wichtig, da es ja keineswegs an den Eltern allein liegt, in welches Geschlechtesrollenverhalten ihre Kinder hineinwachsen und manche Eltern sich wundern, warum ihre Kinder trotz elterlicher Versuche einer geschlechtsemanzipatorischen Erziehung traditionelle Geschlechterrollenstereotype übernehmen.

Kinder werden in eine Welt hineingeboren, in der das Männliche die Norm verkörpert, in der mithin Konkurrenz, Macht und männlich besetzte Positionen hoch bewertet und in einer unübersehbaren Selbstverständlichkeit anerkannt sind. Deshalb ist es nicht verwunderlich, daß Eltern in der Regel darauf achten, daß die Entwicklung ihrer männlichen Kinder ohne Abweichung von dieser gesellschaftlich gestützten (Männlichkeits-)Norm verläuft. Sie tun das — weil männliche Norm und herrschende Norm zusammenfallen — weniger aus einem reflektierten Geschlechterrollenverständnis heraus, sondern aus der Absicht, ihren Jungen zur Gesellschaftstüchtigkeit zu erziehen. Schon hier werden die Weichen dafür gestellt, daß Jungen viel weniger als Mädchen lernen, sich in Frage zu stellen und auch weniger angehalten werden, auf andere Rücksicht zu nehmen. Die Gesellschaft verlangt nun einmal von den Männern Durchsetzungsvermögen, Konkurrenzfähigkeit. Jungen müssen sich deshalb für konkurrentes und rücksichtsloses Verhalten kaum verantworten, ihr Handeln wird anders — man könnte sagen gesellschaftlicher — ausgelegt als das der Mädchen, die eher persönlich bewertet werden (Grabrucker 1985).

Gesteuert und verfestigt wird die Besonderung des Junge-Seins vor allem dadurch, daß mit der stetigen außerhäuslichen Abwesenheit des Vaters, der meist immer noch die traditionale Berufs- und Ernährerrolle innehat, eine Alltagsidentifikation mit dem Mann-Sein kaum stattfinden kann. Wenn er also eine männliche Identität im Alltag erlangen will, bleibt dem Junge nichts anderes übrig, als sich an der geschlechtsanderen Mutter zu orientieren, das heißt in diesem Falle sich von ihr abzugrenzen. Dies ist fast zwangsläufig mit der Abwertung des Weiblichen in der Mutter verbunden, zumal der Junge mit zunehmender sozialer Orientierung über die Familie hinaus mitbekommt, daß in der gesellschaftlichen Ordnung das Weibliche dem Männlichen scheinbar unterlegen ist (vgl. dazu ausführlich Böhnisch/Winter 1992).

Dieser Besonderung des Jungen und der Förderung nach außen gerichteten Sozialverhaltens entspricht die Erziehung zur Unauffälligkeit bei den Mädchen. Im Kindergarten — so haben wir bereits gehört — werden die Mädchen eher kleinräumig am Tisch beschäftigt, werden von den Kindergärtnerinnen als ruhende Pole geschätzt. Bei den Jungen dagegen wird geradezu selbstverständlich vorausgesetzt, daß sie viel unruhiger sind, daß das Herumtoben zu ihnen dazugehört. In der Schule erhalten die männlichen Schulkinder mehr Aufmerksamkeit als die weiblichen, die Jungen dominieren sozial den Unterricht. Beiträge von Mädchen, die aus weiblichen Erfahrungszusammenhängen stammen, werden von den Jungen — und nicht selten vom Lehrpersonal — nicht ernstgenommen (vgl. dazu Frasch/Wagner 1982, Enders-Dragässer/Fuchs 1988). Von Mädchen — im Kindergarten wie in der Grund- und Hauptschule — wird im Durchschnitt erwartet, daß sie im Hintergrund bleiben, sich selbstverständlich kooperativ und ausgleichend verhalten.

Daß die Stärken und Fähigkeiten der Mädchen schon in der Kindheit nicht sozial zum Zuge kommen, die Jungen wiederum nur geschlechtseinseitig erzogen werden, bleibt nicht ohne erheblichen Einfluß auf die Bewältigungskompetenzen und Bewältigungsmodi von Jungen und Mädchen in kritischen Alltagssituationen. Mädchen müssen ihre Schwierigkeiten nach innen aushalten, oft mit sich selbst ausmachen. Jungen können sie nach außen, meist ohne Rücksicht auf andere bis zur Gewalttätigkeit ausagieren (vgl. Willems/Winter 1991, S. 11). Da sie aber in der eingeschlechtlichen Illusion des „besonderen Mann-Seins" aufwachsen, lernen sie nicht, sich mit sich selbst auseinanderzusetzen, sind ihnen gegenseitige, kommunikative und kooperative Bewältigungsmuster eher fremd. Sie sind daher einer Kette von Scheinlösungen ausgesetzt, die so lange sozial gut zu gehen scheinen, solange die Umwelt das männliche Dominanzmuster stützt. Was aber in den Jungen vorgeht, was sie spüren, aber nicht erleiden können (dürfen), was ihnen an Bewältigungskompetenzen — gerade auch für später — abgeht, wird übergangen, kommt nicht zur Sprache. „Kleine Helden in Not", so lautet zutreffend der Titel eines anschaulich geschriebenen Sachbuches, in dem diese Szenerie der geschlechtsstereotyp versteckten Lebensuntüchtigkeit von Jungen plastisch geschildert wird (Schnack/Neutzling 1990).

In den sozialpädagogischen Feldern treten diese geschlechtsstereotypen Muster noch offener zu Tage als in der Schule. In der Kinder- und Jugendarbeit dominieren meist die Jungencliquen mit all den sich hervortuenden und das, was von den Mädchen kommt, abwertenden Verhaltensmustern. Da aber andererseits die Kinder- und Jugendarbeit einen offenen Bereich darstellt — im Vergleich zur von Lehrplänen und Schulordnungen überformten sozialen Welt der Schule — besteht hier die Möglichkeit, alternative Milieus zu entwickeln, in denen Jungen stark sein können, ohne anderes abzuwehren und ohne andere abzuwerten, in denen Mädchen die Chance bekommen, ihre Stärken und Fähigkeiten auch öffentlich zur Geltung bringen zu können. Zentral für die sozialpädagogische Arbeit mit Kindern sind dabei die erwachsenen Bezugspersonen als Orientierungspunkte positiver Geschlechteridentifikation. Dies ist für Jungen und Mädchen gleichermaßen wichtig, wobei die Jungen vor allem die Alltagsidentifikation mit dem männlichen Sozialpädagogen brauchen (vgl. Winter/Willems 1991: „Was fehlt, sind Männer!"). Das bedeutet wiederum, daß Sozialpädagogen bereit sein müssen, ihr eigenes Geschlechtsrollenverhalten — vor allem auch Frauen und anderen Männern gegenüber — für die Jungen sichtbar und in gewissem Maße besprechbar zu machen. Insgesamt muß also — von den offenen Kindergruppen bis in die Kinderheime hinein — die ErzieherInnenfigur geschlechtsbezogen konzipiert und reflektiert werden.

Die sozialpädagogische Kindheit

Der sozialräumliche Blick auf die Kinder über Schule und Familie hinaus macht sichtbar, daß die Kids in das Spannungsfeld Lebensbewältigung/Sozialintegration hineingezogen sind. Die Aneignungsperspektive beleuchtet die sozialpädagogische Kindheit: die Spannung, oft auch der Bruch zwischen unterschiedlichen familialen, schulischen und räumlich-medialen Sozialisationseinflüssen; der Druck, den eine funktionalisierte sozialräumliche Umwelt auf das Kinderverhalten ausüben kann, die sozialräumlich erfahrene „strukturelle" (weil *in* der verbauten und funktionalisierten Umwelt liegende) Zurechtweisung in das, was sich die Öffentlichkeit unter einer funktionierenden Kindheit vorstellt, einer Kindheit also, die an die funktionalen Erfordernisse einer in den Alltag hinein durchrationalisierten Arbeits- und Konsumgesellschaft angepaßt sein soll.

SozialpädagogInnen, die Arbeit mit Kindern machen, können sich vor diesem Hintergrund auf viele Erscheinungsformen kindlichen Rückzugsverhaltens, emotionaler Schwankungen, Überforderung, Aggressivität, aber auch kindlicher Gewalttätigkeit ihren Reim machen. Das Grundkonzept einer sozialpädagogischen Arbeit mit Kindern heißt deshalb auch immer: Kindern müssen eigene Räume zum Ausleben ihrer Kindheit eröffnet werden, Räume, die nicht abgeschirmte pädagogische Schonräume sind, sondern die in die alltägliche sozialräumliche Umwelt übergehen können, ohne daß sie von ihr überformt und erdrückt werden. Erlebnis- und Erfahrungsräume, in denen Kinder andere Erfahrungen mit Erwachsenen machen können als in ihrer Wohnumwelt, in denen sie ihre Grundbedürfnisse nach Bewegung und emotionaler Zuwendung auch außerhalb des familialen Rückzugsraums befriedigen können, in denen sie früh lernen können, mit Konflikten umzugehen, deren Austragung ihre überforderten Eltern in der Regel scheuen. Diese Überforderung vieler Eltern, aber auch oft der Nachbarschaft und der Öffentlichkeit im Stadtviertel oder im Dorf ist es, welche dazu führt, daß sich Kinder — im sozialräumlichen Sinne des Begriffs — abgeschoben fühlen, daß sie Räume brauchen, die nicht nur ihrem Eigenleben entgegenkommen, sondern in denen sie auch positive

147

Bestätigung erfahren, zu einem Selbstwertgefühl als Kind kommen können.

Kinderräume, die nicht sozial abgeschottet sein sollen, müssen die Qualität von Kinderöffentlichkeiten besitzen:

„Kinder-Öffentlichkeit beginnt mit der Freisetzung der körperlichen Bewegungen und der Überwindung der gesellschaftlich vorgeschriebenen Raumeinteilung. Kinder brauchen, wenn sie ihre spezifische Sinnlichkeit vergegenständlichen, sich in ihr wiederfinden können sollen, eine deutlicher raumbetonte Öffentlichkeit als Erwachsene; sie brauchen Experimentiergelände, Plätze, ein offenes Aktionsfeld, in dem die Dinge nicht ein für allemal festgelegt, definiert, endgültig mit Namen versehen, unabänderlich durch Gebote und Verbote reglementiert sind" (Negt 1989, S. 18).

Kinder müssen erfahren können, daß sich die gesellschaftliche Umwelt — und sei es nur vertreten durch die SozialpädagogInnen — auf sie einläßt. Die Kinderforschung, aber auch die Erfahrungen der SozialpädagogInnen sagen uns, daß eine gelingende Persönlichkeitsentwicklung eine wesentliche Balance voraussetzt: Das Kind muß sich in seiner Auseinandersetzung mit der sozialen Umwelt sowohl auf die Welt der Erwachsenen, als auch auf die Eigenwelt beziehen können. Das Ausleben dieser Eigenwelt in diesem Spannungsfeld zu ermöglichen, ist eigenständige Aufgabe einer Sozialpädagogik des Kindesalters geworden.

Aus dieser Sicht liegt die sozialpädagogische Kindheit quer zu den institutionellen Definitionen, welche Kinder in Vorschulkinder, Grundschulkinder usw. einteilen. Wir sind in diesem Kapitel erst einmal bewußt dieser institutionellen Einteilung gefolgt, weil sie eine zentrale Dimension des Lebenslaufs der Kinder strukturiert. Der sozialpädagogische Blick dagegen geht über diese institutionelle Begrenzung hinaus. Wir haben gesehen, wie alltäglich gelebte und institutionell definierte Kindheit auseinanderfallen können bzw. wie Kindheit außerschulisch sozial freigesetzt wird. Deshalb kann und muß die Sozialpädagogik, z.B. in der Frage der Ganztagsbetreuung, institutionell übergreifende Betreuungskonzepte entwickeln und ihre Realisierung einfordern — Konzepte, in denen z.B. Vorschul- und Grundschulkinder integriert werden können (z.B. „Kinderhäuser"). Diese Ansätze müssen aber so differenziert sein, daß einerseits auf die jeweilige Alters- und (institutionell geprägte) Entwicklungsstufe der Kinder eingegangen werden kann, gleichzeitig aber die Entwicklung einer stufenübergreifenden Kinderöffentlichkeit möglich wird.

5. Jugend aus sozialpädagogischer Sicht

Wir haben im Kapitel Lebensbewältigung und Sozialisation eine allgemeine operative Definition für unser sozialpädagogisches Verständnis von Lebensbewältigung aus der Sozialisationsperspektive entwickelt. Kinder und Jugendliche suchen nach einem Normalitätspfad zwischen der Dynamik eines zunehmend sozial freigesetzten kindlichen und jugendlichen Alltagslebens und den öffentlich vorgegebenen, in den gesellschaftlichen Institutionen eingelassenen sozialintegrativen Kindheits- und Jugendbildern. In der Überlegungen zur Kindheit ist uns plastisch vor Augen geführt worden, wie sehr Kinderalltag und gesellschaftliche Kindheitsbilder auseinanderfallen können, wie uneindeutig dadurch die Erziehungslandschaft geworden ist, wie schwierig für manche Kinder das Finden dieses Normalitätspfades ist und wie die Pädagogen und Pädagoginnen aus allen Erziehungsbereichen in dieser Unübersichtlichkeit schwimmen. Dies gilt besonders bei den Lücke-Kindern, deren Auf-Sich-Gestellt-Sein besonders augenfällig ist, da sie − sowohl von ihren Lebensäußerungen her als auch pädagogisch − weder in die gängigen Kindheitsmuster noch in die Jugendszene hineinpassen.

Bei der Jugend finden wir nun ebenfalls wieder die allgemeine Bewältigungsthematik mit der Suche nach Normalität zwischen Alltagsdynamik und gesellschaftlich vorgegebenen Jugendbildern. Da die Jugendphase heute über Bildung, Ausbildung und Medien vergesellschaftet und damit verallgemeinert ist, gibt es einerseits eine für alle Jugendlichen in der Struktur vergleichbare Jugend, die den Kern der Lebenslage Jugendlicher bildet und auf die die Lebensäußerungen der Jugendlichen je nach ihren biographischen Besonderheiten unterschiedlich bezogen sind. Wir unterscheiden also zwischen der gesellschaftlichen Jugend und der individuellen, biographisch eigenartigen Jugendphase.

Beide stehen in jenem Spannungsverhältnis zueinander, wie wir es in der sozialpädagogischen Schlüsseldimension Lebensbewältigung und Sozialintegration beschrieben haben. Wir können auch sagen: Jugend (als gesellschaftlich eingerichtetes und allen vorgegebenes Lebensphasenmodell) muß von den Jugendlichen aus ihrem alltäglichen Lebenszusammenhang heraus bewältigt werden.

Da es aus dieser Bewältigungsperspektive heraus geschrieben ist wurde das folgende Kapitel über die Jugend nicht nach Lebens- und Verhaltensbereichen gegliedert (Bildung, Politik, Freizeit, Arbeitswelt), wie das in der empirischen Jugendforschung üblich ist. Denn in der Sozialpädagogik erfahren wir die Probleme in diesen Bereichen meist nicht direkt, sondern vermittelt über die damit zusammenhängenden — sich im *Alltag* äußernden — Lebensschwierigkeiten der Jugendlichen. Dementsprechend begegnet uns z.B die Arbeitswelt in dieser Einführung vor allem in den Bewältigungsproblemen Jugendlicher, wie sie von der Jugendsozialarbeit und -berufshilfe aufgenommen werden. Aber auch in der allgemeinen Bewältigungsthematik des Alltags bricht das Problem der sozialen Reproduktion des Arbeitsvermögens immer wieder auf. Diese indirekte und vermittelte Konfrontation mit den zentralen Lebensbereichen macht eben das Spezifikum des sozialpädagogischen Zugangs aus und muß sich deshalb in der Sozialpädagogik des Jugendalters auch so ausdrücken.

Jugendliche auf der Suche nach lebbarer Gegenwart

Nach dem Hauptschul- bzw. mittleren Schulabschluß tritt schon ein Teil der Jugendlichen in eine noch unbestimmte, nachschulische Lebensphase ein. Diese Lebensphase ist unbestimmt deshalb, weil die Übergänge von der Schule in den Beruf heute nicht mehr so kalkulierbar und vorgegeben sind wie früher. Ein 16jähriger Lehrling kann heute weniger mit Bestimmtheit sagen, welchen Beruf er mit 25 Jahren ausüben wird, wie dies zum Beispiel in den 60er Jahren ein altersgleicher Jugendlicher angeben konnte. Aber auch Oberschüler, Studentinnen und Studenten sehen sich mit dem Phänomen konfrontiert, daß die Selbstverständlichkeit ihrer späteren Einmündung in Schule und Beruf (Statuspassage) nicht mehr in den Maße gegeben ist wie bei früheren Generationen. Auch für sie ist es schwer, eindeutige Zusammenhänge zwischen ihrer gegenwärtigen Ausbildungssituation und ihrem zukünftigen Berufs- und Lebensort herzustellen.

Diese Lebensphase ist für viele Jugendliche risikohaft, weil nach dem temporären Prozeß der sozialen Nivellierung, welche die Schule bewirkt hat (in der Schülerrolle vermischen sich für eine Zeit die Unterschiede in Status und sozialer Herkunft) die schicht-, geschlechts- und regionalspezifischen Benachteiligungen wieder akut werden und die Chancen der Bewältigung der Lebensphase Jugend bestimmen. (Allerdings hat W. Böttcher (1991) nachgewiesen, daß anfangs der 90er Jahre die Bildungsbenachteiligung der Arbeiterkinder *in* den Schulen keineswegs verschwunden ist, zumal die neue Arbeiterschicht sich überproportional aus Familien ausländischer Herkunft rekrutiert).

Wie bewältigen nun Jugendliche diese Lebenssituation, die man bildlich mit einer Schere beschreiben kann? Einerseits verlangen Schule und Ausbildung erhebliche intellektuelle und soziale Energien ab, gleichzeitig gelingt es nicht, eine eindeutige Verbindung zwischen den späteren Berufs- und Lebensperspektiven herzustellen: Bildungsperspektive und Berufsgewißheit klaffen auseinander. In dieser Situation ist es nach dem bisher Gesagten plausibel, daß Jugendliche — in dem Maß, in dem ihre Zukunftsperspektive biographisch weniger kalkulierbar wird — sich in ihrem Leben stärker an der Gegenwart orientieren. Allerdings ist dies nicht nur eine Folge dieser diffusen Zukunftsperspektive, sondern resultiert auch daraus, daß Jugendliche im Alter zwischen 16 und 20 Jahren weitgehend soziokulturell selbständig geworden sind, da die Jugendphase wesentlich früher beginnt und sich die Erfahrungsbereiche der Jugendlichen denen der Erwachsenen in vielen Lebenssegmenten (Konsum, Sexualität, Reisen, soziale Kontakte) angenähert haben. In manchen Verhaltensbereichen lassen sich sogar Verhaltensvorsprünge von Jugendlichen gegenüber Erwachsenen beobachten. So lernen Jugendliche schneller und leichter, mit elektronischen Medien umzugehen und sind im Alltagsverhalten eher in der Lage, sich auf den Pluralismus neuer Lebensstile einzustellen.

Der mit dem Gefühl der soziokulturellen Selbständigkeit verbundene Drang zur Kultivierung der Jugend als eigenständiger Lebensform, zum Ausleben eines eigenständigen Lebensstils *neben* dem der Erwachsenen, zum Wunsch nach eigenverantwortlicher Lebensführung, kann sich naturgemäß nur in den Lebensbereichen entfalten, in denen Jugendliche in ihrer Eigenständigkeit anerkannt sind. Da aber in der Schule und in der Berufsausbildung Jugendbilder vorherrschen, die Jugend in erster Linie als eine noch nicht fertige und aus sich selbst heraus nicht vollständige Lebensphase definieren, orientieren sich viele Jugendliche in ihrer Lebensführung an Wert- und Verhaltensbereichen, die außerhalb der schulischen und betrieblichen Welt liegen. Sie suchen ihren eigenständigen Jugendstatus als Sozialstatus in der Gleichaltrigenkultur und der Welt der Medien und des Konsums. Dies belegen auch die Jugendstudien der 80er Jahre, die einen deutlichen Trend zur Gleichaltrigenorientierung bei Jugendlichen feststellen.

Die Zeitschere zwischen gegenwartsorientiertem Ausleben des Jugendstatus im Alltag und auf die Zukunft verwiesenen Lebensperspektiven in Schule und Betrieb bringt für die Jugendpädagogik eine noch nicht überschaute und begriffene problematische Konsequenz. Die Pädagogik kann nicht mehr, wie traditionell, darauf vertrauen, ihre Inhalte und ihre Didaktik aus der klassischen Gegenwarts-Zukunftsperspektive des Bedürfnisaufschubs und des Lernens für später zu gestalten. Wir haben an anderer Stelle schon einmal auf die moderne Umkehrung des pädagogischen Jugendbildes verwiesen. Im traditionellen Sinne hieß Jung-Sein: „heute auf etwas verzichten, damit man morgen etwas hat. Heute etwas leisten, damit man morgen etwas wird". Heute leben und orientieren sich viele Jugendliche nach der entgegengesetzten Devise: „Sich heute etwas leisten, heute auf nichts verzichten, sondern heute leben, weil man nicht so recht weiß, was morgen ist". Die Bildungs- und Ausbildungsinstitutionen haben aber das traditionelle Jugendbild noch in ihre Strukturen eingeschrieben. Das Lern- und Leistungsprinzip der Schule beruht darauf, daß auf später gelernt wird, daß die Jugendlichen aktuell in der Schule noch nichts gelten, weil sie ja erst durch ihr Lernen die Voraussetzungen dafür schaffen sollen, daß sie in ihrem späteren Leben etwas gelten können. Jugendliche heute lavieren also zwischen zwei Jugenden, müssen die alltäglichen Widersprüchlichkeiten zwischen diesen entgegengesetzten Jugendbildern ausbalancieren und bewältigen. So ist das Jugendverhalten immer mehr zum strategischen Verhalten geworden: mit der Schule leben, die Berufsausbildung mitnehmen, mit den Eltern auskommen. Man konzediert der Schule, daß man sie braucht, aber sie soll einem nicht abverlangen, daß man nur für sie lebt. Gleichzeitig wird versucht, Segmente jugendlicher Alltagskultur auch in die Schule – vor allem die Zwischenzeiten und räumlichen Umgebungen der Schule – hineinzutragen, die Schule über die jugendliche Schülerkultur erträglicher zu machen. In dieser Bewältigungsbalance bilden sich durch die Jugendlichen selbst neue Lebenszuschnitte heraus, entwickelt sich ein Sozialstatus Jugend, in dem Gegenwarts- und Zukunftsperspektive des Jugendalters pragmatisch aufgehoben sind. Die von den Pädagogen befürchtete Zeitschere wird von den Jugendlichen selbst umgangen, Pädagogik verliert dadurch für sie ihren traditionellen erzieherischen Sinn als Vermittlungsinstanz zum späteren Leben. Pädagogische Angebote – vor allem im außerschulischen Bereich – werden nun vor allem unter dem Aspekt bewertet, ob und wie sie als Ressourcen für die alltägliche Lebensbewältigung taugen. Die sozialpädagogischen Angebote werden von den Jugendlichen selbst auf ihren neuen Charakter als Hilfen zur Lebensbewältigung verwiesen, als solche nachgefragt.

Junge Erwachsene – Zwischenexistenz und das normale Leben

Mit der Verlängerung der Bildungs- und Ausbildungsphase gibt es zunehmend junge Erwachsene, die noch keinen Selbständigkeitsstatus im gesellschaftlich anerkannten ökonomischen und familialen Sinne haben. Ungefähr die Hälfte der 18- bis 25jährigen befand sich Ende der 80er Jahre noch oder wieder in Ausbildung und Umschulung in den verschiedenen Einrichtungen des Fach- und Hochschulbereichs, oder hatten noch keine feste Arbeit. Noch 1970 war das anders. Damals waren bereits vier Fünftel der jungen Erwachsenen erwerbstätig. Diese veränderte Situation prägt die Lebenslage junger Erwachsener: für einen beträchtlich großen Teil von ihnen hat sich diese Altersphase von einer relativ sicheren Übergangs-, Existenz- und Familiengründungsphase zu einem offenen Lebensbereich gewandelt. Auch hier gilt, daß man ökonomisch unselbständig und soziokulturell längst selbständig ist, mit dem Unterschied, daß es schwieriger ist als in der Jugendzeit, diese soziokulturelle Selbständigkeit auch auszuleben. Für die jungen Erwachsenen gibt es keine gesellschaftlich anerkannten Lebensmuster, an denen sie sich orientieren und auf die sie zurückgreifen könnten, gibt es wenig eigene soziale und kulturelle Räume, in denen sie ihren Status zwischen Jugend-und Erwachsenensein gestalten könnten. Sie wollen in der Regel keine Jugendlichen mehr sein, sie fühlen sich aber auch noch längst nicht der Erwachsenenwelt mit ihren verfestigten Rollen- und Institutionenzugehörigkeiten verbunden. Sie möchten Lebensmuster aus der Jugendzeit beibehalten, wollen gleichzeitig ihre Eigenständigkeit auch materiell und sozial demonstrieren: durch eigene Versorgung, Aufbau eigener sozialer Netze und vor allem durch eigene Wohnung.

Gerade in den Großstädten haben junge Erwachsene mit noch nicht abgeschlossener Ausbildung und/oder in prekären Arbeitsverhältnissen besondere Gruppen und Milieus gebildet, die subkulturelle Züge tragen, aber keineswegs mit den politischen Subkulturen der 70er Jahre vergleichbar sind. Charakteristisch für diese Gruppen junger Erwachsener ist weniger ein gemeinsames Protestverhalten oder die Ablehnung etablierter Lebensziele und Werte, wie sie von der Gesellschaft propagiert werden. Was die Milieus trotz ihrer Heterogenität ähnlich und vergleichbar macht, ist ein einheitlicher Modus alltäglicher Lebensführung. In diesem Modus der Lebensführung spielt der sozialräumliche Bezug, das Stadtviertel, eine wesentliche Rolle. Wer sich nicht oder noch nicht innerhalb des Bezugssystems der normalen Erwerbsbiographie definieren kann oder will, ist auf sich selbst als Individuum zurückverwiesen. Unsicher über die eigene soziale Rolle und unschlüssig über die Zugehörigkeit zu einer sozialen Schicht bilden sich über die jungen Erwachsenen neue Lebensweisen im urbanen Raum heraus, werden die Wohnung, das Viertel, die Treffpunkte zu Lebensmittelpunkten. Hier entwickeln sich die Ansprüche auf ein eigenes Leben, der Anspruch auf die Verfügung über eigenes Geld, eigene Zeit, eigenen Wohnraum und die damit verbundenen Möglichkeiten, sich aus der Abhängigkeit eines gesellschaftlich noch nicht anerkannten Status zu befreien.

H.U. Müller hat in seiner Studie „Junge Erwachsene in der Großstadt" (1990) diese Großstadtbezogenheit der Junge-Erwachsenen-Kultur in der Dimension Lebensbewältigung interpretiert. Großstadt wird von den jungen Erwachsenen als Ressource gesehen,

„als das Insgesamt von Lebensmöglichkeiten, als der Raum von Lebensoptionen. Eine deutliche Gegenwartsbezogenheit ist erkennbar. Es wird Ausschau gehalten nach Gelegenheiten und Bedingungen, um die je gegenwärtigen und akuten Bedürfnisse und Interessen in gegenwärtiges Leben umzusetzen. Die Großstadt mit ihren vielfältigen, unterschiedlichen Angeboten in allen möglichen Lebensbereichen, mit ihren schnell wechselnden Moden und Trends, mit den verwirrenden Prozessen des sozialen Wandels wird eher als Herausforderung denn als Bedrohung gesehen" (Müller 1990, S. 155).

Großstadt als „Ressource" gilt aber auch für die Randgruppen junger Erwachsener, welche in ihren spezifischen Milieus subkulturelle Nischen und Überlebensmöglichkeiten suchen:

„Dieses Leben siedelt oft am Rande des Existenzminimums, angewiesen auf Sozialhilfe oder Arbeitslosenhilfe, teilweise abhängig von unsicheren Transfers der Familie, von Freunden — von der Hand in den Mund lebend. Es sind durchaus ‚Lebenskünstler‘, diese jungen Erwachsenen, nur werden, im Gegensatz zu den mehr offensiv lebenden jungen Männern und Frauen, kaum noch Lebenspläne und ‚zukunftshaltige‘ Lebensentwürfe angegangen, sondern nur noch der gegenwärtige Alltag, das ‚Über-die-Runden-kommen‘, hier und jetzt, ins Auge gefaßt" (Müller 1990, S. 156).

Dies ist wohl auch die Gruppe junger Erwachsener, die am ehesten in den Sog der neuen Armut geraten kann. So ist die Zahl der Sozialhilfeempfänger in dieser Altersgruppe in den Jahren von 1973 bis 1983 nahezu um das Vierfache gestiegen. In einer weiten Auslegung des Armutsbegriffs sind auch die Gruppen jener jungen Erwachsenen als arm zu bezeichnen, die unter erheblichen Belastungen und unter hoher Risikobereitschaft in prekären Arbeitsverhältnissen mit fehlender Tarifbindung und sozialer Sicherung stehen. Hierzu gehören vor allem auch ausländische junge Erwachsene. Aus diesen Gründen suchen junge Erwachsene auch immer wieder Anschluß an die Jugendszenen, weil sie sich dort einigermaßen die Befriedigung kultureller und sozialer Bedürfnisse leisten können. Nach Bedarf auf den Jugendstatus zurückgreifen zu können, bedeutet die Chance, sich kulturell und sozial etwas leisten zu können, das in der Erwachsenenkultur für sie nicht erschwinglich wäre. Außerdem hält man in den Jugendszenen als junger Erwachsener einen relativ hohen Status, während man befürchten müßte, in der Erwachsenenkultur im Status abzusinken. So ist es kein Wunder, daß junge Erwachsene zunehmend im Bereich der Einrichtungen der Jugendarbeit auftauchen, in Jugendcafés und Treffpunkten, dort ihre Szenen suchen, obwohl sie nicht unbedingt mit den Jugendlichen, den 15-18jährigen, zusammensein möchten.

Da dieser Typus der Lebensbewältigung junger Erwachsener mit der sozialräumlichen Entwicklung in der Großstadt zusammenhängt, ist es plausibel, daß in ländlichen Räumen solche Szenen wesentlich vereinzelter entstehen und sich vor allem kaum solche sozialräumliche Lebenswelten in dieser Durchgängigkeit herausbilden können. Allerdings haben sich seit den 80er Jahren um regionale Kneipen und Treffs herum ebenfalls kulturelle Szenen junger Erwachsener gebildet. Auch hier sind es solche, die aufgrund ihres verlängerten Bildungsstatus und ihrer in den Städten gemachten Lebenserfahrungen dem Integrationsdruck in die dörfliche Erwachsenenwelt ausweichen wollen. In dem Maße aber, in dem die Verlängerung des Bildungs- und Ausbildungswesens auch den ländlichen Raum erfaßt, wird sich zunehmend eine regional orientierte junge Erwachsenenkultur ausbilden.

Jugend und Individualisierung

Die Diskussion um die gesellschaftliche Individualisierung und ihre Folgen für den Sozialisationsprozeß ist in der Jugendforschung seit Beginn der 80er Jahre immer mit dem Begriff der Entstrukturierung der Jugendphase verbunden. Mit diesem Begriff ist vor allem gemeint, daß Jugend nicht mit der traditionellen pädagogischen Definition des psychosozialen Schonraums begriffen werden kann, daß sie inzwischen mehr ist als nur festumrissener und geregelter Übergangsstatus in die Erwachsenengesellschaft, gewährleistete und verläßliche Statuspassage von der Schule in die Berufs- und Arbeitswelt. Entstrukturierung meint aber nicht, daß Jugend verschwunden ist, sondern lediglich, daß sie ihre traditionelle Gestalt und Selbstverständlichkeit verändert hat, daß man heute nicht mehr so richtig weiß, wann sie anfängt und wann sie aufhört, daß es wohl mehrere Jugenden im Sinne jugendlicher Lebensformen gibt (Pluralisierung) oder gar, daß sich jede(r) Einzelne seine (ihre) Jugend selbst irgendwie zurechtbasteln muß.

Wie die traditionelle Vorstellung von der Jugend als klar umrissener Lebensphase aussah, läßt sich z.B. bei E.H. Erikson, einem Klassiker der psychologischen Jugendforschung, nachvollziehen. Er sieht die Jugendphase durch ein Zusammenspiel typischer innerer und äußerer Entwicklungen geprägt, die diese Lebensphase strukturierten und Ausgangspunkt (Kindheit) und Endpunkt (Beginn des Erwachsenenalters) markierten.

„Da der technologische Fortschritt mehr und mehr Zeit zwischen das frühe Schulleben und die endgültige Zulassung des jungen Menschen zur spezialisierten Arbeit legt, wird dieses Stadium des Heranreifens zu einer immer deutlicher umrissenen und bewußten Periode, fast zu einer Lebensform zwischen Kindheit und Erwachsenensein. So scheinen junge Leute in den letzten Schuljahren bedrängt von der physiologischen Revolution ihrer genitalen Reifung und der Unsicherheit der zukünftigen Erwachsenenrolle, sehr beschäftigt mit allerlei auffälligen Liebhabereien und marottenhaften Versuchen, eine jugendliche Subkultur zu errichten, mit einer Identitätsbildung, die aussieht, als wäre sie eine endgültige statt einer vorübergehenden oder eigentlich initialen. Sie sind manchmal krankhaft, oft merkwürdig, präokkupiert

von der Frage, was sie in den Augen anderer zu sein scheinen im Vergleich zu dem, was sie zu sein fühlen, und von der Frage, wie sich bisher kultivierte Rollen und Kenntnisse mit den Idealvorbildern des Tages in Beziehung setzen lassen. In ihrer Suche nach einem neuen Gefühl der Kontinuität und Gleichheit, das jetzt auch die sexuelle Reife mit umfassen muß, haben Jugendliche sich noch einmal mit den Krisen früherer Jahre auseinanderzusetzen, ehe sie bleibende Idole und Ideale als Hüter einer endgültigen Identität einsetzen können. Sie bedürfen vor allem eines Moratoriums für die Integration der Identitätselemente, die wir im vorangehenden den Kindheitsstadien zuordneten: nur daß jetzt eine größere Einheit, undeutlich in ihren Umrissen und doch unmittelbar in ihren Forderungen, an die Stelle des Kindheitsmilieus tritt — ‚die Gesellschaft'" (Erikson 1970, S. 123).

Erikson geht von einer eigenen und trennscharf von Kindheit und Erwachsenenwelt absetzbaren Erlebniswelt der Jugend aus, die für ihn freilich deutlich auf das Erwachsenensein hin orientiert ist. Beide Elemente dieses traditionellen Jugendkonzepts — die in sich lebensaltertypisch abgeschlossene jugendliche Erlebniswelt und der Übergangsstatus in die Erwachsenenzeit — bilden zwar weiterhin typische Elemente des Jugendlebens, haben aber ihre eindeutige Prägekraft verloren, weil andere Elemente hinzugetreten sind und sich ein neues Zusammenspiel entwicklungspsychologischer und sozialer Faktoren der Jugendphase ergeben hat. So haben wir bei der Darstellung der Verfrühung und Verlängerung der Jugend gesehen, wie in den Erlebniswelten der Kids Kindheit und Jugend ineinander verfließen, wie junge Erwachsene Elemente der Lebensform Jugend auch ins Erwachsenenalter hinüberzuretten versuchen. Vor allem aber ist deutlich geworden, daß Jugend eben nicht nur Übergangsphase ist, sondern genauso eigenständige Lebensphase, die nicht nur — wie bei Erikson — gefühls- und affektmäßig im jugendpädagogischen Moratorium, sondern auch sozial — wie bei anderen Sozialgruppen auch — erlebt wird. Neben das traditionelle psychische Eigenleben in der Jugendkultur ist die soziale Eigenständigkeit der Jugend getreten. Jugend ist nicht mehr nur Übergangsphase, sondern genauso eigenständige Lebensphase, die sozial ausgelebt wird und in der das Ziel Erwachsenwerden nicht mehr das einzige und dominante psychische und soziale Antriebsmuster ist. Diese Entwicklung wird auch heute jugendpolitisch anerkannt. So gibt es im Achten Jugendbericht (1990) ein eigenes Kapitel mit der Überschrift Jugend als eigenständige Lebensphase, in dem es heißt:

„Aufgrund der zeitlichen Ausdehnung der Jugendphase, aber auch aufgrund vieler heterogener Verhaltensweisen Jugendlicher heute erscheint es sinnvoll, Jugend nicht mehr als eine Übergangsphase von der Kindheit in das Erwachsenenalter zu sehen; vielmehr ist davon auszugehen, daß Jugendliche und junge Erwachsene für diese Lebensphase typische Verhaltensweisen zeigen, die nicht nur als Vorbereitung auf das Erwachsenenleben interpretiert werden können. Jugendliche haben inzwischen ausgeprägte eigene Gesellungsformen herausgebildet und dafür vielfältige kulturelle Ausdrucksformen entwickelt. Sie können heute als nicht zu vernachlässigende Konsumentengruppe auftreten; ein reichhaltiges Warenangebot richtet sich vor allem an Jugendliche und junge Erwachsene. Auch vor diesem Hintergrund ist die häufig geäußerte Feststellung zu sehen, daß Jugendliche immer weniger in ihre jeweiligen subkulturellen Herkunftsmilieus eingebunden sind und sich demgegenüber heute in einem früheren Alter verselbständigen" (Achter Jugendbericht 1990, S. 53).

Wir haben auch gesehen, wie sich das Generationenverhältnis in der schnellebigen und medienbeherrschten Moderne so entwickelt hat, daß der Erfahrungsvorsprung der Elterngenerationen wesentlich geringer und der frühe Zugang von Kindern und Jugendlichen zu den Erlebnis- und Erfahrungswelten der Erwachsenengesellschaft — vor allem über Konsum und Medien — leichter geworden ist. Erwachsensein ist für Kinder und Jugendliche längst nicht mehr der geheimnisvolle, befreiende und damit unbedingt erstrebenswerte Status, den es zielgerichtet zu erreichen gilt.

Die These von der Individualisierung der Jugendphase verweist vor allem darauf, daß sich die sozialmoralischen Milieus, in die Jugend traditionell eingebettet und in denen ihr Übergangsstatus — die Vertröstung auf das Später — definiert war, weitgehend aufgelöst haben: die Milieus der bürgerlichen Kreise, aber auch die der Arbeiterquartiere, schließlich die Dorfmilieus. Da Jugend sich heute nicht mehr über traditionale Milieus und die darin enthaltenen Jugendbilder, in die die Einzelnen eingebunden waren, vererbt, muß sie individuell erworben werden.

„Und erworben wird sie vor allem durch den Erfolg im Bildungs-
system und seinen Gebrauch. Auch hier gilt wieder, daß die Folge
nicht ein Abbau von Ungleichheiten ist; vielmehr wird die Kon-
kurrenz härter und wird der Abstand (und damit auch die soziale
Diskriminierung) für die Verlierer immer größer. Hauptschüler
sind heute bereits Minderheiten. Mit der Ausweitung der Schul-
zeit sind darüber hinaus einerseits eine zunehmende Konzentra-
tion auf die Gesellschaft der Altersgleichen, andererseits eine
relative Freisetzung aus den praktischen und normativen Zwän-
gen einer Erwerbsexistenz verbunden. Es entstehen „Spielräume",
in denen sich das höchst ernsthafte Spiel mit den Stilen entfalten
kann" (Liebau 1990, S. 662).

Liebaus Hinweis ist wichtig im Hinblick auf neue Struktur-
formen der Jugendphase. Wenn wir von Entstrukturierung
sprechen, dann heißt das nicht Abwesenheit von Struktur,
sondern bedeutet Übergang von alten in neue Strukturfor-
men, einhergehend mit einer Pluralisierung der Strukturen
und Verwischung der Strukturgrenzen. Die Jugend ist über
die Extensivierung und Intensivierung des Bildungssystems weiterhin von der Gesellschaft separiert, ausgegliedert zum Zwecke des Lernens. Diese moderne Separation
hat aber einen anderen Charakter als das traditionelle pädagogische Moratorium der bürgerlichen Jugend, an dem
sich die herkömmliche Jugendpsychologie und Jugendpädagogik orientierte. Sollte der traditionelle Begriff des Moratoriums ausdrücken, daß sich die Jugendlichen nach innen
separieren, um eine auf die Erwachsenenidentität hin
gerichtete Integration der Triebstrukturen ermöglichen zu
können, so entfaltet die über die schulische Bildung
gesteuerte Separation eine soziale Freisetzung der Jugend,
die sich nicht primär an dem Erwachsenenstatus ausrichtet.
Der Bildungsaspekt ist so der Dreh- und Angelpunkt für
das Verständnis der modernen Jugendphase. Aus der früheren Übergangsjugend ist die Bildungsjugend geworden.
Die Bildungsstatistik spricht hier eine beredte Sprache.
Waren Anfang der 60er Jahre noch weniger als ein Viertel
der 16-19jährigen in der Schule, so waren es Mitte der 80er
fast zwei Drittel der Schüler. Das aktuelle Lebensziel der
meisten Jugendlichen ist nicht so sehr das Erwachsenwerden, sondern der Erwerb von Bildungstiteln. Deshalb hat
der Schulerfolg auch eine soziale Bewältigungsdimension
(neben der Dimension der Entwicklungsaufgabe) bekommen. Schulisches Scheitern gilt — trotz des selbstbewußte-

ren Umgangs der Jugendlichen mit der Schule — als wesentlicher Faktor sozialer Problembelastung.

Diese Bildungsmobilisierung seit den 60er Jahren ist auch maßgeblich dafür verantwortlich, daß Jugendliche den traditionellen Milieus entwachsen sind. So wie bei uns schulische Bildung organisiert ist — nach den individualistischen Prinzipien der Leistung, Konkurrenz und Auslese — löst sie selbst allerdings gravierende Individualisierungstendenzen aus. M. Baethge hat diesen Aspekt besonders hervorgehoben, indem er in diesem Zusammenhang von der „Umstrukturierung des jugendlichen Erfahrungsfeldes von einer vordringlich unmittelbaren, arbeitsintegrierten oder wenigstens arbeitsbezogenen zu einer vordringlich schulisch bestimmten Lebensform" spricht (Baethge 1989, S. 108). Dabei hätten sich zwar die kulturellen Möglichkeiten für Jugendliche erweitert, dafür fehle aber immer mehr die Eingebundenheit in die Arbeitsbezüge des Aufeinander-Angewiesenseins. Der traditionelle Milieuaspekt der Solidarität gehe in der Bildungskonkurrenz verloren. (Allerdings muß man hier hinzufügen, daß auch die modernen Arbeitsbezüge in ihren rationalisierten und aufgespaltenen Ablaufstrukturen vieles an ihrem sozialen „Milieucharakter" eingebüßt haben.)

Daß die Jugend durch das Bildungssystem länger von der Erwachsenengesellschaft separiert ist, wird auch im Hinblick auf das Generationenverhältnis beklagt: Es gebe wenig öffentliche Räume, in denen Jugendliche und Erwachsene aufeinanderträfen. Dies wirke sich zum Beispiel im Bereich des politischen Engagements Jugendlicher aus. Jugendliche und junge Erwachsene wären in ihrer Jugendzeit weniger als früher bereit, sich politisch zu engagieren. In der Kommunalpolitik spricht man von einer Engagementslücke in der Altersgruppe der 18-30jährigen.

In dieser landläufigen Argumentation wird aber meist übersehen, daß die traditionellen Vorstellungen von Engagement in Vereinen und politischen Parteien und die moderne Lebensform Jugend nicht mehr so recht zusammenpassen. Wahlalter 18 und Wählbarkeitsalter 21 zielten auf Erwachsene, beinhalten bis heute die klassische Vorstellung von der Beendigung des Jugendalters in diesen Altersbereichen. Die Politik hat also immer noch das alte

Jugendbild. In dieser Altersgruppe gibt es aber junge Leute, die sich nicht als erwachsen im herkömmlichen Sinne fühlen wollen und deshalb aus dem Selbstverständnis der verlängerten Jugend und des jungen Erwachsenseins heraus eigene Ansprüche an die politische Kultur stellen, die nicht so einfach mit den traditionellen Mustern der etablierten Politik zusammengehen. Unsere politische Kultur klammert sich immer noch an die gewohnte Definition vom wahlmündigen Erwachsenen. Das Bild der mündigen Jugendlichen, die aus ihrer, von ihnen als eigenständig begriffenen Lebensform Jugend politische Forderungen stellen, hat sich in der gesellschaftspolitischen Öffentlichkeit noch nicht durchgesetzt.

Aus dieser Perspektive ist die moderne Jugendphase nicht mehr nur Zeit des je persönlichen Experimentierens, sondern vor allem auch sozialer Experimentierraum, Übungsfeld für neue und alternative Lebensformen und Lebensmuster. Auf diese soziale Veränderung der Jugend setzen im sozialpädagogischen Bereich vor allem die Jugendverbände, die sich heute zunehmend als soziokulturelle Lebensräume für diese neue Jugend verstehen (vgl. dazu ausführlich Böhnisch/Gängler/Rauschenbach 1991).

Chance und Risiko liegen in diesem von Entstrukturierung und Individualisierung gekennzeichneten modernen Jugendalter eng beieinander. Es gibt auch unter den Jugendlichen Gewinner und — wie schon am Beispiel der Schule angesprochen — Verlierer des Individualisierungsprozesses. Die Individualisierung setzt soziale Ungleichheit nicht außer Kraft. Soziale Ungleichheit verkörpert sich zwar nicht mehr so kollektiv wie früher in Gruppen und Milieus. Sie scheint in die Struktur abgewandert zu sein. Soziale Benachteiligung äußert sich heute weniger als kollektive soziale Deklassierung, sondern eher als soziale Nichtberücksichtigung von Gruppen im gesellschaftlichen Entwicklungsprozeß. Nichts anderes bedeutet die Formel von der Zweidrittelgesellschaft: Auf zwei Drittel der Gesellschaft richtet sich die Politik von Wachstum und Prosperität, das andere Drittel ist an dieser Entwicklung nicht beteiligt, wenn auch leidlich sozial versorgt. Im modernen Sozialstaat ist also soziale Benachteiligung weniger über die traditionellen Muster sozialer Deklassierung und Randgruppenexistenz begreifbar, sondern eher über das Bild des Ausgeschlossenseins von der gesellschaftlichen Entwicklungsperspektive. Dazu kommt, daß die moderne Konsumgesellschaft Armut verschleiert. Auch die Armen können bei uns konsumieren, wenn es auch Billigware ist. Die Konsumgesellschaft suggeriert ökonomische und soziale Teilhabe. Die Menschen tun das Ihre dazu, um ihre Armut und soziale Benachteiligung zu verbergen, sie fürchten noch mehr soziale Isolierung, haben Angst, den Anschluß endgültig zu verpassen, wollen demonstrieren, daß sie dabei sind. Und dies läuft wiederum über demonstratives Konsumverhalten.

Jugend- und SozialarbeiterInnen berichten inzwischen wieder von armen Jugendlichen, die in die Jugendhäuser kommen. Es sind vor allem Jugendliche und junge Erwachsene, die schon biographisch früh in dieses eine gesellschaftliche Drittel geraten, welches von der Entwicklung ausgeschlossen ist. Ihre Situation ist nicht kollektiv erkennbar, sie ist biographisch unterschiedlich, gemeinsam ist in den Wahrnehmungen der SozialarbeiterInnen, daß ihnen die sozialen Milieus fehlen, daß sie sozial isoliert sind.

Die Individualisierungsperspektive verweist also nicht nur auf die kulturellen und sozialen Chancen, welche die aus den traditionellen Milieus sozial freigesetzte Jugend heute hat, sondern rückt genauso stark in den Blick, wie Jugendliche den sozialen Verhältnissen ausgesetzt sind.

An dem hier Beschriebenen wird deutlich, wie wichtig das Konzept der Lebenslage für die Sozialpädagogik ist. Im Rückbezug auf dieses Konzept sind wir immer wieder angehalten, uns darauf zu besinnen, daß — so pluralistisch das Erscheinungsbild der modernen Jugend auch sein mag — die Verhaltensweisen und Lebensäußerungen der Jugendlichen nicht beliebig sind, sondern daß sie auf dahinterliegende — von der Konsumgesellschaft aber verdeckte — soziale Chancen und Benachteiligungsstrukturen verweisen. Mit dem Konzept der Lebenslage — so haben wir es hergeleitet — kommt die biographische Individualität der Lebensbewältigung genauso zum Zuge wie der sozialstrukturelle Hintergrund; ist der Zusammenhang begründet, daß Lebensäußerungen Jugendlicher zwar ihren eigenen individuellen Stellenwert haben, daß sie aber nicht individuell beliebig, sondern gesellschaftlich vermittelt sind. Dieser gesellschaftsstrukturelle Rückbezug läuft aber nicht nur eindeutig und abgrenzbar über Schicht und Klasse, sondern über die Biographisierung der unterschiedlichen Zugänge (Schicht, Alter, Region, kritische Lebensereignisse etc.) zu sozialen Chancen.

Der verschwundene Generationskonflikt

Mit der Verfrühung und Verlängerung der Jugendphase hat sich auch das Generationenverhältnis verändert. Das Generationenverhältnis und Generationenkonflikte zwischen Jugendlichen und ihrer Herkunftsfamilie sind wichtige Bezugspunkte des Ablösungsprozesses und damit der Entwicklung im Jugendalter. Generationenkonflikte sind heute weniger dramatisch akzentuiert als früher. Das hängt sicher einmal damit zusammen, daß sich der Generationenkonflikt als familialer Ablösungskonflikt zeitlich entzerrt hat und sich nicht mehr um die klassischen Pubertätsjahre zwischen 13 und 15 gruppiert. Wir haben gesehen, daß schon die 9- bis 11jährigen ihre ersten Ablösungskonflikte mit den Eltern austragen und viele der 18- bis 20jährigen noch bei ihren Eltern wohnen. Man kann sich also ganz einfach vorstellen, daß es unmöglich ist, zehn Jahre lang einen dramatischen Ablösungskonflikt mit der Herkunftsfamilie durchzustehen. Jugendliche haben heute gelernt, mit den Eltern zu leben. Außerdem ist die Herkunftsfamilie seit den 70er und 80er Jahren nicht mehr der ausschließliche und zentrale Ort und Schauplatz der Ablösung und des Selbständigwerdens Jugendlicher.

Die Extensivierung und Intensivierung des schulischen Bildungswesens hat zu neuen Konstellationen im Verhältnis Eltern − Schule − Kinder − Öffentlichkeit geführt, welche die Kinder früh von ihrer Herkunftsfamilie − wenigstens teilweise − separieren und damit das Selbständigwerden und die Ablösung strukturell − das heißt ohne manifeste Konflikte im Verhältnis Familie und Kind − begünstigen. Die kulturelle Akzeleration, d.h. die Beschleunigung der kulturellen Entwicklung der Kinder aufgrund der Tatsache, daß sie früh außerhalb des Elternhauses mit Medien und Konsum in Berührung kommen, hat auch den Prozeß der

Freisetzung und inneren und äußeren Ablösung vom Elternhaus außerfamiliar vorangetrieben.

Was bedeutet es, wenn der Generationenkonflikt, der in der Entwicklungspsychologie als so wichtig für den personalen Prozeß der Ablösung und des Selbständigwerdens angesehen wird, zu verschwinden scheint? An was können sich die Kinder und Jugendlichen heute noch abarbeiten, wenn Eltern, Schule und Öffentlichkeit keine Auslöser produktiver Konflikte mehr sind? Es gibt Soziologen und Sozialpädagogen, die behaupten, daß der Generationenkonflikt nicht verschwunden ist, daß er vielmehr — unkontrolliert und unkalkulierbar — in öffentlichen Situationen bis hin zu symbolischen und direkten Gewalttätigkeiten Jugendlicher sich sein Ventil sucht: in den Stadien, auf der Straße.

Werden die Eltern zur biographischen Reminiszenz? Sind sie für die Jugend nicht mehr die andere Generation, zu der man seine Entwicklung und sein Lebensverständnis in Kontrast setzen muß? Nein, Eltern sind weiter wichtig für Jugendliche; verschoben haben sich vielleicht die Bedeutungskontexte: Mit der Ablösung, der Suche nach jugendkultureller Autonomie geht die emotionale Bindung an die Eltern nicht verloren. „Autonomieerwerb und Bindung an die Familie haben sich eher als ergänzende denn sich ausschließende Größen ergeben" (Kreppner 1991, S. 327). Eltern stehen als Garanten sozialer und ökonomischer Sicherheit heute hoch im Kurs. Die meisten Jugendlichen fühlen sich aber den Eltern nicht mehr auf Gedeih und Verderb ausgeliefert, die radikale Alternative Abhauen oder Bleiben gilt für das Verhältnis zwischen Jugendlichen und Eltern nicht mehr. Die Jugendlichen heute interessiert, was die Eltern ihnen bieten können, und dies wird mit anderen, außerfamilialen Elementen der Lebensbewältigung kombiniert. Die Eltern für sich haben ihren Schrecken als Hüter der Unselbständigkeit und Abhängigkeit verloren. Sie sind zu einem Teil des sozialen Netzwerkes geworden, aus dem sich die neue Selbständigkeit der Jugend speist. Allerdings gibt es auch genug Hinweise dafür, daß die Erwartungshaltung der Eltern im Zusammenspiel mit schulischem Leistungsdruck immer noch als intergenerationentypische Form der Sozialkontrolle wirkt.

Die Verlängerung und Verfrühung der Jugendzeit, die Streckung und damit Entstrukturierung des Ablöseprozesses, hat also maßgeblich zur Entkristallisation und Entdramatisierung, aber auch Pragmatisierung des familialen Generationenverhältnisses beigetragen. Das Modell der pragmatischen Koexistenz der Generationen hat das traditionelle Konfliktmodell abgelöst.

Für dieses Aufweichen der tradierten Generationenkonstellation in den Familien werden in der familienwissenschaftlichen Diskussion verschiedene Gründe angeführt:

— zum einen wird auf den demographischen Trend zur Ein-Kind-Familie und damit auf die Notwendigkeit für diese Kinder verwiesen, sich ziemlich früh nach außen auf die Gleichaltrigengruppen hin zu orientieren.

— Nicht zu übersehen ist aber auch, daß sich der pädagogische Status der Eltern selbst geändert hat. Der Jugendpsychologe Thomas Ziehe spricht in diesem Zusammenhang von einem Verlust des Elternmonopols. Die wirtschaftliche Abhängigkeit der Kinder von den Eltern bedeutet heute nicht mehr automatisch ihre personale und kulturelle Abhängigkeit.

— Die Tendenz, daß das Prinzip des Bedürfnisaufschubs, nach dem Kinder und Jugendliche jetzt auf etwas verzichten sollen, um dafür später als Erwachsene etwas zu erreichen, weitgehend außer Kraft gesetzt ist, ist auch für Ziehe ein symbolischer Ausdruck für die Auflösung des tradierten Generationenverhältnisses.

— In dem Maße, in dem die Jugendlichen frühzeitig Zugang zu den klassischen Erwachsenenreservaten suchen — Konsum, Sexualität, eigene Verfügung über Zeit — verändert sich das Kontrollverhalten der Eltern: frühe eigene Außenkontakte der Jugendlichen werden akzeptiert, sexuelle Erfahrungen eher geduldet.

Ein Indiz für diese Entwicklung ist auch die Verödung der Jugendhäuser in den Städten. Jugendhäuser waren früher, in den 70er Jahren, Fluchtstätten der Jugendlichen vor dem Elternhaus (vgl. dazu ausführlich Böhnisch/Münchmeier 1990). Zuhause hatte man die damals üblichen Konflikte mit den Eltern, die falschen Freunde, die Sexualitätstabus, die kontroversen Ansichten darüber, wie man seine Freizeit verbringt. Außerdem hatten Jugendliche in der Regel keine eigenen Zimmer. Die Jugendhäuser wurden daher schnell zu Orten, an denen man sich so benehmen konnte, wie es einem zu Hause verwehrt war: laut sein, knutschen, mit allen möglichen Typen von Gleichaltrigen zusammenkommen, Zigaretten am Boden ausdrücken, ein zum Elternhaus alternatives Ambiente in Möbel und Ausstattung um sich haben.

Heute sind die Jugendhäuser, die noch das Arrangement der 70er Jahre haben, für viele Jugendliche nicht mehr attraktiv. Sie brauchen sie nicht mehr als Fluchtort vor dem Elternhaus, viele haben inzwischen ein eigenes Zimmer, das Verhältnis zu den Eltern ist längst nicht mehr so konfliktgeladen, daß es sie zum temporären Auszug ins alternative Jugendhaus drängte. Daß sich heute viele Jugendliche über sich selbst, über ihren eigenen Status und nicht mehr über die Eltern definieren, zeigen auch die Ansprüche, die sie an ein heutiges Jugendhaus richten. Nicht schmuddelige Räume, sondern Club-Atmosphäre wird gewünscht. Man will für sich sein, ohne den Anschluß an die anderen zu verpassen, aber auch ohne sich dauernd gegen andere abgrenzen zu müssen. Aus der Jugendkultur der 70er Jahre ist die statusbetonte, von der Konsumindustrie wesentlich gestützte Alltagskultur jugendlicher Individuen und Szenen geworden.

Die Jugendhäuser dagegen, die heute noch so arrangiert sind wie in den 70er Jahren werden in der Regel nur noch von den Jugendlichen besucht, die — im übertragenen Sinne — in der familialen Generationenkonstellation der 70er Jahre leben: Dazu gehören z.B. viele Jugendliche aus ausländischen Familien. Hier schlagen die interkulturellen Konflikte noch massiv in familiale Generationenkonflikte um, sind die Wohnverhältnisse beengt. Aber auch bei Jugendlichen aus sozial schwachen Familien erleben wir Ähnliches. Materielle Nöte belasten das Generationenverhältnis, führen zu innerfamilialen Generationenkonflikten und damit zu zwangsläufigen Fluchttendenzen aus der Familie.

Auch an der Art und Weise, wie Jugendliche heute mit der Schule umgehen, lassen sich Anzeichen für das Verschwinden des traditionellen familialen Generationenkonflikts beobachten. Denn in der gleichen Art, wie die heutigen Jugendgenerationen mit den Eltern leben, scheinen sie auch mit der Schule zu leben. Die Schule ist immer noch prototypisch nach dem Prinzip der herkömmlichen Generationenhierarchie strukturiert. Schulische Ordnung ist eine Generationsordnung, sie basiert auf der Idee des Generations- und Qualifikationsvorsprungs der Erzieher. Die Schule konserviert also das traditionelle Generationenbild Jugend und damit ein anderes Jugendmodell, als es Jugendliche im außerschulischen Alltag leben. Der gegenwartsbezogene Jugendstatus hat in der Schule noch keinen Wert, denn was man in der Schule lernt und an was man gemessen wird, gilt vor allem für das spätere Leben. Trotzdem bringen es die meisten Jugendlichen fertig, mit der Schule zu leben, das heißt diesen kulturellen Widerspruch der Jugendbilder im Alltag zu bewältigen. Sie tun es, indem sie die Schule ein Stück soziokulturell aufzuweichen versuchen, sich die Lehrer als Personen herausgreifen, Schülerkulturen über die Grenzen der Schuljahrgänge hinweg entwickeln. Dies wird in der modernen Schule durch die Differenzierung der Sekundarstufen gefördert, durch die Kurssysteme, welche eher informelle Gruppenbildungen zulassen als die festgeschriebenen traditionellen Klassenverbände.

Insgesamt läßt sich sagen, daß das traditionelle Generationenmodell ökonomisch und institutionell weiter wirkt, daß aber im Alltag der Lebensbewältigung Jugendlicher ein strategisches Nebeneinander von Jugend, Familie und Schule vorherrscht. U. Popp und K.J. Tillmann haben zur Veränderung der Generationenthematik in diesem Sinne eine auch für die Sozialpädagogik aufschlußreiche Bilanz der Jugendstudien gezogen:

„Übereinstimmend berichten die Studien, daß das familiäre Zusammenleben zwischen Eltern und Jugendlichen in den 80er Jahren weit weniger konfliktreich als in den 60er Jahren ist; der inzwischen liberalisierte Lebensstil trägt dazu erheblich bei (. . .). Unsicher sind sich die Jugendforscher allerdings, ob sich aus diesen Daten eher auf einen solidarischen Familienzusammenhang oder eher auf ein freundlich-tolerantes Nebeneinander in der Familie schließen lasse. Diese Studien erlauben etliche Interpretationen, so auch die, daß die Eltern zunehmend zu ‚Laufbahnberatern‘ ihrer Kinder werden (. . .), während die Jugendlichen −

gleichsam als Gegenleistung — ihre Eltern in Fragen von Lebens-
stilen und adoleszentem Habitus auf dem laufenden halten.
Allerdings bieten die vorliegenden Untersuchungen keinen
Anhaltspunkt, um auf eine generelle Verschlechterung (zuneh-
mende Entfremdung, sich verschärfende Konflikte, immer größere
Distanz) des innerfamiliären Verhältnisses seit den 60er Jahren
schließen zu können. Wenn überhaupt, dann deuten die Daten
eher in die gegenteilige Richtung" (Popp/Tillmann 1990, S. 570/
571).

In diesem Sinne ist auch zu vermuten, daß die Eltern im
Zeichen der Pluralisierung der Lebensstile selbst über
mehr Verhaltensalternativen verfügen, um mit den veränderten Generationenbeziehungen umgehen zu können.
Das Generationenproblem, so würden Sozialpädagogen
diese Quintessenz aus der neueren Jugendforschung interpretieren, hat den Charakter des eindeutigen familialen
und sozialen Strukturmusters verloren und ist auf die alltägliche Bewältigungsebene gerutscht. Das heißt, es taucht
situativ immer wieder in anderen Bedeutungskontexten
auf.

Die allgemeine Bewältigungsszenerie Jugend

In der bisherigen Analyse haben sich zwei Hauptprobleme
herauskristallisiert, welche die moderne Bewältigungsszenerie Jugend, aber auch den pädagogischen Umgang mit
der Jugend heute strukturieren: einmal stellt sich das Verhältnis Gegenwart/Zukunft im Jugendalter und in der
Jugendpädagogik neu, zum zweiten hat die moderne
Jugendphase ein ausgesprochenes Doppelgesicht bekommen: aus der Jugend ist eine Lebensphase geworden, in der
Jugendliche *gleichzeitig* die psychophysischen Entwicklungsprobleme der Adoleszenz (entwicklungspsychologischer Begriff von Jugend) und soziale Probleme (die nach
der traditionellen Ansicht nicht jugendgemäß sind) zu
bewältigen haben. Jugendliche und vor allem junge
Erwachsene sind damit beschäftigt, Anforderungen und
Aufgaben aus den verschiedenen Lebensbereichen —
Arbeit, Studium, Partnerschaft, Kommunikation, soziale

Netzwerke, finanzielle Ressourcen — aufeinander zu beziehen, miteinander zu verarbeiten und als ihren Alltag zu organisieren. Es tauchen kaum hochgesteckte Ziele, Aufstiegs-, Ausbruchs- oder Erlösungshoffnungen auf. Auch die oft und mißverständlich beschworene Gegenwartsorientierung der modernen Jugend bedeutet in diesem Zusammenhang nicht nur Gelassenheit im Alltag, sondern oft auch Streß, Termin- und Zeitdruck bei der Erledigung anstehender Aufgaben. Jugend ist eine biographisch offene Lebensphase wie eine alltäglich enge Realität gleichermaßen geworden.

Während das traditionelle Jugendalter durch relativ klare Statuspassagen und Lebensvorgaben strukturiert war, setzt es sich heute für mehr Jugendliche aus situativ wechselnden und ambivalenten Abfolgen der Lebensbewältigung zusammen. Für die Sozialpädagogik des Jugendalters ist dadurch die „Problemlandschaft Jugend" unübersichtlicher geworden. Sie kann sich nicht mehr an den zentralen Institutionen Familie, Schule und Ausbildung in der Weise orientieren, daß sie sich darauf konzentriert, soziale Reproduktionsprobleme und -konflikte, welche in diesen Institutionen entstehen, von ihnen aber ausgelagert werden, zu bearbeiten. Damit sind auch die Bewältigungsmuster im Jugendalter pluralisiert, oft sogar situativ wechselnd zwischen gelebter soziokultureller Eigenständigkeit und eingeengter sozialer Bewältigungsperspektive. Die gerade bei älteren Jugendlichen und jungen Erwachsenen zu beobachtende Suche nach einer „Normalität" zwischen unkalkulierbarer gewordenen Zukunftsperspektiven und dringender Alltagserfüllung ist dafür bezeichnend.

Gleichzeitig erlebt die Sozialpädagogik, wie die Jugend immer mehr zur sozialpolitischen Manövriermasse geworden ist. An den Jugendlichen kann die Politik durchspielen, mit welchen verschiedenen Möglichkeiten ungelöste soziale Probleme in unserer Gesellschaft angepackt werden können. Jugendliche sind ja meist noch allein, haben noch keine Familie zu versorgen, die dann auch nicht gefährdet ist, wenn etwas schiefgeht, oder wenn mehrere Anläufe gebraucht werden, um in einen einigermaßen gesicherten sozialen Status zu kommen. Sozialpolitisch gesehen können also Jugendliche stärker als Erwachsene mit Risiken belastet werden. Sie können eher auf etwas verzichten, sind flexibler und mobiler, ihnen können Ausbildungs- und Berufswechsel leichter zugemutet werden.

Für die Sozialpädagogik bedeutet das, daß sie sich heute wenig öffentliche und politische Unterstützung für ihre Problemsicht der Jugend erhoffen kann, da das mit der politischen Manövriermasse ja nur funktioniert, wenn die sozialen Probleme Jugendlicher nicht öffentlich skandalisiert werden. Jugendliche scheinen sich ja ganz gut durchzuschlagen, ihr in sich konfliktreicher Bewältigungsmodus erscheint nach außen meist konfliktlos. Die Jugendlichen selbst zeigen auch nicht gern, daß sie Konflikte und Probleme haben, sie wollen mit anderen mithalten, dabeisein, ihre soziokulturelle Eigenständigkeit öffentlich inszenieren. Probleme zu haben gilt auch bei ihnen eher als Statusverlust. So nimmt es nicht wunder, daß die Jugend in ihrem Verhalten selbst zu dieser glatten Fassade beiträgt. Die Sozialpädagogik muß sich aber hinter diese Fassade begeben, wenn sie Anknüpfungspunkte für ihre Hilfen finden will. Sie ist hier in dem eigenartigen Dilemma, daß nicht nach ihr verlangt wird, obwohl sie nötig ist.

In dieser sozialpädagogisch inspirierten Betrachtung des modernen Jugendalters wird auch deutlich, daß wir mit dem Begriff der Lebenslage auch die soziale Gegenwartsorientierung der Jugend erfassen können. Jugendliche orientieren sich in ihrer Lebenspraxis nicht nur an Schule und Ausbildung, sondern an den kulturellen und sozialen Gelegenheiten des gegenwärtigen Alltags. Sie begreifen ihr Jugendleben als aktuellen Set von Möglichkeiten und Ressourcen, ein befriedigendes Leben heute unterhalb bzw. neben dem Rollen- und Positionsgefüge der Erwachsenengesellschaft. In diesem Zusammenhang ist es auch wichtig, ob und wie diese gegenwartsbezogene Lebenslage Jugend sozialpolitisch anerkannt wird. Denn solange die sozialpolitische Akzeptanz nicht gegeben ist, wird Jugend weiterhin als gesellschaftspolitische Manövriermasse benutzt, werden die Chancen und Risiken des Jugendalters den jeweiligen gesellschaftlichen Konjunkturen überlassen bleiben.

Die Sozialpädagogik des Jugendalters steht vor einer doppelten Herausforderung an ihr pädagogisches Selbstverständnis. Aus der modernen Lebenslage Jugend und der subjektiven Sicht der Lebensbewältigung Jugendlicher heraus sind ihre Angebote – z.B. Jugendhäuser, Beratung, Berufshilfen – Teil der alltäglichen Gelegenheitsstruktur geworden. Die Sozialpädagogik ist nicht mehr nur Integrationshilfe im Rahmen von biographischen Übergängen und übersehbaren Statuspassagen, so wie dies in den 60er und 70er Jahren Mollenhauer und Hornstein konzipiert haben, sondern zunehmend auch Ressource im gegenwartsbezogenen Kontext der Lebensbewältigung Jugendlicher. In dieser Entwicklung erhält die Sozialpädagogik eine ausgesprochen sozialpolitische Akzentuierung: Sie hat sich, vor allem auf kommunaler Ebene, um die Bereitstellung und Vernetzung solcher Ressourcen, um die Ermöglichung der Zugänge zu ihnen zu kümmern. Damit hat Sozialpädagogik einen genuinen Beitrag zur Entwicklung einer sozialen und kulturellen Infrastruktur für Jugendliche zu leisten (vgl. dazu Böhnisch/Münchmeier 1987, 1990).

Damit ist die sozialpolitische Aufgabe der Sozialpädagogik nicht erschöpft. Aus dem politischen Mißbrauch der Jugend als sozialpolitische Manövriermasse ergibt sich ein weiteres: nämlich die Funktion der Sozialpädagogik, Öffentlichkeit für die Lebensverhältnisse von Kindern und Jugendlichen herzustellen bzw. immer wieder zu fordern. Sozialpädagogik muß aufzeigen, daß diese Lebensverhältnisse nicht übergangen dürfen, daß man die Jugend nicht mehr darauf vertrösten kann, daß ihnen später, wenn sie einmal Erwachsene sind, genügend sozialpolitische Aufmerksamkeit zukommen wird. Anders ausgedrückt: die Sozialpädagogik muß mit dazu beitragen können, daß Jugendpolitik aus ihrem „erziehungspolitischen Reservat" herausgenommen und zur Kultur- und Sozialpolitik wird.

So plausibel die Notwendigkeit einer sozialpolitischen Orientierung der Sozialpädagogik des Jugendalters unter dem Ressourcenaspekt auch ist, so schwierig ist heute ihre pädagogische Definition geworden. Wir haben im Kapitel über Das Erzieherische in der Sozialpädagogik dargelegt, wie man sich theoretisch das Pädagogische in den sozialpädagogischen Hilfen zur Lebensbewältigung vorzustellen hat. In der Praxis der Sozialpädagogik überkreuzen sich aber die Aspekte, lassen sich das Erzieherische, das Ressourcenbezogene und das Sozial-Infrastrukturelle, aber auch das Sozialpolitische oft kaum auseinanderhalten. Diese Problematik stellt sich inzwischen auch in den

Erziehungsbereichen, in denen die Sozialpädagogik traditionell die Erziehungshoheit hat, vor allem in der Heimerziehung. Auch hier tritt der Aspekt des Heimes als biographischer Ressource neben den traditionellen pädagogischen Aspekt des Heimes als Ort der erzieherischen Korrektur der personalen und sozialen Entwicklung.

Wenn wir die Lebensphase Jugend in ihrer Altersgruppendifferenzierung insgesamt betrachten, so fällt uns auf, daß sich die pädagogische und die soziale Seite in ihrem jeweiligen Gewicht unterschiedlich entwickeln. Steht bei den Kids und jüngeren Jugendlichen das Pädagogische noch stärker im Vordergrund, nimmt mit der Jugendzeit der soziale Ressourcenaspekt an subjektiver und objektiver Bedeutung bei der Jugend zu. Bei den jungen Erwachsenen schließlich steht die soziale Komponente im Mittelpunkt: Die kommunale sozialpädagogische Arbeit hätte in diesem Sinne

„die Suchprozesse und die Aufbauprozesse von stabilisierenden sozialen Netzen und sozialen Räumen (zu stützen). Sie könnte dabei auf Ressourcen — Erfahrung, Personal, Räume, auch Konzepte — von Jugendarbeit zurückgreifen und diese in einem erweiterten Handlungsfeld einsetzen. Beratungsangebote der Jugendhilfe, die sich an der gesamten Lebenssituation junger Erwachsener orientieren, sind als weiterer sozialpädagogischer Anknüpfungspunkt zu sehen. Hierbei müßten auch die ‚harten‘ Lebenslagenbereiche — Versorgung und ökonomische Ressourcen, Wohnen, soziale Netzwerke, Qualifikation — im Mittelpunkt stehen und nicht eine allgemeine und unspezifische ‚pädagogische Beratung und Begleitung‘ in Entwicklungs-und Lebenskrisen, die junge Erwachsene weniger nachfragen" (H.U. Müller 1990, S. 187).

Wir haben uns in diesem Jugend-Kapitel mehr mit den allgemeinen (durchschnittlichen) Sozialisations- und Bewältigungskontext Jugend befaßt, als mit einzelnen Jugendlichen. Dem liegt die eingangs erörterte Erkenntnis zugrunde, daß die moderne Jugend eine gesellschaftlich eingerichtete und verallgemeinerte Lebensphase ist und damit den gemeinsamen Lebenshorizont und den Kern der Lebenslage für alle Jugendlichen bildet. Wenn also darauf hingewiesen würde, daß die Sozialpädagogik es in ihren traditionellen Interventionsbereichen doch auch mit Jugendlichen zu tun hat, die immer noch eine kurze

Jugendzeit haben, das heißt bei niedrigem Bildungs- und Ausbildungsniveau rasch in die Arbeits- und Jobwelt hineinmüssen, so könnten wir begründen: Auch Jugendliche mit einer sozial verkürzten Jugendzeit sind in ihrer Grundstruktur von Orientierung und Verhalten von der allgemeinen Lebenslage Jugend beeinflußt, setzen sich mit ihren beschränkten biographischen und sozialen Möglichkeiten dazu in Beziehung. Auch wenn sie dieses Grundmuster nicht oder nur teilweise realisieren können, ist es doch der Horizont ihrer Lebensbewältigung.

Mädchen und Jungen

Daß die Kinder- und Jugendphase trotz des hohen Vergesellschaftungsgrades von Jugend über das Bildungswesen geschlechtsspezifisch strukturiert ist, haben wir bereits am Beispiel des Kindergartens und der Schule untersucht. In der nachschulischen Phase des Jugendalters tritt die Geschlechterfrage aber so gravierend hervor, daß man fast von zwei geschlechtsspezifischen Sozialwelten bezüglich der sozialen Chancen und Bewältigungsprobleme bei Jungen und Mädchen, jungen Männern und jungen Frauen sprechen kann. Die nachschulische Lebensphase und Lebensbewältigung ist maßgeblich durch den Prozeß der Berufsfindung strukturiert. Während für die männliche Jugend der Berufsfindungsprozeß und die Orientierung am Beruf als selbstverständlich und dominant für die Lebensperspektive angesehen wird, steht eine solche gesellschaftliche und soziale Anerkennung einer eigenständigen Berufsperspektive für die weibliche Jugend in dieser Selbstverständlichkeit noch immer aus. Obwohl Mädchen auf Eigenständigkeit versprechende Berufsperspektiven setzen, müssen sie trotz gleich guter Ausbildung erleben, daß sie nicht nur am Arbeitsmarkt den Jungen gegenüber benachteiligt sind, sondern daß auch die traditionellen Rollenzuschreibungen immer noch wirksam sind. Traditionell ist die nachschulische Lebensphase für Mädchen als Zeitraum definiert, in dem die Partnersuche im Mittelpunkt stehen soll, in dem die körperliche Integrität und personale Eigenständigkeit an die Partnersuche, die Antizipation des männlichen Partners gebunden, die Selbstentfaltung hauptsächlich im Schutz von männlichen Partnern sozial zugestanden wird. Eigenständige körperliche und soziale Experimentierräume sind für den Durchschnitt der Mädchen und jungen Frauen bis heute nicht sozial akzeptiert.

Die von den meisten Mädchen betriebene Suche nach einer eigenständigen Lebensführung ohne die traditionelle Abhängigkeit vom Partner mündet in der Regel in neue Fragen nach der Vereinbarkeit von Familien- und Berufsorientierung. Dieser doppelte Lebensentwurf von Mädchen und jungen Frauen bildet den allgemeinen Kontext der Entwicklung einer eigenständigen Lebensperspektive und der Lebensbewältigung. Das Vereinbarkeitsmodell mit seinen impliziten Bewältigungsvorgaben − so die feministische Mädchenforschung − ist wiederum nicht eindeutig, wirft selbst nicht nur neue Bewältigungsprobleme für die Mädchen auf, sondern bringt darüber hinaus auch die Gefahr der Regression in traditionelle weibliche Rollenmuster, wenn die Realisierung dieser Vereinbarkeitsperspektive mißlingt. Deshalb wird in der Mädchenarbeit dafür plädiert, die eindeutige Perspektive der Eigenständigkeit des Frauseins zu verfolgen. Freilich ist dieses Ziel gesellschafts- und sozialpolitisch nicht hinreichend anerkannt, um einer so begründeten sozialpädagogischen Mädchen- und Frauenarbeit öffentliche Legitimation verschaffen zu können. Eine solche ist aber wiederum wichtig, wenn die Mädchen selbst dieses feministische Ziel als ihre eigene Lebens- und Bewältigungsperspektive annehmen und sozial umsetzen sollen.

Der Aspekt der sozialpolitischen Akzeptanz ist für die Stabilität der Lebenslage und den Spielraum der Lebensbewältigung fraglos zentral. Mädchen- und Frauenarbeit braucht deshalb den Hintergrund einer entsprechenden Frauenpolitik. Diese muß − so die feministische Mädchenforschung − qualitativ über die gängige Gleichberechtigungs- und Gleichstellungspolitik hinausgehen, in der die Frage der Eigenständigkeit bisher zu kurz kommt. Allerdings ist im Alltag zu beobachten, daß Frauen für sich versuchen, der objektiven Problematik nicht erreichbarer Vereinbarkeit konträrer gesellschaftlicher Rollenbilder zu entgehen und mit subjektiven Vereinbarkeitsmustern individuell zu experimentieren. Sie konstruieren sich ein Rollenset, in dem Berufs- und häusliche Reproduktionsarbeit aufeinander bezogen werden können: die Hausarbeit als emotionaler Ausgleich für die Berufsarbeit, als strategischer Rückzugsort, der gegenüber beruflichen Zwängen und Abhängigkeiten immunisieren kann (Keddi/Seidenspinner 1990). Dies ist eine Normalisierungs- und Bewältigungsstrategie, welche die eigene Handlungsfähigkeit erhält, den objektiven Geschlechterrollenkonflikt, der im Vereinbarkeitspostulat angelegt ist, individuell unterläuft und somit Eigenständigkeit subjektiv zu erreichen trachtet.

Als strategischer Bereich für die weibliche Eigenständigkeit gilt die Berufspolitik und Berufsberatung für Mädchen und junge Frauen, sowohl hinsichtlich der Zugänge zu allen Berufen als auch im Sinne der Forderung einer neuen, die weiblichen Fähigkeiten berücksichtigenden sozialen und ökologischen Qualität der Arbeits- und Betriebstechnologien. Die über den gesellschaftlichen Prozeß der Individualisierung vorangetriebenen Bestrebungen nach fraulicher Eigenständigkeit werden durch ein Arbeits- und Berufssystem, das immer noch hauptsächlich nach der geschlechtsspezifischen Arbeitsteilung strukturiert ist, konterkariert (das heißt der Höherbewertung der [männlichen] Berufsrolle entspricht die Abwertung der [weiblichen] Hausarbeitsrolle). Das in der Bundesrepublik gesellschaftlich inzwischen einvernehmliche Drei-Phasen-Modell für die Lebensplanung der Frauen — Berufsfindung / Kinder / Rückkehr in den erlernten Beruf — wird dann nicht realisierbar, wenn es schon an der ersten Phase der Berufsfindung scheitert. Die Selbständigkeit über den Beruf gilt als Voraussetzung einer gleichberechtigten ehelichen und familialen Partnerschaft.

Im Bereich der sozialpädagogischen Hilfen zur Berufsfindung in der Jugendhilfe der Bundesrepublik (vgl. dazu ausführlich den Sechsten Jugendbericht 1986) schlagen sich diese Erkenntnisse in Entwicklungs- und Modelltrends nieder, die auch inzwischen öffentlich gestützt werden. So will man nicht nur die Hälfte der Ausbildungsplätze mit weiblichen Auszubildenden besetzen, sondern vor allem auch darauf achten, daß dies nicht mehr über die Aufstockung der Angebote traditionaler „Mädchenberufe" läuft. Darüber hinaus wird eine qualitative Ausgestaltung der Angebote im Sinne des Einbringens weiblicher Lebensentwürfe und Kompetenzen gefordert:

„Wenn Mädchen eine atypische Berufsausbildung aufnehmen, muß auch eine Auseinandersetzung mit dem Selbstbild und dem Lebensentwurf der betroffenen Mädchen ermöglicht werden . . . Sofern Projekte zur Berufsqualifizierung angeboten werden, sollten auch reine Mädchenprojekte geplant und durchgeführt werden. Solche Maßnahmen zeigen auf, daß Mädchen auch etwas schaffen können, geben den Mädchen ein neues Selbstbewußtsein und sind geeignet, Multiplikatoren (Handwerkskammer usw.) für Folgeprojekte zu gewinnen (Stellungnahme der obersten Jugendbehörden zum 6. Jugendbericht 1987, S. 10).

In dem Maße, in dem die Entstrukturierung der Jugendphase auch eine Aufweichung der in den traditionellen Statuspassagen des Jugendalters enthaltenen Geschlechtsrollendefinitionen gebracht hat, ist auch die herkömmliche Jungen- und Männerrolle in ihrer unbefragten Selbstverständlichkeit angeknackst (vgl. Winter 1991a). Dazu kommt, daß im Zuge der gesellschaftlichen Pluralisierung der sinnstiftenden Lebensbereiche die Arbeit und damit die männliche Definition der Erwerbsrolle ihre Dominanz eingebüßt hat.

Gleichzeitig haben die emanzipatorischen Bestrebungen der Mädchen und Frauen das traditionelle Mann-Sein in Frage gestellt. Für Jungen und Männer gilt heute, daß nicht mehr die vorgefundene und unbefragte Identität als Mann gilt, sondern daß sie unter dem strukturellen Druck stehen, sich mit ihrem Mann-Sein auseinanderzusetzen. Dabei zeigt sich, daß Jungen und Männer im Verlaufe ihrer Sozialisation kaum Gelegenheit und Chance gehabt haben, sich mit ihrer Geschlechtsrolle und damit mit sich selbst nach innen auseinanderzusetzen. Deshalb ist es nicht verwunderlich, daß sie auf Verunsicherungen und Anfechtungen des traditionalen männlichen Selbstbewußtseins mit regressiven oder strategischen Verhaltensmustern reagieren. Die einen klammern sich um so mehr an die traditionellen männlichen Rollenbilder, die anderen, wohl die Mehrzahl, versuchen sich mehr oder weniger durchzumogeln: sie pendeln zwischen den traditionalen Rollenstereotypen des Mann-Seins und neuen Rollenaspekten (vgl. Winter 1991a). Kulturell stabilisiert wird dieses Muster des Durchmogelns vor allem durch die Konsumszene, in der täglich demonstriert wird, daß scheinbar in sich widersprüchliche Männerbilder nicht nur gleichzeitig nebeneinander existieren können, sondern von einem Mann auch gleichzeitig gelebt werden können: der Softie neben dem Macho, der neue neben dem traditionellen Mann, der Karriereorientierte neben dem Hausmann. Die reflexive Auseinandersetzung mit der männlichen Geschlechterrolle wird den jungen Männern im Konsumalltag weitgehend abgenommen. Die konsumtive Überformung der männlichen Geschlechterproblematik scheint aber keineswegs eine Erweiterung der Handlungsfähigkeit für Jungen und Männer zu bringen, da keine aktive Auseinandersetzung mit der Fragwürdigkeit der traditionellen Männerrolle, sondern nur ein Übergehen stattfindet.

Je mehr die männliche Geschlechtsrollenproblematik aus ihrer traditionellen Unbefragtheit herausgezwungen wird, desto dringlicher ist es für Jungen und junge Männer, daß es Räume und Gelegenheiten gibt, in denen alternative und die Handlungsfähigkeit erweiternde Rollenmuster des Mann-Seins erfahren werden können. In welche Richtung eine so verstandene sozialpädagogische Jungenarbeit gehen könnte, werden wir im Kapitel „Die Geschlechterfrage" näher ausführen.

Der kritische Blick auf das Jungen- und Mann-Sein zwingt auch dazu, die männliche Gleichaltrigengruppe sozialpädagogisch neu zu bewerten. Die Jugendforschung und Jugendpädagogik mißt der peer group traditional eine hohe Bedeutung für das Aufwachsen und das Selbständigwerden der Jugendlichen zu. Gleichaltrigengruppen sollen den Jugendlichen einen eigenen Status, einen eigenen Raum gegenüber und im Kontrast zur Eltern- und Erwachsenenwelt geben. Sie gelten als Medien der sozialen Neuorientierung der Jugendlichen über die Familie hinaus, als sozialer Kontext, der das Heraustreten der Jugendlichen aus der Familie steuert. Schließlich wird die Gleichaltrigengruppe als soziales Übungsfeld für Jugendliche angesehen, als Bereich, in dem man Bewältigungskompetenzen erwerben und Bewältigungsverhalten erproben kann.

Aus der kritischen Geschlechterperspektive heraus fällt jedoch auf, daß die peer group vor allem durch Männlichkeitsriten geprägt ist. Sie zieht den Jugendlichen magisch an, denn der Junge hat bisher in der mutterdominierten Familie seine männliche Geschlechtsidentität kaum positiv entwickeln können. In der Gleichaltrigengruppe bietet sich ihm die Gelegenheit, das Mann-Sein praktisch und mit Geschlechtsgleichen zu erfahren. Das führt dann dazu, daß sowohl der eigene Status, den der Jugendliche über die Gleichaltrigengruppe im Kontrast zu den Eltern erwirbt und die soziale Neuorientierung des Jungen aus der Familie heraus sich männlich selektiv entwickeln. In der Jungengruppe herrschen Orientierungsmuster, die maßgeblich über die Abwertung von Mädchen und Frauen und die Demonstration männlicher Dominanz vermittelt sind (vgl. dazu ausführlich Böhnisch/Winter 1992). Da die Gleichaltrigen von ihrer Kindheit und mutterdominierten Familie her wenig Erfahrung mit einer positiven männlichen Identität haben, verstärken sie leicht gegenseitig ihre hoffnungsbesetzten männlichen Stereotype und in ihnen die kindliche Erfahrung des Andersseins und der abwertenden Abgrenzung gegenüber Frauen (vgl. Wahl 1990; Winter 1991a; Röhner 1991).

Da in der Sozialpädagogik des Kindes- und Jugendalters das Gruppenprinzip ein zentrales Arbeitsprinzip darstellt, ist es hier am ehesten möglich, im Sinne kritischer Jungenarbeit (vgl. Sielert 1989) mit Jungengruppen so zu arbeiten, daß Experimentierräume für Rollenerweiterung (Auflösung der einseitigen Männerrollenfixierung) und nach innen gerichtete Gegenseitigkeit entstehen können (vgl. Winter/Willems 1991). Dies verlangt aber von den Sozialpädagogen, daß sie auch ihr eigenes Geschlechterrollenverhalten kritisch reflektieren, da sie ja gerade hier für die Jungen ein neugierig machender, verunsichernder oder bestätigender Orientierungspunkt sein können.

Städtische und ländliche Lebenswelten

Eine Differenzierung in (groß-)städtische und ländlich-kleinstädtische Lebenswelten von Kindern und Jugendlichen ist von drei grundsätzlichen Überlegungen und entsprechenden empirischen Erfahrungsgrundlagen her sinnvoll und notwendig:

Wir wissen, daß die Jugendphase noch nicht in dem Maße positionell strukturiert und rollenbezogen ist wie das

181

Erwachsenenalter, sondern stärker sozialräumlich ausgerichtet; Gleichaltrigengruppen, Jugendcliquen bilden sich in sozialräumlicher Dynamik. Wesentliche Aspekte der sozialen Entwicklung von Kindern und Jugendlichen erschließen sich über die Eigenart sozialräumlicher Aneignungsprozesse. Im Zuge der Entstrukturierung der Jugendphase haben die nicht-institutionellen — vor allem sozialräumlich offenen — Lebenswelten an Bedeutung für die Gestaltung eines eigenen Jugendlebens gewonnen.

Aus der sozialpädagogischen Bewältigungsperspektive heraus wird das Sozialräumliche damit sowohl unter dem Aspekt der besonderen Strukturierung der Lebensverhältnisse Jugendlicher als auch als Ressource der Lebensbewältigung wichtig.

Jugendliche in der Großstadt

Der Jugendliche ist historisch gesehen ein großstädtisches Phänomen. Die besondere ökonomisch-räumliche Struktur der großstädtischen Industrialisierung (Urbanisierung) brachte ein städtisches Proletariat hervor, dessen Kinder schon zu Beginn der Jugendzeit im bürgerlichen Sinne in den Arbeitsprozeß hineingezwungen und damit dem pädagogischen Einfluß entzogen waren. Sie verbrachten ihre knapp bemessene Freizeit als Jugendzeit auf der Straße. Hieraus entwickelten sich die ersten Formen proletarischer Jugendkultur.

So auf den offenen Stadtraum angewiesen sind die Jugendkulturen seit dieser Zeit immer auch durch die jeweilige Stadtentwicklung beeinflußt. Das Entstehen von Straßencliquen wird immer dort begünstigt, wo aufgrund eingeengter familialer Wohnverhältnisse und zugebauter Wohnumwelt den Jugendlichen nur die Straße bleibt und wo sie versuchen, sich diese Straße für ihre Alltagsbedürfnisse nutzbar zu machen. Die Stadt mit ihrer Spaltung der Lebensbereiche Arbeit und Freizeit auf engstem Raum hat die Jugendkultur als lebensphasentypische sozialräumliche Freizeitkultur freigesetzt. Sie hat sie aber auch ausgegrenzt, je mehr städtische Räume ökonomisch einseitig funktionalisiert worden sind. Jugendliche in der Großstadt fanden und finden also in der Straße ihren jugendkulturellen Ausdruck, genauso wie sie ihr ausgesetzt sind (vgl. dazu Becker u.a. 1984 und 1991, Häußermann/Siebel 1987, Müller 1991).

Analog der Dreiteilung der Jugendphase läßt sich ein stadtbezogenes Phasenmodell der Jugend darstellen:

Die Kids wachsen über die sozialräumliche Aneignung ihrer städtischen Wohnumwelt aus der Familie heraus in die soziale Welt hinein. Der Stadtraum ist für sie sozialer Lernort.

Die Jugendlichen entwickeln ihre Gleichaltrigencliquen über die Straße, sie ist ihr kultureller und sozialer Experimentierraum.

Die jungen Erwachsenen, die noch nicht im Familien- und Berufsstatus aufgegangen sind, versuchen eigene soziale und kulturelle Lebensformen in der schützenden Anonymität, den Nischen und wechselnden Gelegenheiten, welche die großstädtische Entwicklungsdynamik schafft, zu realisieren. Für sie ist der städtische Raum kulturelle und soziale Ressource.

Großstädtische Räume sind durch Sozialöffentlichkeiten geprägt, in denen Jugendliche früh mit widerstreitenden Interessen und ihrer Artikulation konfrontiert werden. Jugendliches Protest- und Demonstrationsverhalten ist in diesem Sinne städtisch gelernt, Teil städtischer Kultur. Genauso gibt es stadttypisches abweichendes Verhalten, das auch dadurch entsteht, daß die Stadtentwicklung die Jugendlichen den Widersprüchlichkeiten aussetzt, die hier auf engstem Raum erfahrbar sind: die anregungsarme Wohnumwelt gegenüber einer konsumglitzernden City, der über die städtische Medienvielfalt erzeugte Aufforderungscharakter städtischer Lebensqualität im Kontrast zu den beschränkten materiellen und sozialen Möglichkeiten vieler Jugendlicher. Ausgrenzende Stadträume erzeugen strukturelle Gewalt und diese wiederum gewalttätige Reaktionen, über die sich Jugendliche sozial bemerkbar machen. Städtische Anonymität und damit einhergehende fehlende informelle Sozialkontrolle lassen auf der einen Seite einen Pluralismus eigenständiger jugendkultureller Stile gedeihen, tragen aber auch dazu bei, daß Jugendliche ohne die informellen sozialen Zwischenfilter schnell auffällig und polizeibekannt werden.

Wir sind bisher von einem Idealtyp „Großstadt" ausgegangen. Städtischen Ballungsräume sind heute sehr stark differenziert und sozial segregiert: sozial unterschiedlich bevölkerte Stadtviertel, Trabantenstädte, suburbane Zonen. Überall zeigen sich aber Elemente dieser städtischen jugendkulturellen Lebensform. Dort, wo die negativen Stadtstrukturen prägend sind, wo — z.B. in wuchernden Trabantenstädten — ein Zusammenspiel von Anonymität und betont verbauter Umwelt keine Aneignungs- und jugendkulturellen Anregungsräume entstehen läßt, entwickeln sich entsprechend eher Gruppen und Cliquen, deren Kristallisationspunkte restriktive Sozialbeziehungen und Gewalt sind. In Stadtvierteln dagegen, in denen die Mittelschichtsbevölkerung soziale und kulturelle Anregungsformen als Teil der alltäglichen städtischen Lebenswelt und in der städtischen Umwelt wiederfinden will, können Jugendliche eher kommunikative und handlungserweiternde jugendkulturelle Szenen bilden.

In den sozialpädagogischen Angeboten der Großstädte spiegeln sich diese stadtstrukturellen Bedingungen in den unterschiedlichen Arbeitsformen wider. Streetwork und mobile Jugendarbeit mit gefährdeten Jugendlichen sehen ihre Problemanzeigen in der „gefährlichen Straße" (Specht 1987), das heißt in den sozial restriktiven und gewalterzeugenden Sozialisationsbedingungen der anregungsarmen und monofunktionalen Stadtviertel. Kulturarbeit, auf jugendkulturelle Kreativität abzielende Projekte und Netzwerkangebote finden wir dagegen eher in Stadtbereichen, in denen kommunikative Jugendszenen gedeihen können.

Jugendliche im ländlichen Raum

Jugendliche im ländlichen Raum haben heute genauso Zugang zu Medien und Freizeitmärkten und ähnliche Berufs- und Freizeitaspirationen wie Jugendliche im städtischen Bereich. Trotzdem ist ihre Lebenswelt weiter von der besonderen Alltagswirklichkeit des ländlichen Raums zwischen Moderne und Tradition bestimmt. Urbanmoderne Lebensperspektiven prägen ihren Entwicklungshorizont. Ob sie diese Perspektiven aber verwirklichen können, hängt davon ab, ob sie in die alltägliche Lebensführung umgesetzt werden können, die von der besonderen Beschaffenheit der ländlichen Sozialwelt bestimmt ist. Jugendliche im ländlichen Raum leben zwischen zwei Welten: zwischen der urban-industriellen Welt der Bildung, des Berufs, der Medien, der Freizeit und des Konsums auf der einen Seite und der dörflichen Kontrolle, der Durchgängigkeit der alltäglichen Lebensbereiche, der Tabus und traditionellen Selbstverständlichkeiten, aber auch der Vertrautheit, Geborgenheit und sozialen Sicherheit der ländlichen Sozialwelt auf der anderen Seite. Es gibt für Jugendliche im ländlichen Raum kaum Vorbilder für das Leben zwischen diesen Welten, immer noch zu wenig Räume, in denen sozial und kulturell etwas anderes ausprobiert, mit neuen Lebensformen experimentiert werden kann. Dies trifft auf Mädchen stärker zu als auf Jungen, da im ländlichen Raum die außerfamilialen öffentlichen Dorfwelten Männerwelten sind.

Jugendliche auf dem Lande müssen in diesem besonderen Bewältigungskontext versuchen, für sich eine moderne Identität zu stabilisieren, die nicht nach der Großstadt schielt und einen Lebensbegriff vom Land beinhaltet, der über bloßen Konsum und Mobilität hinausgeht. Dies wird dadurch erleichtert, daß der moderne Jugendstatus nicht mehr so wie früher auf das Dorf angewiesen ist. Die ländliche Jugendkultur ist über das Dorf hinaus regional orientiert. Das urbane jugendkulturelle Modell ist trotzdem als Orientierungsmodell für die ländliche Jugendphase nicht übertragbar. Denn das Jugendleben auf dem Lande ist trotz der jugendkulturellen Freisetzung der 70er und 80er Jahre und der regionalen Orientierung deutlich im dörflichen Generationengefüge verankert und auf die dörfliche Sozialwelt rückbezogen (vgl. ausführlich Planck 1982, Böhnisch/Funk 1989, Böhnisch u.a. 1991).

Jugendliche auf dem Land orientieren sich in den regionalen Nahraum zwischen Dorf und Stadt hinein. Diese Orientierung ist unterschiedlich ausgeprägt. Es gibt Jugendliche, die ihre Cliquen- und Treffpunktstruktur vornehmlich in der Region zu entwickeln suchen, und Jugendliche, die weiterhin stärker dorforientiert sind, bei denen aber trotzdem regionale Orientierungsmuster und Teilhabe an überdörflichen Aktivitäten ausgemacht werden können. Dies weist darauf hin, daß auch diese Jugendlichen nicht mehr in dem Ausmaße auf das Dorf angewiesen und durch das dörfliche Milieu kontrolliert sind, wie das bei dem dorfzentrierten Status der Jugendlichen früher der Fall war. Der regionale jugendkulturelle Raum zwischen Dorf und Stadt bringt den Jugendlichen Entfaltungsmöglichkeiten, die auch das Bild der Großstadt als dem Ort, wo was los ist, in den Hintergrund treten lassen. Das Verhältnis der Landjugendlichen zur Großstadt ist heute eher als pragmatisch zu bezeichnen. Jugendliche möchten heute bis in die Schicht der studierenden Jugend hinein in ihrer Heimatregion bleiben. Trotz dieser durchgängigen Bleibeeinstellung sind die Jugendlichen im ländlichen Raum dem Spannungsverhältnis zwischen Abwandern und Bleiben weiter ausgesetzt. Dies vor allem dort, wo in strukturschwachen und/oder peripheren Regionen der ökonomische Abwanderungsdruck stark und das Regionalklima dadurch eher pessimistisch ist. Das Problem Abwandern oder Bleiben hat sich zudem in dem Maße differenziert, als sich die Berufsfindung auch im ländlichen Raum verlängert und kompliziert hat. Heute ist es wichtig, daß Jugendliche nicht vorschnell gezwungen werden, frühzeitig aus der Region abzuwandern, sondern die Chance bekommen, Berufsperspektiven auch mittel- und langfristig mit Umorientierungs- und Weiterbildungsmöglichkeiten in der Region zu entwickeln. Sie brauchen Gelegenheiten, ihre regionale Option offenzuhalten. Damit werden neben den ökonomischen auch die kulturellen Gelegenheitsstrukturen für Jugendliche immer wichtiger.

Jugendliche im ländlichen Raum haben also besondere kulturelle und soziale Probleme der Orientierung und Lebensbewältigung, sie bedürfen einer auf die Eigenart des ländlichen Raums abgestellten lebensphasenspezifischen Unterstützung, und sie sind vor allem auf die Belebung von sozialen Netzwerken in Dorf und Region besonders angewiesen. Da es auf dem Lande bis heute nicht die der Stadt vergleichbaren sozialen Öffentlichkeiten und institutionellen Traditionen der sozialen Arbeit gibt, die Sozialräume zudem flächig unverbunden und wenig verdichtet sind, ist die sozialpädagogische Praxis von initiativen Personen und mobilen Projekten abhängig (vgl. dazu ausführlich Böhnisch/Winter 1990, Gängler 1990).

Konsum und Medien

Konsum und Medien sind im sozialpädagogischen Verständnis längst keine Sonderwelten mehr, von denen man Kinder und Jugendliche pädagogisch möglichst fernhalten sollte. Sie werden als alltägliche Lebensumwelten und Lebensformen gesehen. Jugendliche setzen sich über Konsum und Medien sozial und öffentlich in Szene, ihr Bewältigungsverhalten ist dadurch mitgeprägt. Die Pädagogik hat sich traditionell schwergetan mit diesen Miterziehern. Im folgenden werden Medien und Konsum sowohl in ihrer Bedeutung für den modernen Jugendstatus, als auch aus der sozialpädagogischen Bewältigungsperspektive heraus bewertet.

Medien als zweite Realität

Medien — Fernsehen, audiovisuelle Medien, Video oder Filme — beinhalten das, was zur Stil- und Szenebildung bei Jugendlichen gehört: Gegenwartsorientierung, Action, Unterschiedliches gleichzeitig tun können, Widersprüchliches zusammenfügen, Grenzüberschreitungen, Fiktionen, Imaginationen. Medien sind für Jugendliche ein geeignetes Mittel, um ihre Stil- und Szenebildung auszudrücken, zu visualisieren, zu verstärken und nach außen zu tragen, sich darin wiederzuerkennen. Medien erscheinen deshalb Jugendlichen zuallererst als Chance. Medien sind Mittel, um sich aus den Kontrollen der Erwachsenengesellschaft symbolisch zu befreien. Medien-Nutzungs-Untersuchungen zeigen, daß Jugendliche die Medien als eine solche Freisetzung erleben, egal ob das die Disco oder der Video ist, ob sie in Filme gehen oder Rockfestivals besuchen.

Auch hier tut die Sozialpädagogik gut daran, vorab nicht nur das Passive und Gefährdende im Medienkonsum zu sehen, sondern die aktiven Möglichkeiten zu nutzen, die in Medien stecken:

„Aktiv und selektiv sind die Jugendlichen, insofern sie nicht einfach wehrlose Opfer der Medien- und Kulturindustrie sind, sondern aus den Medienangeboten auswählen und diese gezielt für die Bewältigung ihrer Alltagsbedürfnisse und Probleme einsetzen.

Gleichzeitig sind sie aber auch passiv, indem sie einerseits immer nur aus dem gegebenen Medienangebot auswählen können, andererseits ihre Auswahl immer je schon strukturell durch soziale und bildungsmäßige Voraussetzungen mehr oder weniger beschränkt ist" (Bonfadelli 1990, S. 141; vgl. auch Schorb/Mohn/ Theunert 1991).

Daß die Frage nach der Mediennutzung ins Bewältigungsverhalten von Kindern und Jugendlichen hineinspielt, wird uns plausibel, wenn wir uns daran erinnern, daß das Aufwachsen vor allem auch in sozialräumlichen Aneignungsprozessen verläuft. Medien strahlen nicht nur in diese offenen sozialräumlichen Bereiche besonders hinein, sondern stellen selbst Räume im übertragenen Sinne dar. Je mehr die Faszinationskraft von Medien durch die technischen Möglichkeiten der Computerisierung und Elektronisierung zunimmt, sind Aneignungsformen von sozialer Wirklichkeit über Medien vermittelt und bilden die Medien selbst solche Wirklichkeiten. Dies sind zwar „Wirklichkeiten aus zweiter Hand" (Niesyto 1991), aber sie gehören zum Alltag der Jugendlichen. Die jugendkulturell orientierte Medienforschung (Baacke 1988, Niesyto 1991) macht in diesem Sinne auf den Zusammenhang von Stilbildung, Medien und sozialräumlicher Aneignung aufmerksam. Jugendkulturelle Stilbildung ist für Jugendliche wichtig, um ihre eigene Welt und ihre Eigenständigkeit in Abgrenzung zur Erwachsenenwelt darstellen und einen eigenen, gegenwartsorientierten Jugendalltag aufbauen zu können. Die Schule liefert keine Lebensmuster für eine gegenwartsbezogene Jugend, und von der Familie will man sich ablösen.

Die jugendkulturelle Stilbildung vollzieht sich über den eigenen Habitus des Mode-, Mobilitäts- und Gruppenverhaltens genauso wie über das symbolische Abstecken und Umwidmen von Räumen, von Graffiti, den phantasievollen Formen der Provokation bis hin zur Zerstörung.

Die Medien liefern zunehmend Vorbilder für solche Stilbildungen, sie werden gleichzeitig zu Ersatzräumen, wenn die Umwelt immer anregungsärmer und aneignungwidriger wird. Dies hat die Medienindustrie aufgenommen und vermarktet: jugendkulturelle Stilbildung wird in Videos und audiovisuellen Medien (z.B. Videoclips, die in

Kneipen, Spielhallen etc. mitlaufen) vorfabriziert, synthetisiert.

In dieser alltäglichen Erreichbarkeit ist auch die Bewältigungsdimension der Medien enthalten. Sie liegt vor allem in der Mehrdeutigkeit der Bildsprache (Niesyto), in der Möglichkeit, in ein mediales Muster mehrere Bedeutungen einspeisen zu können. Die Mehrdeutigkeit der Bildsprache schafft für Kinder und Jugendliche Zugänge, um das alltägliche widersprüchliche Nebeneinander lebensweltlicher Erfahrungen darstellbar und damit annehmbar zu machen. Dinge können miteinander verbunden werden, die in der Wirklichkeit getrennt sind; was in der sozialen Wirklichkeit nicht zusammenzubringen ist, kann medial zusammengebracht werden. Damit ist über die zweite, mediale Wirklichkeit die Möglichkeit gegeben, Tabus zu brechen und Verdrängtes freizumachen. Gleichzeitig entwickelt sie eine mediale Illusion, die sozial Widersprüchliches harmonisiert, Problembelastungen medial auflöst und alles bis hin zur extremsten Gewalt darstellbar und in dieser Darstellung konsumierbar macht.

Sozialpädagogische Arbeit mit Medien setzt nicht zuvörderst an den Gefahren, sondern an den Möglichkeiten und Chancen im Umgang mit Medien an. Die aktive Medienarbeit geht von den Prämissen aus, die wir kurz dargestellt haben. Medien sind Teile der Alltagswelt von Kindern und Jugendlichen, steuern das sozialräumliche Aneignungsverhalten und die Stilbildung, geben Kindern und Jugendlichen die Möglichkeit, ihre Welt in Kontrast zur Erwachsenenwelt auszudrücken und darzustellen, können ihnen Kompetenzen verschaffen, welche die Erwachsenen nicht beherrschen. Insofern können sie die soziale Handlungsfähigkeit der Jugendlichen erweitern (vgl. dazu ausführlich Schorb 1991).

Voraussetzung dafür, daß dies von den Kindern und Jugendlichen auch so genutzt werden kann, ist das Erlernen von Fähigkeiten des aktiven Umgangs mit Medien, der medialen Kompetenz. Zur aktiven Medienarbeit gehören audiovisuelle Medien, vor allem Video, Tonband und Tonbildschau, aber auch die Neuverwendung eher klassischer Medien wie Zeitungen oder Bücher und das damit verbundene redaktionelle bzw. literarische Schaffen, das für die produktive Gestaltung eigener Bilder von sich und der sozialen Umwelt viele Möglichkeiten bietet. Das sich selbst seine eigenen Bilder machen können sieht H. Niesyto als die medial vermittelte Dimension der Lebensbewältigung an und bezeichnet sie mit dem Begriff der „Erfahrungsproduktion":

„Dieses Verständnis grenzt sich von Formen der ‚Erziehung', der ‚Wissensvermittlung' und der ‚Bewußtseinsbildung' ab, die meist mit kognitiv orientierten Methoden versuchen, von außen Erfahrungs- und Lernprozesse in Gang zu bringen. Authentische Erfahrung entsteht aus dem vorhandenen, dem Alltäglichen, beruht auf sinnlicher Wahrnehmung und intuitiven Formen der Wirklichkeitsannäherung und -verarbeitung. Grundlagen sind die eigenen Fähigkeiten und Stärken, sowie die Ermutigung, diese weiterzuentwickeln (. . .). Bei der Bewertung des ‚inhaltlichen' − also des thematischen und gestalterisch-ästhetischen − Aspekts muß die Frage, was es der Gruppe gebracht hat, im Vordergrund stehen. Dem fertigen Produkt sieht man nicht an, wie es im einzelnen entstanden ist, wie authentisch und kollektiv der Prozeß der Erfahrungsproduktion verlief. Subjektive Stilbildung mit Medien bedeutet, daß der Prozeß und nicht das Produkt im Vordergrund steht und authentische Darstellungen vor ästhetischen Ansprüchen rangieren. Um dies zu gewährleisten, sollten MitarbeiterInnen auch bei der Beratung und Begleitung von Eigenproduktionen in der Lage sein, sich in die jeweiligen Gruppen- und Bedürfniskonstellationen einzufühlen, assoziative und phantasiefördernde Formen der Ideensammlung anzuregen, Hierarchisierungen in der Gruppe anzusprechen, handwerkliches Wissen zu vermitteln und − vor allem anderen − die Intentionen der Jugendlichen, ihre Vorstellungen und ihre ‚Symbolwelt' zu verstehen" (Niesyto 1990, S. 581).

Konsum als Lebensform

Jugendhäuser und Einrichtungen der offenen Jugendarbeit sind inzwischen zu seismographischen Orten für jenes „suchtähnliche" Verhalten geworden, das an der Grenze zwischen Konsum und Sucht liegt. Hier kommt zur Vermutung oder zum Ausbruch, was andernorts verschwiegen oder ohne öffentlichen Belang ist. Kinder und Jugendliche, die sich über 10 Stunden am laufenden Meter Videos reinziehen, im Jugendhaus aber nicht mehr erzählen können, *was* sie dabei gesehen oder gemacht haben, gelten den

JugendarbeiterInnen als Kandidaten für das neue Phänomen des Suchtkonsums. Ähnliches läuft in den Spielotheken ab, bei den neuen Formen des Alkoholkonsums (des In-Sich-Hineinsaufens), beim Fahrrausch auf Motorrädern und in Autos. Aber auch das Kaufen an sich hat bei manchen suchtähnliche Züge bekommen: nur immer irgendetwas kaufen können, und wenn man wenig Geld hat, dann wird halt der billigste Schrott gekauft. Wer sich wundert, warum und wie bei uns die Kioske, Kaufhäuser, Supermärkte an allen Ecken voll mit billigem (Wegwerf-)Schrott hängen, findet in diesem Phänomen des unspezifischen Suchtkonsums das entsprechende Aha-Erlebnis.

Suchtkonsum fängt dort an, wo man die Kontrolle über das verliert, was man verbraucht. Dieser Suchtkonsum ist scheinbar kein schichtspezifisches Phänomen. Auch Jugendliche aus den Mittelschichten gehören dazu, nicht nur die Jugend aus der Unterschicht, wie oft vorausgesetzt wird. Dies weist darauf hin, daß es sich beim suchtähnlichen Konsumverhalten nicht nur um das Bemühen handelt, einen niederen Sozialstatus über demonstrativen und exzessiven Konsum zu kompensieren. Suchtähnliches Konsumverhalten reicht vielmehr in die allgemeine Sphäre der Persönlichkeitsentwicklung.

Exzessives Konsumverhalten ist kein Jugendphänomen, es tritt in der Erwachsenengesellschaft genauso, vielleicht noch umfangreicher, aber marktverdeckter und durch den Erwachsenenstatus eher legitimiert, auf. Jugendliche sind der öffentlichen und pädagogischen Beobachtung stärker ausgesetzt, sie befinden sich noch in der Entwicklung, und aus diesen Gründen hat das Konsumverhalten für Jugendliche auch noch eine besondere Bedeutung.

In dem Maße, in dem die Gleichaltrigenorientierung für Kinder und Jugendliche zugenommen hat, hat sich auch ein spezifisches Verhältnis von Konsumverhalten und Gleichaltrigenszene entwickelt. Die Konsumindustrie bedient sich virtuos des Szenencharakters der Gleichaltrigenkultur, suggeriert Teilhabe und Gleichgesinntheit in der Welt der konsumtiven Wünsche. Sie verkörpert den unendlichen Markt der Gelegenheiten gleichermaßen wie das für jeden Erreichbare. Auch die, die in der Szene nicht mithalten können, fängt der Konsum auf: kaufen, spielen, saufen, alles vor sich ablaufen lassen. Rituale des In-Seins werden heute im Konsum ausgebildet. Das macht das Neue der Konsumsucht gegenüber früher aus.

Natürlich ist das Konsumangebot für Jugendliche heute wesentlich breiter als noch in den 60er Jahren. Die ganze Palette der Unterhaltungselektronik, die Spielotheken, die neuen Formen des Reisens und der Wochenendmobilität sind zu den herkömmlichen jugendkulturellen Konsumformen der Mode, der Musik und des Unterwegs-Seins dazugekommen. Vor allem hat das Jugendkonsum-Marketing längst erkannt, daß der Konsum für die Kinder und Jugendlichen nichts Außergewöhnliches ist, sondern alltägliche Lebensform. Deshalb ist auch die Grenze zwischen dem Alltäglichen und dem Besonderen, zwischen Normalität und Suchttendenz im Konsumverhalten Jugendlicher schwer zu ziehen.

Plausibel ist, daß das Konsumverhalten der Jugend in unserer heutigen Gesellschaft sehr viel mit der zunehmenden sozialen Selbständigkeit des Jugendstatus zu tun hat. Es sind nicht in erster Linie die Eltern, sondern es ist vor allem der Einfluß der Gleichaltrigengruppen und -szenen, welche die Konsumentscheidungen der Jugendlichen bestimmen. Und gerade weil die Szenerie der Lebensbewältigung der heutigen Jugend eine andere ist als die frühere des gesicherten und pädagogisch behüteten Übergangs scheint die Struktur der kommerziellen Freizeitindustrie dem heutigen Jugendalltag entgegenzukommen. Die Angebote des Jugendkonsummarkts sind in der Regel betont ausdrucksintensiv, mit einer hohen Anmache, situationswechselnd, unverbindlich, augenblicksorientiert und kontrastreich. Vor allem aber werden die Jugendlichen hier als *eigenständige Konsumenten* behandelt. Dadurch erfahren sie eine Anerkennung ihres Status, den Pädagogen, Eltern und die Öffentlichkeit in seiner Eigenart und Selbständigkeit meist nicht zu sehen bereit sind.

Vor dem Hintergrund einer Gleichaltrigenszenerie, die durch die Suche nach Anerkennung, Erlebnis, Vorbild und kontrastreichen Situationen gekennzeichnet ist, hat sich die Jugend zu einer eigenständigen Konsumentengruppe entwickelt, die in dieser Eigenständigkeit von der Konsumindustrie gefördert wird. Auch die Kids, die 9-14jährigen, werden vom Kommerz schon als eigenständige Gruppe behandelt.

Insgesamt ist der kommerzielle Konsumbereich zu einem Raum geworden, in dem Jugendliche eine Resonanz für die eigene Qualität ihrer Lebensphase suchen und auch finden. Die auf Jugendliche gemünzten Konsumprodukte haben einen hohen jugendkulturellen Szene- und Aufforderungscharakter, beinhalten stilbildende Elemente, vermitteln Informations- und Beratungsqualität (vgl. die entsprechenden Jugendangebote von Sparkassen und ähnlichen Dienstleistungsinstitutionen). Der Freizeitkommerz ist so zur Alltagskultur, zu einer *Lebensform* Jugendlicher geworden, die nicht mehr pädagogisch ausgehebelt werden kann.

Ein wesentlicher Teil der Gleichaltrigenbeziehungen, welche die Lebensform Jugend heute strukturieren, sind durch das Medium Konsum geprägt.

Damit ist im Konsum eine zentrale Bewältigungsdimension enthalten. Selbstwert, sozialer Kontakt, situative Problemlösung scheinen über den Konsum erreichbar. Konsumverhalten kann Kreativität fördern und damit die Handlungsfähigkeit erweitern. Es kann aber auch Abhängigkeiten erzeugen und damit die Handlungsfähigkeit einengen. Konsumverhalten vermittelt gegenwartsorientierte Jugendkultur, setzt das klassische pädagogische Jugendthema des Bedürfnisaufschubs außer Kraft und kann aber auch in der exzessiven Konsumsucht zum Verlust der Selbstkontrolle führen. Und das hat im Jugendalter seine besondere Problematik: Das Jugendalter ist ein Experimentierraum, in dem Jugendliche um ihrer Entwicklung willen Grenzen erproben können müssen. Der Konsum basiert jedoch auf dem Prinzip des immer wieder neuen, grenzenlosen Verbrauchs und kann damit die erfahrbaren Grenzen für Kinder und Jugendliche gefährlich ins Ungewisse der Suchtgefährdung hinausschieben.

Das Prinzip des aktiven Umgangs mit dem Konsum, die Förderung der sozialen Handlungsfähigkeit im Konsum gilt deshalb als entscheidender Ansatzpunkt in den sozialpädagogischen Arbeitsfeldern von der Jugendarbeit bis zur Heimerziehung. Wichtig sind Projekte, in denen Kinder und Jugendliche selbst etwas machen und herstellen können und dadurch in ein anderes Verhältnis zum Konsum gelangen: Indem sie lernen, daß Konsumangebote vor allem dann Kreativität entfalten können, wenn sie als Mittel eigenverfügter Aneignungsprozesse gebraucht werden können.

Problematisch an der Konsum-Mentalität bei Kindern und Jugendlichen ist nicht, daß sie viel konsumieren, sondern daß sie verbrauchen — Güter, Natur, Beziehungen — ohne sich darüber Gedanken zu machen, wie dies wieder hergestellt werden kann. Dieses soziale und ökologische Prinzip des Sich-Kümmerns um das Verbrauchte und um die Grenzen des Verbrauchs wird nicht nur in der ökologisch orientierten politischen Bildung umgesetzt, sondern kann generell in der Sozialpädagogik als Prinzip alltäglicher Bewältigungspädagogik gelten.

Der interkulturelle Aspekt

Die Frage, ob ausländische Kinder und Jugendliche in den sozialpädagogischen Angeboten und Einrichtungen nun als Ausländer oder als Kinder und Jugendliche wie andere auch zu behandeln seien, wird aus den Erfahrungen der sozialpädagogischen Praxis heraus in der Regel im zweiten Sinne beantwortet. Es sind Kinder und Jugendliche, die hier genauso wie die Einheimischen aufgewachsen sind, die aber besondere Bewältigungsprobleme vor ihrem jeweiligen interkulturellen Hintergrund haben. Daß sie ihren Status nach außen gerade in der Zeit der Individualisierung als ambivalent erleben, macht manche besonders unsicher. Während sie sich selbst als Individuen wie andere wähnen, werden sie oft von ihrer deutschen Umwelt ethnisch-pauschal als Türken oder Griechen etikettiert, werden in gewissem Sinne erst zu Türken und Griechen gemacht, wobei ihre faktische lokale Identität übergangen wird.

In den Materialien zum Achten Jugendbericht wird diese diese Einschätzung unterstrichen, indem im Falle der ausländischen Population in der Bundesrepublik von einem „Minderheitsstatus" gesprochen wird:

*„Nach mehr als 25jähriger Beschäftigung ausländischer Arbeit-
nehmer in der Bundesrepublik Deutschland und nach mehr als
einem Jahrzehnt intensiver ‚Integrations-‘ bzw. ‚Reintegrationsbe-
mühungen‘ der ‚Ausländer‘ in ihre Herkunftsländer — je nach
Lage und Entwicklung des Arbeitsmarktes — geht die ‚Ausländer-
frage‘ zunehmend in eine Minderheitenfrage über"* (Graf/Bendit
1990, S. 364).*

Anfang der 90er Jahre haben wir es mit der dritten Generation von Kindern und Jugendlichen ausländischer Abkunft
zu tun, die durch die Tatsache, daß sie in Deutschland
geboren sind und daß sie sich über den bloßen Arbeitskräf-
testatus in die Berufsgesellschaft eingliedern, nicht mehr
als Gastarbeiterkinder und -jugendliche bezeichnet werden
können. Auch die besonderen interkulturellen Genera-
tionskonflikte, die hier aufgewachsene Jugendliche haben,
wenn z.B. ihre Eltern wieder ins Herkunftsland zurückwol-
len oder wenn türkische Mädchen die traditionale familiale
Einschließung aufbrechen möchten (vgl. Graf/Bendit, S.
375), weisen darauf hin, daß sich diese ausländischen
Jugendlichen der neuen Generationen ihrem jeweiligen
Lebensraum in Deutschland zugehörig fühlen.

Der 8. Jugendbericht hat die Lebenslage ausländischer Kinder und Jugendlicher, aus der sich die besonderen Bewältigungsprobleme und die entsprechenden Bedarfsstrukturen
für die sozialpädagogischen Hilfen ergeben, mit der Formel
„Zwischen partieller Integration und struktureller Marginalisierung" charakterisiert. „Partielle Integration" meint die
Entwicklung, daß ausländische Jugendliche über ihre Teilhabe an Bildungs- und Ausbildungsprozessen, an der Kon-
sum- und Medienkultur genauso wie deutsche Jugendliche
mit Chancen und Problemen aufwachsen, welche die Entstrukturierung der Jugendphase mit sich bringt. Unter
„struktureller Marginalisierung" wird andererseits die Problematik verstanden, daß über diese institutionelle Bil-
dungsintegration hinaus für ausländische Kinder und
Jugendliche wenig Chancen der sozialen und politischen
Alltagsintegration bestehen. Dies wird vor allem auch
damit in Zusammenhang gebracht, daß Ausländern in der
Bundesrepublik politische Partizipation vorenthalten ist
und daß damit eine Ausgrenzung und Abschottung von
Seiten und gegenüber der deutschen Bevölkerung einher-
geht.

Unter unserer sozialpädagogischen Perspektive läßt sich vor dem Hintergrund dieser Analyse ein entsprechend strukturelles Bewältigungsdilemma für ausländische Kinder und Jugendliche erkennen. Familie, Gleichaltrigengruppe und sozialräumliche Umwelt, die für Bewältigungs- und Aneignungsprozesse strategischen Größen, wirken bei ihnen meist nicht unterstützend, sondern restriktiv. Mit ihren Familien, die selbst oft ausgegrenzt und abgeschottet und deshalb nicht in der Lage sind, entsprechende interkulturelle Netzwerke vermitteln und den nötigen social support erbringen zu können, stehen die Jugendlichen in einem interkulturell typischen Generationenkonflikt. Die meist männlichen Gleichaltrigengruppen werden zu Kristallisationspunkten der Marginalisierung, aber auch des Widerstands dagegen. In ihnen stilisiert sich der Protest gegen die Ausgrenzung und deutsche Dominanz genauso wie gegen die elterliche Rückständigkeit. Mangels anderer Vorbilder orientieren sich viele trotzdem an der heimatlichen Männerkultur mit daran anknüpfenden, von der Ausgangskultur losgelösten und damit für sich überzogenen Macho-Demonstrationen, die wiederum die Marginalisierung verfestigen und die soziale Handlungsfähigkeit weiter einschränken können. In der sozialräumlichen Umwelt ist die Ausgrenzung vor allem im Sinne struktureller Gewalt spürbar, so daß der Druck zur Ghettoisierung wohl immer noch nicht nachgelassen hat.

In den sozialpädagogischen Einrichtungen spiegeln sich diese Marginalisierungstendenzen und die entsprechenden Bewältigungsdilemmata deutlich wider. So sind viele Jugendhäuser von ausländischen Jugendlichen besetzt, weil es oft die einzigen Orte sind, die ihnen gehören, Fluchtpunkte vor den mit interkulturellen Generationenkonflikten überfrachteten Elternhäusern und einer ausgrenzenden Umwelt. Dies hält aber wiederum deutsche Jugendliche von den Jugendhäusern fern, die andere jugendkulturelle Bedürfnisse in ein Jugendhaus bringen. Viele ausländische Jugendliche brauchen also das Jugendhaus „alten Typs", weil sie sich erst ihre Jugend erkämpfen müssen.

Die Arbeit mit ausländischen Kindern und Jugendlichen erfordert von SozialpädagogInnen eine besondere interkulturelle Professionalität. Auf der einen Seite müssen sie

196

selbst Kenntnisse erwerben über die kulturellen Hintergründe der türkischen, griechischen etc. Familien, aus denen die Kinder und Jugendlichen stammen, gleichzeitig sollten sie ihnen – unter Berücksichtigung der interkulturellen Schwellen – basale soziale und kulturelle Kompetenzen vermitteln können, die deutsche Kinder und Jugendliche im Verlauf ihres Aufwachsens über ihre Familien- und Gleichaltrigentraditionen sozial selbstverständlich erwerben. Dazu gehört vor allem das Wissen um die sozialräumliche Struktur, um die Netzwerke und Gelegenheiten der lokalen Umgebung, aber auch praktisch eingeübtes Wissen über Konfliktbewältigung, Sexualität und Auseinandersetzung mit Verhaltensweisen der Einheimischen ihnen gegenüber. Am Beispiel Jugendhaus haben wir gesehen, daß die unterschiedlichen Ausgangssituationen im Ablöseverhalten von der Herkunftsfamilie und im Selbständigwerden das Zusammenleben zwischen ausländischen und deutschen Jugendlichen in sozialpädagogischen Einrichtungen sehr schwierig machen. In der Kinderarbeit kommt nicht selten das Problem dazu, daß ausländische Eltern von ihren jeweiligen Familientraditionen her ihre Kinder als familialen Besitz betrachten und interkulturelle Arbeit als Bedrohung der für sie heimatkulturellen Selbstverständlichkeit empfinden.

Gerade wenn man solche Bedingungen berücksichtigen muß, empfiehlt es sich für die sozialpädagogische Arbeit, ein breites soziales Netzwerk zu knüpfen, in das diese Bedingungen mit einbezogen werden können, damit sie sich nicht als Stör- und Blockadefaktoren von außen auf die Arbeit auswirken. Dies hat zur Konsequenz, daß eine solche Arbeit nicht einrichtungszentriert betrieben werden darf, da sonst bald die Ausgrenzung und Ghettoisierung der Einrichtung in der Umwelt droht. Die netzwerkartige Öffnung der Arbeit nach außen ist auch notwendig, wenn man bedenkt, daß ausländische Kinder und Jugendliche oft selbstverständlicher und schneller negativ etikettiert werden als deutsche Jugendliche und damit eher in die Gefahr geraten, in soziale Auffälligkeitszonen zu kommen. Auch hier braucht es also Verbündete, die solche öffentlichen Definitionsprozesse beeinflussen können.

Netzwerkbildende Kooperationen kann man auf unterschiedlichen Ebenen suchen. Im informellen Bereich ist dabei auch die Kooperation mit Persönlichkeiten ausländischer Herkunft wichtig, die eine gewisse Schlüsselstellung im Wohnviertel besitzen (z.B. Einzelhändler, LehrerInnen, Sportvereinsaktivisten etc.) und von daher vermitteln und sozial übersetzen können. Auf formeller Ebene sind vor allem die Schulen wichtig, aus denen man sich aber auch wieder Persönlichkeiten heraussuchen muß, da die Schule zwar institutionelle Integrationsleistungen erbringt, strukturell aber − aufgrund ihres institutionellen Konkurrenz- und Selektionsmechanismus − kaum in der Lage ist, die interkulturelle soziale Integration der Schüler zu fördern. Ansonsten sind alle jene Prinzipien, die wir für den sozialpädagogischen Umgang mit Kindern und Jugendlichen mit besonderen Bewältigungsproblemen in dieser Einführung aufstellen, für die interkulturelle Arbeit wichtig. Dies sind vor allem Angebote zur Selbstwertstärkung und zur Erweiterung der situativen Handlungsfähigkeit (z.B. Projekte mit unterschiedlichen Rollenanforderungen und Rollenalternativen) sowie die Umlenkung der restriktiv agierenden ausländischen Gleichaltrigengruppen auf kulturell und sozial kreative und damit handlungserweiterte Kristallisationspunkte.

6. Die Geschlechterfrage

Wenn in einer Einführung in die Sozialpädagogik des Kindes- und Jugendalters die Geschlechterfrage in der Systematik erst gegen Ende des Buches aufgegriffen wird, darf man sich heute auf allerhand Kritik gefaßt machen. Wird doch von Seiten der feministischen Frauenforschung gefordert, Jugendprobleme nicht nur geschlechtsspezifisch zu differenzieren, also z.B. auf die besonderen Benachteiligungen und Vermögen von Mädchen einzugehen, sondern von *vornherein* einen geschlechtsausschließlichen Ansatz zu entwickeln. Sonst, so die Argumentation, wären die Mädchen wieder zur „Sonder- oder Problemgruppe" gestempelt. Dies sei im Grunde genauso schlimm, wie wenn man die Geschlechterfrage, wie im traditionellen wissenschaftlichen Diskurs, einfach übergehe.

Eine solche Argumentation macht es allerdings schwer, auf der historischen Entfaltung der sozialpädagogischen Disziplin aufzubauen und jene Ansätze und Paradigmen wiederzugeben, welche die Disziplin in der Öffentlichkeit und in den Veröffentlichungen repräsentiert haben. Natürlich kann man bei den verschiedenen historischen Etappen der Entwicklung der Sozialpädagogik des Kindes- und Jugendalters kritisieren, daß die Autoren aus einem durch die Geschlechterfrage ungetrübten Selbstverständnis heraus argumentiert haben, daß sie nicht reflektierten, daß ihre Argumentation tief von patriarchaler Selbstverständlichkeit eingefärbt war. Erst über den Sechsten Jugendbericht als erstem „Mädchenbericht" hat der Frauenstandpunkt im mainstream der Sozialpädagogik Fuß gefaßt. Daß diese Hauptlinien einiges von dem verdrängt haben, was die eigene Geschichte der Frauenarbeit in der Sozialpädagogik ausmacht, bleibt dabei ein weiter heikles Problem der historischen Vergewisserung in unserer Disziplin.

Wie grundsätzlich man über die Frage streiten muß, ob die allgemeine Begrifflichkeiten und Kategorien — Lebensbewältigung, Sozialintegration, Sozialisation, Kindheit und Jugend — geschlechtsübergreifend behandelt werden können oder selbst wieder auf ihre geschlechtshierarchische Abkunft abgeklopft werden müssen, kann im Rahmen dieser Einführung nicht näher untersucht werden. Ich habe mich zumindest bemüht — trotz meiner strukturellen (männlichen) Voreingenommenheit —, die Kategorien so zu entwickeln und auf einer Ebene zu formulieren, auf der die Geschlechterfrage zumindest in dieser Allgemeinheit offengehalten werden kann.

Vor die Frage gestellt, entweder zu Anfang dieser Einleitung einen geschlechtshierarchischen Bezugsrahmen vorzulegen und an diesem entlang die Geschichte und Systematik der Sozialpädagogik des Kindes- und Jugendalters zu entwickeln oder im zweiten Teil des Buches ein pointiertes Vergewisserungskapitel zur Geschlechterfrage einzuführen, habe ich mich für die zweite Lösung entschieden. Die Gründe dafür sind zum Teil genannt, wobei keinesfalls zu verschweigen ist, daß ich mich für den ersten Weg als männlicher Wissenschaftler überfordert gefühlt habe.

Ich hätte mich allerdings zu leicht aus der Affäre gezogen, wenn ich unter der Geschlechterfrage nur die Belange der Mädchen und Frauen verstehen würde. Auch dies wäre ein gängiger männlicher Wissenschaftsstandpunkt. Der Konsens über die offensichtliche Benachteiligung der Mädchen und Frauen darf nicht dazu verführen, die Situation der Jungen auf sich beruhen zu lassen. Sicher gibt es — zur Mädchenarbeit komplementär — genug Aufforderungen und auch einige bemerkenswerte sozialpädagogische Ansätze zur Jungenarbeit (vgl. dazu Sielert 1990), die auf eine Korrektur und Erweiterung der tradierten männlichen Rollenbilder abzielen. Was allerdings noch weitgehend aussteht, ist ein eigenständiger theoretischer Ansatz kritischer Jungenpädagogik, der mehr beinhaltet als nur ein Ergänzungsprogramm zur feministischen Mädchenpädagogik, wiewohl eine von dieser geforderte „antisexistische" Jungenpädagogik unverzichtbarer Bestandteil einer jeden sozialpädagogischen Befassung mit männlichen Jugendlichen sein muß.

Es gibt noch kein allgemeines und geschlossenes Bezugssystem kritischer Jungen- und Männerforschung analog der feministischen Mädchen- und Frauenforschung. Wir finden nur bruchstückhafte theoretische und empirische Ansätze, so daß eine Sozialpädagogik des Kindes- und Jugendalters aus der Sicht kritischer Männerforschung nicht in Sicht ist (vgl. Böhnisch/ Winter 1992). Auch von daher scheint der hier gewählte Weg der herkömmlichen Einführung bei Offenheit für die Thematisierung der Geschlechterfrage plausibel.

Wenn wir im folgenden die Geschlechterfrage für die Sozialpädagogik prinzipiell und für Mädchen *und* Jungen diskutieren, dann ist damit die Aufforderung an die Leser und Leserinnen verbunden, sich des bisher dargestellten Materials unter dem zentralen Aspekt der Geschlechterfrage kritisch zu vergewissern. Dabei geht es nicht so sehr darum, wie wir in dieser Einführung die Lage von Mädchen und Jungen dargestellt haben, sondern um das Problem einer neuen Sichtweise des Pädagogischen, in der die klassische Kategorie Individualität und die Kategorie Geschlecht ineinander aufgehen und letztere nicht der ersteren nachgeordnet ist.

Vor dem Hintergrund dieser allgemeinen Überlegungen zur Geschlechterfrage lassen sich folgende Grundannahmen feministischer Frauen- und kritischer Männerforschung formulieren:

Für die Mädchen und jungen Frauen:

Lebenslage und Lebensbewältigung von Mädchen und jungen Frauen dürfen nicht nur unter geschlechtsspezifischen Gesichtspunkten (also der Frage der anderen oder besonderen Lebensverhältnisse), sondern müssen unter *geschlechtshierarchischen* Aspekten thematisiert werden. In allen Lebensäußerungen und Bewältigungsformen von Mädchen und jungen Frauen, mit denen wir in der sozialpädagogischen Arbeit konfrontiert sind, muß die patriarchalische Dimension von Macht über, Gewalt gegen und Abwertung von Frauen erschlossen werden. Dies setzt einen neuen Blick voraus, in dem nicht nach Defiziten von Mädchen und Frauen, sondern nach unterdrückten und übergangenen Stärken gefragt ist, Stärken, die nicht zum

Zuge kommen. Der sozialpädagogische Aspekt ist in diesem Zusammenhang dann ein doppelter:

— Wie können Mädchen und junge Frauen gegen die gängigen, patriarchalisch vorstrukturierten Bewältigungsvorgaben ihre eigene Bewältigungsperspektive entwickeln (Selbstthematisierung)?

— Wie können dabei ihre besonderen Vermögen und Stärken zum Zuge kommen?

Für Jungen und junge Männer:

Für Jungen und junge Männer gibt es demgegenüber zwei Möglichkeiten, die Geschlechterfrage sozialpädagogisch zu stellen: entweder nur komplementär zur Frauenperspektive oder/und aus der Perspektive einer kritischen Jungen- und Männerforschung. Wir entscheiden uns hier für beide Perspektiven, wobei wir den Hauptakzent auf die zweite setzen. Wir gehen auch davon aus, daß sozialpädagogische Arbeit mit Jungen erst einmal eine „antisexistische" Grunddimension haben muß. Männliches Bewältigungsverhalten darf nicht auf Kosten der Frauen gehen. Erzieherische Hilfen zur Lebensbewältigung müssen immer wieder daraufhin überprüft werden, wie Jungen zu Bewältigungskompetenzen verholfen werden kann, ohne daß sie auf frauenabwertende Strategien angewiesen sind.

Das antisexistische Prinzip ist gerade im sozialpädagogischen Umgang mit sozial benachteiligten und gefährdeten Jugendlichen wichtig. Oft ist bei diesen die Regression auf sexistische Muster der traditionalen Männerrolle — Betonung des männlichen Dominanzverhaltens, Gewalt — der scheinbar einzige subjektive Ausweg, um trotz ihrer sozial desolaten Situation ein positives Selbstwertgefühl zu erlangen. Hier kommt es in der sozialpädagogischen Arbeit darauf an, bedeutsame alternative Selbstwertangebote zu machen und nicht die vermeintlichen Stärken der Jungen, die in Wirklichkeit oft auf Kosten von Mädchen und Frauen gehen, noch zu fördern (vgl. auch Winter 1991a). Dieses zentrale Motiv begegnet uns in der Arbeit mit Jungen immer wieder.

Alternative Selbstwertangebote bilden auch den Kern eines kritischen sozialpädagogischen Umgangs mit Jungen und jungen Männern, der sich nicht nur auf die Aufforderung zu einer der Mädchenarbeit komplementären antisexistischen Jungenarbeit beruft, sondern einen eigenen Männeransatz hat. Eine solche in der noch jungen Geschichte kritischer Männerforschung verankerte theoretische Perspektive versucht, die der Frauenforschung implizite negative geschlechtshierarchische Determination der Männlichkeit angesichts der empirischen Pluralität männlichen Daseins zu relativieren, um dadurch zu einer positiven Bestimmung des Mann-Seins abseits von geschlechtshierarchischer Gewaltausübung und Frauenabwertung zu kommen. Dementsprechend werden in der kritischen Männerforschung zwei zentrale historisch-theoretische Annahmen gemacht, die sich in zwei Leitsätzen formulieren lassen (vgl. Böhnisch/Winter 1992).

— „Mann-Sein" und „Patriarchat" sind — historisch gesehen — nicht mehr kongruent. Damit ist die These verbunden, daß das Patriarchat sich strukturell/politisch-ökonomisch verselbständigt hat und Männer, auch wenn sie im Durchschnitt von ihrem Status her viel mehr davon profitieren, ihm gleichermaßen und unterschiedlich ausgesetzt sind. Helga Bilden schlägt in dieser Richtung vor, statt pauschalierend von Männern und Frauen von in sich unterschiedlichen Männlichkeiten und Weiblichkeiten als Sozialkategorien zu sprechen (1991).

— Die Benachteiligung der Mädchen muß nicht automatisch die Bevorteilung der Jungen bedeuten. Damit soll ausgedrückt werden, daß Jungen zwar in eine gegenüber Mädchen dominante Geschlechterrolle hineinwachsen und hineinerzogen werden, daß dabei aber traditionell nicht gefragt und übergangen wird, was ihnen dabei vorenthalten, welche Vermögen und Kompetenzen sie nicht erlernen, welche Bewältigungsprobleme das überkommene Geschlechterrollenstereotyp Mann heute mit sich bringen kann. Wir haben im Kapitel „Jungen und Mädchen" erfahren, welche Bewältigungsschwierigkeiten auf Jungen und junge Männer zukommen können, wenn die Selbstverständlichkeit des Geschlechtsrollenverhaltens im Zuge der Entstrukturierung der Jugendphase brüchig wird.

Im sozialpädagogischen Umgang mit Jungen und jungen Männern stellen sich also vor diesem Hintergrund folgende Leitfragen:

— Welche Bewältigungsmuster und Bewältigungsprobleme stecken hinter den verschiedenen Formen männlichen Dominanzverhaltens?

— Welche gesellschaftlichen und sozialisatorischen Umstände spielen mit bei der Frage, warum Jungen und junge Männer so verführbar für Gewalttätigkeit sind?

— Welche Kompetenzen werden Jungen durch die Erziehung auf die männliche Geschlechterrolle hin vorenthalten; welche geschlechtertypischen Lebensschwierigkeiten werden dabei übergangen?

Geschlechtsbezogene Arbeitsprinzipien

Aus den Leitfragen der Geschlechter(sozial-)pädagogik lassen sich bestimmte Arbeitsprinzipien herausarbeiten. Dabei gilt für den Umgang mit Jungen und Mädchen gleichermaßen, daß vor allem die Frage steht, wie in der pädagogischen Interaktion mit der übermächtigen geschlechtshierarchischen Hypothek umgegangen werden kann. Die Mädchenarbeit hat diese Frage an die erste Stelle gerückt:

„Mädchenarbeit kann nicht einfach wie eine übliche ‚Arbeitsform' oder ‚Methode' behandelt werden. Jugendarbeiterinnen, die Mädchenarbeit versuchen, müssen sich erst selbst vergewissern, warum sie das machen und wie sie selbst ‚betroffen' bzw. dafür sensibel sind, wie Frauen in der Gesellschaft diskriminiert werden: was Gewalt im Leben von Frauen bedeutet; was es heißt, daß die Arbeit der Frau als ‚nützlich' hingenommen, aber gesellschaftlich nicht entsprechend anerkannt wird; was es bedeutet, dagegen Widerstand zu leisten und dieser Abwertung etwas entgegenzusetzen. In diesem Prozeß der Selbstvergewisserung ist es wichtig, daß Jugendarbeiterinnen ihr eigenes Bild von Weiblichkeit überprüfen: inwieweit das eigene Weiblichkeitsbild Begrenzungen und Entwertungen enthält und wo und warum frau in der eigenen Biographie etwas überwunden oder nicht überwunden hat" (Funk 1991, S. 577).

Daraus hat die Mädchenarbeit auch ihr pädagogisches Hauptprinzip abgeleitet. Die Mädchen sollen lernen, über sich selbst — ihren Körper, ihr soziales Auftreten, ihre Partner- und Berufsperspektive — bestimmen zu lernen. Mädchenarbeit soll an den geschlechtshierarchisch übergangenen Stärken der Mädchen ansetzen, darf nicht die immer noch gängigen, geschlechtshierarchisch beeinflußten Etikettierungen von den Mädchen als Defizit- und Mängelwesen übernehmen (vgl. auch allgemein zur Mädchenarbeit Klees u.a. 1989).

Was für die Mädchenpädagogik so eindeutig ist, scheint für die Jungenpädagogik heikel. U. Sielert formuliert das so:

„Reflektierte Jungenarbeit kann sich nicht ständig um die Frage der Machtverteilung herumdrücken, weil gerade die Fähigkeit, nicht immer der Mächtige sein zu müssen, unabdingbar zu einem ganzheitlichen Verständnis von Mannsein dazugehört" (1989, S. 37).

Trotzdem muß es auch in der Jungenarbeit gelingen können, den Grundsatz humanistischer Pädagogik zu verwirklichen, die Stärken der Jungen aufzunehmen und zu fördern. Dies erfordert allerdings eine besondere geschlechtstypische Vorsicht und damit einen zweiten Schritt, wenn die Jungen begreifen sollen, daß Stärken im sozialemotionalen und kommunikativen Bereich für sie etwas wert sein können.

„Wenn die Vorangst überwunden ist, sich vor anderen nachgiebig, emotional verletzbar oder überschwenglich begeistert zu zeigen, kann — wenn es gut geht — die Erfahrung gemacht werden, daß die Reaktionen gar nicht so abwertend sind, wie zuvor phantasiert wurde. Um diese erste Barriere, die Angst vor Blamage, zu überwinden, müssen viele Voraussetzungen zusammenkommen. Es muß die Möglichkeit gegeben sein, sich auch von der akzeptierten, der starken Seite zeigen zu können. Insofern ist die . . . Arbeit mit den (traditional definierten, L.B.) Stärken des Junge-Seins ein wichtiger erster Schritt. Es ist nicht der leichtere Schritt, denn die Arbeit mit und an den männlichen Stärken darf nicht zur Bestätigung der chauvinistischen Vorurteile führen . . . Wenn das Einüben von Alternativen zum typischen ‚Mackerverhalten' nicht gelingt und die Jungen das ‚Seht mal, ihr Kritikerinnen, wie toll wir sind' lernen, wird der andere Schritt, die Öffnung für weniger angesehene Verhaltensmuster, um so schwieriger. Andererseits ist es unmöglich, den zweiten vor dem ersten Schritt zu

gehen, soweit das nötige Selbstbewußtsein nicht bereits vor-
handen ist . . . Wichtig ist dabei, immer zu unterscheiden zwi-
schen ‚großkotzigem' Auftreten und grundlegendem Selbstwertge-
fühl" (Sielert 1989, S. 41).

Sozialpädagogische Arbeit mit Jungen zielt auf Rollenerweiterung vor allem in den sozialemotionalen und kommunikativen — also den traditionell als weiblich verpönten
und abgewertetená- Bewußtseins- und Verhaltensbereichen
ab. Dabei gilt auch hier der pädagogische Erfahrungsgrund-
satz, daß die Jungen nicht einfach mit alternativen Rollen-
bildern unvermittelt konfrontiert und damit überfordert
werden, sondern daß sie aus der Selbstverständlichkeit
ihrer bisherigen Alltagswelt heraus sukzessive neue Erfahrungen von Männlichkeit und männlichem Selbstwert
machen können. Dabei geht es nicht nur darum, daß diese
Erfahrungen nicht sexistisch sind, sondern vor allem auch,
daß sie die Handlungsfähigkeit der Jugendlichen subjektiv
spürbar und sozial sichtbar erweitern. Die sozialpädagogischen Angebote sind in diesem Sinne Übergangsräume,
in denen zwischen dem Gewohnten und dem Neuen
gependelt werden kann, in denen man nicht dem Neuen
einfach ausgesetzt ist, aber trotzdem die Möglichkeit erhält,
die Selbstverständlichkeit des Alten nicht nur als rituali-
sierten Schutz, sondern auch als Mangel zu erfahren.

Zwei grundsätzliche pädagogische Aspekte müssen in diesem Zusammenhang neu aufgearbeitet werden: die Koedukation und die PädagogInnenrolle.

Mädchen wie Jungen brauchen zumindest zeitweise
eigene, das heißt geschlechtergetrennte Räume, wenn sie
zu sich selbst finden sollen, denn es gibt so etwas wie eine
gegenseitige Fremdbestimmung, wenn Jungen und Mädchen zusammen sind. Die Jungen definieren sich in ihrem
Alltag meist nicht über sich selbst, sondern nach außen,
vor allem über Mädchen, und Mädchen können in den
männlich dominierten Alltagsräumen nicht zu sich selbst
kommen. Das ist keine Absage an die bildungspolitisch
erkämpfte Koedukation, sondern eine Anmahnung. Die
Koedukationsdebatte der 60er und 70er Jahre wurde nur
unter dem Motto Chancengleichheit geführt (vgl. Winter
1991 b.). Die geschlechtshierarchische Komponente wurde
dabei vernachlässigt, wirkte aber unterhalb der institutio-

nellen Gleichheit der Bildungschancen weiter benachteiligend (vgl. Enders-Dragässer/Fuchs 1988). Koedukation aus der sozialpädagogischen Sicht der Geschlechterfrage bedeutet: Suche nach einer Balance zwischen geschlechtsgetrennten und gemeinsamen Angeboten, so daß sich vor dem Hintergrund der geschlechtergetrennten Erfahrungen gleichberechtigte Formen des Partnerverhaltens einspielen können (vgl. auch Faulstich-Wieland 1987; DPSG 1990).

Für die Rolle der SozialpädagogInnen gilt die vor dem Hintergrund der gesellschaftlichen Individualisierung gemachte Erfahrung, daß in der Pädagogik die Personen als zugängliche Persönlichkeiten nun eine größere Rolle spielen, für die Geschlechterpädagogik besonders. Wie sich Sozialpädagoginnen als Frauen geben und Sozialpädagogen als Männer, und vor allem wie sie sich zueinander partnerschaftlich verhalten, wird von den Jugendlichen nicht nur registriert, sondern nicht selten auch als Orientierungshilfe gesucht. Die Reflexion der pädagogischen Implikationen des eigenen Geschlechtsrollenverhaltens gehört deshalb zu einem unverzichtbaren Bestandteil sozialpädagogischer Professionalität.

Männliche und weibliche Bewältigungsmuster

Erst wenn all diese Grundprobleme der Geschlechterfrage bedacht sind, kann die Geschlechterperspektive als fachliche Perspektive angegangen werden. Als fachliche Grundorientierung bieten sich dann die Prinzipien männlicher und weiblicher Lebensbewältigung an, wie sie aus der geschlechtshierarchischen Grundthematik heraus systematisiert wurden (vgl. DPSG 1990, Willems/Winter 1991a und 1991b). Natürlich sind diese Bewältigungsprinzipien in der sozialen Wirklichkeit nicht so stereotyp und dualistisch. Wie stark sie ausgeprägt und wie ausschließlich sie bei Mädchen und Jungen sind, hängt von schichtspezifischen, biographischen und situativen Faktoren ab.

„Nur, solange das Geschlechterverhältnis ein hierarchisches ist, haben Männer in den meisten Fällen mehr Macht zur Durchsetzung ihrer Situationsinterpretationen. Und die Männlichkeits-/ Weiblichkeitskonzepte sind vorgezeichnete Deutungsmuster, denen schwer zu entgehen ist" (Bilden 1991, S. 287).

Männliche Bewältigungsmuster sind vor allem durch das Prinzip Außen gekennzeichnet. Der Mann muß sich schon als Kind und später als Erwachsener deutlich nach außen aus der Familie heraus orientieren, soll primär in seinem Erwerbs- und Berufsstatus verankert sein. Nur so, in der Erwerbs- und Ernährerrolle, werden Männer im Durchschnitt bis heute sozial anerkannt. Jungen müssen sich früh draußen bewegen und bewähren, eine Orientierung nach drinnen in die Familie hinein wird als nicht jungengemäß eher negativ etikettiert.

Hinter dieser Außenorientierung verbirgt sich ein Grundproblem männlicher Sozialisation. Der Binnenraum der Familie und die familiale Umgebung des Kindes (Kindergarten) wird in der Regel immer noch von Müttern und Frauen dominiert. Bei rollendefinierter Abwesenheit und Familiendistanz der Väter haben es Jungen von klein auf schwer, im familialen Raum ihre männliche Geschlechtsrollenidentität zu finden. Sie sind von daher auf diese Außenorientierung angewiesen, die überdies gesellschaftlich sanktioniert und deshalb als normal und erstrebenswert erscheint. Spielzeug und Umgangsformen richten sich bald nach dem Draußen, Jungen werden weniger beaufsichtigt als Mädchen, ihnen wird wesentlich mehr Freizügigkeit auf der Straße zugestanden.

In diesem Prinzip Außen sind die Jungen aber nicht unbedingt den Mädchen gegenüber nur im Vorteil, sie werden auch einem Erwartungs- und Überforderungsdruck ausgesetzt. Die Orientierung am Prinzip Außen kann auch verhindern, daß sich ein Innenverhältnis, das heißt eine Beziehung der Jungen zu sich selbst und ihrer persönlichen Welt entwickelt. Trauer wahrzunehmen, wird Jungen schon früh verwehrt (vgl. Willems/Winter 1991a, S. 423). Jungen und Männer können wenig über sich und unter sich über sich erzählen.

Das Prinzip Außen wirkt auch, wenn Jungen und Männer Lebensschwierigkeiten bewältigen müssen. Mann agiert seine Probleme nach außen aus, oft ohne Rücksicht auf die anderen, bis hin zur Gewalt. Gerade in den Unterschichten, aus denen sich viele Adressaten sozialpädagogischer Angebote rekrutieren, ist männliches Bewältigungsverhalten oft ritualisiert. Das heißt: Jungen und Männer haben es schwer, ihr Verhalten zu reflektieren, sie können kaum ausdrücken, was sie eigentlich bedrückt und was sie eigentlich wollen. Deshalb neigen sie zu symbolischen Ersatzhandlungen (vgl. Wahl 1990). Männliche Bewältigungsrituale verhindern ein Nachdenken über sich selbst, ein Zu-Sich-Kommen, erschweren damit auch die sozialpädagogischen Zugänge zu den Lebensschwierigkeiten. Da dies sehr stark von der Angst vor Statusverlust bestimmt ist, kommt es bei der sozialpädagogischen Arbeit mit Jungen und Männern vor allem darauf an, Milieus aufzubauen, in denen der Statusverlust gemindert ist und produktive Statusalternativen angeboten werden können.

Die Schwierigkeiten von Jungen und Männern, sich nach innen zu verhalten, Schwächen zu erkennen und gegenüber anderen zuzugeben, können sozial und kommunikativ so ausweglos werden, daß sie in gewalttätiges Verhalten münden. In diesem Sinne sind Jungen und Männer besonders den verschiedensten Formen des Gewalt- und konkurrenzförmigen Handelns ausgesetzt. Auch die sexuelle Gewalt gegen Frauen — so belegen neuere Untersuchungen — sind nicht ursächlich durch einen gewaltförmigen Sexualtrieb von Männern strukturiert, sondern stellen extreme und schreckliche, ausweglose Bewältigungsformen dar. Deshalb ist es auch wichtig, daß sich Männer für den Kampf gegen sexuelle Gewalt an Mädchen und Frauen engagieren und damit zeigen, daß sexuelle Gewalt kein „potentieller" allgemeiner Zug von Männlichkeit ist.

Unterhalb dieser extremen Ebene der Gewalttätigkeit ist die alltägliche Gewaltförmigkeit im männlichen Verhalten durch den Stärke- und Konkurrenzzwang der Männer untereinander, also auch anderen Männern gegenüber, gekennzeichnet. Indem Jungen und Männer auf das Prinzip Außen und auf die Berufswelt in ihrer Identitätsfindung verwiesen sind, spiegelt sich der Leistungs- und Konkurrenzdruck dieser Arbeitswelt in ihrem Verhalten wider, bestimmt er ihre Sozialisation von früh auf. Das Konkurrenzprinzip wird zum Bewältigungsmuster, zum scheinbaren Konfliktlöser. Gewaltförmigkeit, in die es münden kann, konstituiert bei vielen Männern auch ein Gewaltverhältnis zu sich selbst. Man definiert sich nur noch über Leistung, Beruf und in der Privatsphäre über leistungsbetonte Sexualität und Unterordnung der eigenen Gefühle.

Probleme werden nach außen gelöst, durch Abwertung anderer, vor allem von Frauen. Oft ist es Jungen und Männern überhaupt nicht klar, daß sie mit der Art ihres gewaltförmigen und konkurrenten Bewältigungsverhaltens automatisch andere abwerten. Deshalb ist es in den erzieherischen Hilfen und in der Jugendbildung auch wichtig, daß Sozialpädagogen produktive Methoden entwickeln, um Jungen diesen Abwertungseffekt vor Augen führen zu können, auch um ihnen zu zeigen, wie in ihr Verhalten das Problem der Verantwortung für andere alltäglich eingebunden ist.

Innenorientierung als Bewältigungs- und als Sozialisationsprinzip bedingen einander. Für die Mädchen bedeutet das Prinzip Innen schon sehr früh das räumliche Innen, die Verwehrung des Verhaltens nach draußen, die stärkere Kontrolle durch die Eltern und durch andere Erwachsene. Die Vorstellung, daß ein Mädchen draußen stärker gefährdet ist als ein Junge — wie begründet oder unbegründet sie auch in den jeweiligen lokalen Umgebungen sein mag — ist in den kulturellen Erziehungsmustern gegenüber Mädchen verankert und führt zu der typischen Ambivalenz von Schutz und Kontrolle. Die Eltern meinen, ihr Kind durch die Verwehrung der Außenorientierung schützen zu können, unterwerfen es dabei der Kontrolle und der Verstärkung des Prinzips Innen. Mädchen übernehmen diese Innenorientierung und identifizieren sich vor allem über die Mutter, die ihnen im Gegensatz zu den Jungen eine frühe und direkte Geschlechterrollenidentifikation ermöglicht, mit diesem Prinzip.

Die Innenorientierung bringt den Mädchen aber auch Vorteile. Sie haben eher einen Zugang zu ihrer eigenen Innenwelt als die Jungen, sie lernen früh, ihre eigenen Gefühle wahrzunehmen und auszudrücken, sich von ihnen leiten zu lassen. Damit sind sie auch sensibel für die Gefühle anderer, können Anteil nehmen und mitfühlend sein. Diese Innenorientierung wird allerdings von der Außenwelt, auch von den Eltern, als minderwertig gegenüber der Außenorientierung der Jungen empfunden. Zwar wird Mädchen Schwäche, Trauer und das Bedürfnis nach Geborgenheit eher zugestanden als Jungen, es wird aber nicht zu den Stärken von Mädchen gerechnet, die man fördern soll, sondern eher zu den Eigenheiten, die sie haben und die man den Jungen nicht unbedingt zumuten soll. Angesichts der mangelnden Anerkennung dieser Fähigkeiten von außen versuchen Mädchen in der Regel auch nicht, sich nach außen zu artikulieren, sondern fressen vieles in sich hinein und empfinden es als selbstverständlich, daß sie ihre Lebensschwierigkeiten bei sich behalten. H. Funk hat dieses Verhaltenssyndrom mit dem Begriff der „Symptomatik der Verschwiegenheit" bezeichnet. Sozialpädagoginnen müssen deshalb einen Blick dafür entwickeln können, was Mädchen mit sich herumtragen, müssen Gesten, Verhaltensweisen auf diese Symptomatik der Verschwiegenheit hin deuten können. Dies ist vor allem bei sexuellem Mißbrauch wichtig. Mädchen werden in der Regel auch weniger auffällig als Jungen, da sie sich eben nicht so wie die Jungen nach außen verhalten. Dadurch sind sie zwar in der Kriminalstatistik unterrepräsentiert, gleichzeitig ist es aber auch ein Ausweis dafür, daß ihre Lebensschwierigkeiten und Bewältigungsprobleme nicht auffallen, das heißt auch nicht sozial anerkannt sind. In der sozialpädagogischen Arbeit mit Mädchen und jungen Frauen sind weibliche Persönlichkeiten als Gewährsfrauen gefragt, Frauen, die Mädchen ermuntern und ihnen vorleben können, daß man seine Lebensschwierigkeiten nach außen tragen kann. Aus diesem Grunde ist es gerade in der Mädchenberatung wichtig, daß man ein Netz von solchen Gewährsfrauen im Stadtviertel oder in der Region aufbaut, um sich darüber verständigen zu können, welchen Lebensschwierigkeiten bis hin zur Gewalt Mädchen lokal ausgesetzt sind.

Vielen Mädchen fehlt von der kindlichen Sozialisation an die Erfahrung von Unabhängigkeit, von eigener Stärke und Eigeninitiative genauso wie die Erfahrung der positiven Bestätigung ihrer Fähigkeiten durch die Umwelt. Sie übernehmen selbst diese Minderbewertung und kommen damit nicht selten zu der Einstellung, daß eine Frau allein nichts wert ist, daß die Berufsarbeit des Mannes höher einzuschätzen ist als die eigene hausfrauliche Tätigkeit. Deshalb ist das Prinzip der Selbstthematisierung des eigenen Werts und der eigenen Stärken ein Kernpunkt sozialpädagogischer Arbeit mit Mädchen von der Bildungsarbeit bis zur Heimerziehung. Damit dies gelingen kann, braucht es eigene Mädchenräume, in denen sich eine eigene

von den Jungen unabhängige Mädchenkultur entwickeln
kann (vgl. Böhnisch/Münchmeier 1990, S. 79 ff., Funk
1991).

7. Gefährdung und Risiko

Der Gefährdungsbegriff hat in der Sozialpädagogik des Kindes- und Jugendalters seine Tradition. Wir haben dies am „gefährdungspädagogischen Denken" der Jugendkunde in der Weimarer Republik genauso erlebt wie später an jenen gesellschaftlichen Jugendbildern der 60er und 70er Jahre, welche die Jugend als gesellschaftliche „Risikogruppe" etikettierten. Dieser Gefährdungsbegriff war normativ geprägt: Die Jugendlichen, die in ihrem Verhalten von den herrschenden Sozialnormen und kulturellen Werten abwichen oder sich absetzten, galten und gelten manchmal noch heute als gefährdet. Dabei ging es gar nicht so sehr um die Befindlichkeit der Jugendlichen selbst, sondern um die „Gefährdung der Normeinhaltung". Der Sozialpädagogik — in diesem Falle der Jugendfürsorge — wurde zum Beispiel von der Heimkritik der 70er Jahre in diesem Sinne vorgeworfen, sie erfülle eine gesellschaftliche Abschreckungs- und Stigmatisierungsfunktion, indem sie in ihren Einrichtungen vorführen müsse, was das für Leute sind, die von der Norm abweichen, um damit der konformen Mehrheit der Jugend das Gefühl zu geben, besser zu sein als diese (Hollstein/Meinhold 1973).

Gefährdung und Integration waren deshalb traditionell auch die Schlüsselbegriffe der Sozialpädagogik des Kindes- und Jugendalters. Wir haben im ersten Teil gezeigt, daß und wie sich die gesellschaftlichen Rahmenbedingungen für die Sozialpädagogik gewandelt haben, daß sie sich sukzessiv — konzeptionell und praktisch — aus den Fesseln dieser normativen Dimension befreien konnte. Das heißt, daß es ihr heute möglich ist, das Verhältnis von Gefährdung und Integration sozialstrukturell und biographisch zu begreifen, sich also in der Einschätzung von Gefährdung an den sozialen und personalen Bedingungen des Aufwachsens zu orientieren.

In unserem sozialpädagogischen Schlüsselkonzept „Lebensbewältigung und Sozialintegration" ist dies ausgedrückt. Wir haben dort gezeigt, daß „Lebensbewältigung" ja gerade nicht den normativen Charakter des Verhaltens meint, sondern auf die Problematik der Handlungsfähigkeit und die biographischen Möglichkeiten der sozialen Integration verweist. Wenn sich die Sozialpädagogik auch heute um „gefährdete" Kinder und Jugendliche kümmert, so meint sie in erster Linie die Gefährdung, die aus der Desorganisation und Deformation der sozialen Handlungsfähigkeit für die Kinder und Jugendlichen entsteht, zielt sie auf vielschichtig verursachte Bewältigungsdilemmata ab. Und erst in diesem Rahmen entwickelt sie ihre Integrationsperspektive: nicht unter dem Druck der gesellschaftlich gängigen Norm, sondern unter dem Aspekt der „biographischen Normalisierung", der Wiederherstellung der sozialen Handlungsfähigkeit und damit auch des Auskommen-Könnens mit den gesellschaftlichen Normen. Dies kann aber nicht von heute auf morgen erzwungen werden, muß sich nach den biographischen Möglichkeiten richten können. Wir haben dies an früherer Stelle mit dem Begriff der „sekundären Integration" umschrieben.

Auch die bisherigen Einsichten in den Strukturwandel von Kindheit und Jugend bringen uns erst recht zu der Auffassung, daß „Gefährdungen" im Kindes- und Jugendalter heute mit den Risiken zusammenhängen, welche die Entstrukturierung dieser Lebensphasen, das frühe Ausgesetzt-Sein (als negativer Pol zur frühen Eigenständigkeit) mit sich bringen. Wenn S.N. Eisenstadt (1966) schon in den 50er Jahren die Jugend als Lebensphase „potentieller Devianz" bezeichnete, so meinte er damit noch lediglich den Umstand, daß das Jugendalter entwicklungsbedingt eine Phase des Experimentierens mit Rollen und Normen ist und damit zwangsläufig das „Risiko" der Normüberschreitung beinhalten müsse. Angesichts der heutigen sozialen Risiken, welche das Kindes- und Jugendalter umgeben, nimmt sich das Eisenstadt'sche Theorem, das in seinem Grundsatz weiter gilt, zu begrenzt aus. Wir haben in dieser Einführung dargestellt, wie früh Jugendliche in ihrer Entwicklung schon soziale Probleme bewältigen müssen und haben das begrifflich in der Umschreibung gefaßt, daß Jugend zur „Lebenslage" geworden ist. Wir haben gesehen, wie Kinder im Sog der sozialen und kulturellen Akzeleration von medialen und konsumtiven Umweltanreizen so umstellt sind, daß dies oft ihre Verarbeitungsmöglichkeiten überfordert und gleichzeitig, wie anregungsarm und aneignungsfeindlich ihre unmittelbare sozialräumliche Umwelt heute sein kann. Wir haben auch erkannt, daß das vielfache Mißlingen der Suche nach Geschlechterrollenidentität vor allem bei den Jungen zu besonderen Bewältigungsproblemen führen kann. Dies alles passiert in der Ambivalenz der gesellschaftlichen Individualisierung, in der Freiheitsgrade und Entwicklungschancen, aber auch Risiken eng zusammenliegen: „Der Weg in die moderne Gesellschaft ist auch ein Weg in eine zunehmende soziale und kulturelle Ungewißheit, in moralische und wertemäßige Widersprüchlichkeit und in eine erhebliche Zukunftsunsicherheit. Deswegen bringen die heutigen Lebensbedingungen auch so viele neue Formen von Belastung mit sich, Risiken des Leidens, des Unbehagens und der Unruhe, die teilweise unsere Bewältigungskapazität überfordern" (Hurrelmann 1991, S. 3).

Unser sozialpädagogisches Zugangskonzept Lebensbewältigung öffnet den Blick auf solche strukturellen Risiken und Problembelastungen, indem wir gerade auch abweichendes Verhalten von Kindern und Jugendlichen zuvörderst als Bewältigungsmodus interpretieren und damit für das Dahinterliegende sensibel werden. Es erweist sich in diesem Zusammenhang auch als ein Konzept, in dem die normative Spaltung der Kinder und Jugendlichen in Konforme und Abweichende, wie dies im Gefährdungskonzept der traditionellen Jugendfürsorge angelegt war, überwunden ist. Es gibt nur noch ein allgemeines und besonderes „Ausgesetztsein", gelingende und mißlingende Bewältigung. So kann sich die Sozialpädagogik des Kindes- und Jugendalters sowohl als allgemeine erzieherische Instanz, die in der individualistischen Gesellschaft immer wichtiger wird, als auch als besondere pädagogische Einrichtung verstehen, die ihre erzieherischen Hilfen zur Lebensbewältigung Kindern und Jugendlichen anbietet, die in offensichtliche Bewältigungsdilemmata gekommen sind. Ihr pädagogisches Ziel, die Wiederherstellung und Erweiterung der Handlungsfähigkeit der Individuen, ist dabei immer ein individuelles und soziales zugleich: Handlungsfähigkeit bemißt sich nicht nur an der Autonomie der eigenen Person, sondern genauso an der personalen und sozialen Integrität der anderen. Diese Festlegung ist wichtig, weil wir in diesem Kapitel Formen des Risikoverhaltens bis hin zur Gewalt als mißlingende Bewältigungsformen thematisieren wollen. Das Mißlingen besteht dann darin, daß nicht nur die eigene Handlungsfähigkeit eingeschränkt, sondern oft auch die personale Integrität der anderen verletzt wird. Hierin liegt die gegenüber der klassischen Gefährdungspädagogik neue, empirisch gefaßte Normativität einer Sozialpädagogik des Kindes- und Jugendalters.

Risikoverhalten

Unter Risikoverhalten versteht man ein „solches Verhalten, das in seinen mittelbaren oder unmittelbaren Konsequenzen, bewußt oder unbewußt, gewollt oder ungewollt für die einzelne Person zu einer Beeinträchtigung ihres körperlichen und psychischen Wohlbefindens wie ihrer sozialen Entfaltungsmöglichkeiten führt" (Schefold 1983, S. 6). Zum Risikoverhalten zählt man exzessiven Tabak- und Alkoholkonsum, Arzneimittelmißbrauch und Drogennahme, aber auch Geschwindigkeitsrausch, Video- und Spielsucht. Welche Entwicklungstendenzen Anfang der 90er Jahre in diesen Bereichen des Risikoverhaltens festzustellen sind, kann im Achten Jugendbericht (1990) und den empirisch fundierten Arbeiten von Engel/Hurrelmann (1989) und Hurrelmann (1991) nachvollzogen werden. Uns interessiert in dieser Einführung vor allem die grundsätzliche Einschätzung, das heißt die Frage, welche Bewältigungsmuster sich im Risikoverhalten von Kindern und Jugendlichen verbergen.

P. Franzkowiak hat in seiner Studie zum „Risikoverhalten und Gesundheitsbewußtsein bei Jugendlichen" (1986) dieses als soziales Handeln mit einer „subjektiv-biographischen Sinnlogik" und einer „handlungsorientierenden, maßgeblich der Kompensation von Belastungen und dem Ausagieren von Ausbruchswünschen dienenden (Multi-) Funktionalität für die Jugendlichen" gekennzeichnet (S. 10). Dem Risikoverhalten wird also eine bestimmte

funktionale Bedeutung im Prozeß des Aufwachsens zugeschrieben; es entfaltet „eine je nach Entwicklungsstufe
unterschiedlich akzentuierte individuelle und soziale Funktionalität für mindestens die Hälfte der Adoleszenten
(beim Rauchen) bzw. nahezu alle Heranwachsenden
(bezüglich des Alkoholkonsums)" (ebd.). Kids und jüngere
Jugendliche setzen Risikopraktiken als „Reifesymbole" ein,
um zu zeigen, daß sie sich von der elterlichen Kontrolle
absetzen und gegenüber älteren Jugendlichen als „Nicht-
mehr-Kind" darstellen können. Jugendliche demonstrieren
damit öffentlich ihre Eigenständigkeit bis hin zur (risiko-
)symbolischen Opposition gegen das normale, eingefah-
rene Leben der Erwachsenen. Risiken einzugehen ist − für
beide Geschlechter − ein Weg, um sich der Gruppensoli-
darität und -vitalität der Gleichaltrigengruppe gegenüber
der Erwachsenenkultur zu vergewissern (Baacke 1979).

Die Ergebnisse zeigen, daß Risikoverhalten im späteren
Kindes- und im Jugendalter prinzipiell und allgemein
jugendkulturell angelegt ist. Damit ist nicht nur die Eisenstadt'sche These von der „potentiellen Devianz des
Jugendalters" bestätigt und modernisiert, sondern auch
eine wichtige sozialpädagogische Maxime vorgegeben:
Wenn Risikoverhalten und abweichendes Verhalten überhaupt auch jugendkulturelle Phänomene sind, so hat es
wenig Sinn, sie pädagogisch aus der Welt schaffen zu wollen. Vielmehr kommt es darauf an, sowohl die selbstgefährdenden Tendenzen als auch die Gefährdung anderer
im jugendkulturellen Risikoverhalten zu verhindern und
vor allem das Augenmerk darauf zu richten, daß sich das
Risikoverhalten nicht über das Jugendalter hinaus verfestigt. Auf diese Problematik der Verfestigung werden wir
im Abschnitt über die Jugendkriminalität noch einmal
zurückkommen.

Prinzipiell kommt es aber für die Sozialpädagogik darauf
an, über das allgemeine Phänomen der jugendkulturellen
Entwicklungsform hinaus das Risikoverhalten als problematische Bewältigungsform von besonderen Lebensschwierigkeiten zu lokalisieren. Dieser Zusammenhang
von Problembelastung, Alltagsbewältigung und Risikoverhalten läßt sich schon bei Schulkindern ausmachen. Hier
wird vor allem deutlich, daß Risikoverhalten sich nicht auf
bestimmte Ausnahmeorte und -situationen beschränkt,

sondern zum „zwangsläufigen Bestandteil" des privaten Alltags der Kinder werden kann (vgl. Schefold 1983, S. 5). In einer auf diesen Zusammenhang abzielenden empirische Fallstudie (Freese 1985), die ich für die Problematik des Risikoverhaltens von Kindern für exemplarisch halte, heißt es dazu:

„Eine der wesentlichsten Bedingungen scheint das sich ergänzende Verhältnis von Schule und Familie/außerschulischer Lebenswelt zu sein: wie gezeigt, nimmt Schule den Hauptstellenwert im Alltag der Kinder ein — unter zeitlichen Aspekten wie unter dem Gesichtspunkt der Organisation des Tages. Sie fordert von den Kindern bestimmte Leistungen, erwartet und setzt Motivationen voraus. Emotionale Bedürfnisse, etwa nach zwanglosem Kontakt und Gemeinschaft, nach Anerkennung und Beliebtheit, aber auch nach Bewegung und körperlichem Ausgleich sind hier nur in geringem Maße erfüllbar. Im Gegenteil: Schule verstärkt oder produziert diese Motivvorlagen. Zusammenfassend ausgedrückt, treten aber vor allem bei Kindern dann kompensatorische Ausbruchsversuche (. . .) in Form von riskantem Verhalten auf, wenn Bedürfnisse und ,verbrauchte' Energien auch in der außerschulischen Lebenswelt nicht ausreichend befriedigt bzw. vermittelt werden können. Dies scheint für die hier befragten Kinder zu gelten, wofür auch das Ergebnis spricht, daß sich bei den Kindern, die nachmittags in einer sozialpädagogischen Einrichtung betreut werden, riskante Verhaltensweisen in einem weitaus geringeren Maße finden lassen als bei Nichtbetreuten. Die Formen des Ausagierens belastender Erlebnisse, die Formen, Ausgleich zu erhalten, sind im letzteren Falle offensichtlich auf eine weniger selbstbeeinträchtigende Art und Weise möglich" (Freese 1985, S. 15/16).

In dieser Studie ging es sich vor allem um Kinder aus sozial benachteiligten und sozial desorganisierten Familien, die nicht in der Lage waren, den Kindern den Tag über soziale Unterstützung und Anregung zukommen zu lassen oder vermitteln zu können.

Problembelastungen in der Konstellation Schule/Familie finden wir auch in der Jugendphase und hier quer durch alle Schichten sozialer Herkunft hindurch. So wird von dem relativ verbreiteten Erlebnissyndrom des „Scheiterns" bei 13-17jährigen Jugendlichen berichtet, das dann entsteht, wenn nicht erreichte Schulleistungen gekoppelt sind mit nicht erfüllten diesbezüglichen Elternerwartungen.

Dieser Zusammenhang führt zu einer deutlichen Beeinträchtigung des Wohlbefindens von Jugendlichen und kann gesundheitsriskante soziale Reaktionsweisen nach sich ziehen (Nordlohne/Hurrelmann/Holler 1990). Das Scheitern an multiplen Erwartungen generiert Orientierungsunsicherheit und Selbstwertverunsicherungen bezüglich der Entwicklung der eigenen Lebensperspektive. Dazu kommt, daß legale (Rauchen, Alkoholkonsum) bis hin zu illegalen Drogen als Integrationssymbole in den jugendlichen Gleichaltrigencliquen an Bedeutung gewonnen haben (Engel/Hurrelmann 1989), vor allem in Gruppen, welche nicht über alternative soziale und kulturelle Integrationsmittel verfügen.

Die uns hier vorliegenden Befunde präzisieren das Bild des „Auf-Sich-Gestellt-Seins", das wir im Kapitel über Kindheit und Jugend gezeichnet haben, auf spezifische Weise. Wenn wir das Generationenverhältnis Eltern/Jugendliche dort mit der Formel „soziokulturelle Eigenständigkeit bei ökonomischer Abhängigkeit der Jugendlichen" beschrieben haben, so scheinen diese Komponenten bei manchen Jugendlichen doch gegenläufig und damit problembelastend zu wirken. Man hat sich zwar kulturell gegenüber den Eltern verselbständigt, ist aber doch weiter ihrem Erwartungsdruck ausgesetzt. Dies wird durch die Individualisierung verstärkt, da zu vermuten ist, daß die Erwartungen der Eltern nun als je eigene Erwartungen von Vater und Mutter eher personal denn (eltern-)positionell den Jugendlichen entgegengebracht werden. Da im heutigen entstrukturierten Generationenverhältnis das Abarbeiten aneinander — im Sinne des klassischen Generationenkonflikts — weitgehend entfällt, bleiben die Erwartungen und Vorwürfe der Eltern „stumm" und können oft nur nach innen oder in der Protestsolidarität der Gleichaltrigengruppe bearbeitet werden. Sozialpädagogische Einrichtungen gelten in diesem Zusammenhang als Orte, so haben wir es auch bei dem Fallbeispiel zum Risikoverhalten von Kindern erfahren, in denen Gelegenheiten zum Ausagieren ohne Zwang zum selbstgefährdenden Verhalten geschaffen werden können, wo Selbstwertstabilisierung durch soziale Unterstützungsangebote und personale Identifikationen möglich sind.

Gewalt

Auch im Falle gewalttätigen Verhaltens von Kindern und Jugendlichen muß die Sozialpädagogik — selbst wenn wir gegenüber den Jugendlichen deutlich machen, daß wir Gewalt ächten — erst einmal danach fragen, was Gewalt den Gewaltausübenden subjektiv bedeutet, inwieweit sie also eine besondere und extreme Bewältigungsform darstellt. Von „Gewalt" spricht man dann, wenn jemandem gegen dessen Willen ein Verhalten oder Tun bis hin zur physischen Überwältigung aufgezwungen wird. In der Gewalt ist deshalb immer der Aspekt der Abwertung des bzw. der anderen enthalten, die Abwertung anderer ist gleichsam der Vorhof der Gewalt. Deshalb spricht die Frauenforschung bei der Bewertung der herrschenden geschlechtsspezifischen Arbeitsteilung, in die die Abwertung des Frau-Seins und der fraulichen Kompetenzen eingelassen ist, prinzipiell von einem „Gewaltverhältnis".

Wir unterscheiden zwischen manifester und struktureller Gewalt. Strukturelle Gewalt ist nicht sichtbar, aber spürbar. Wir haben bei der Darstellung der sozialisatorischen Bedeutung sozialräumlicher Aneignungsprozesse bei Kindern und Jugendlichen gerade auch darauf hingewiesen, wie Aneignung und damit soziale Entwicklung gestört wird, wenn die sozialräumliche Umwelt einseitig funktionalisiert, verbaut, für die Kinder versperrt ist. Hier, aber auch dort, wo Rechte vorenthalten, wo Menschen sozial ausgegrenzt und zurückgesetzt werden, wirkt strukturelle Gewalt. Daß sie vor allem in offenen sozialräumlichen Kontexten spürbar wird, hängt damit zusammen, daß Gewalt in den Institutionen und Regelsystemen eingeschlossen und legitimiert ist: die elterliche Gewalt, die Gewalt der Lehrer über die Schüler, die Gewalt, die von manchen politischen Entscheidungen ausgeht.

Wenn manifeste Gewalt geächtet, strukturelle Gewalt aber nicht öffentlich thematisierbar, weil tabuisiert ist, können Desorientierungstendenzen entstehen: die Linie zwischen eigener Gewalterfahrung und Akzeptanz der Gewaltausübung kann diffus werden, die Gewaltakzeptanz kann sich erhöhen.

Empirische Untersuchungen zu rechtsextremistischen Einstellungen, die durch eine hohe Gewaltakzeptanz gekennzeichnet sind, haben uns eindeutig vor Augen geführt, daß Gewalt für Jugendliche ein integraler Bestandteil des Alltagslebens sein kann. Alltägliche Ohnmachtserfahrungen gelten als Hintergrund für den Anschluß an rechtsextreme Szenen (Heitmeyer 1989, S. 111 f.). Die meist männlichen Jugendlichen möchten über den Anschluß an diese Szenen wieder etwas wert sein und versuchen, sich dieses Erlebnis über die rassistische und sexistische Abwertung anderer (Ausländer- und Frauenfeindlichkeit) zu verschaffen. Sie suchen Sicherheit und Eindeutigkeit in einer Gruppe, die ihnen diese Bedürfnisse über autoritäre Gruppenunterordnung und „Führung" vermittelt. Gewalt stellt dabei ein Medium dar, in dem man sich in Szene setzen, diffuse Situationen entscheiden, die Welt nach dem Schema Oben — Unten, Stark — Schwach wieder „in Ordnung bringen" kann.

Obwohl der Rechtsextremismus ein Extrembeispiel ist, macht uns doch hellhörig, daß seine psychosozialen Merkmale auf allgemeine Bewältigungsprobleme verweisen. Von daher ist er keineswegs als ein Sonderproblem ausgrenzbar, vor allem dann nicht, wenn man — wie Heitmeyer — mit dem Begriff der „rechtsextremen Anschlußdisposition", die sich prinzipiell aus alltäglichen Ohnmachtserfahrungen entwickeln kann, operiert. Gewalt und Gewaltakzeptanz sind in dieser Herleitung in den Alltag eingebettete soziale Reaktionsweisen, mithin Formen der Lebensbewältigung.

Für die Zwecke der sozialpädagogischen Diagnostik lassen sich dabei verschiedene Ebenen der subjektiven Bedeutung von Gewalt für die Lebensbewältigung unterscheiden. Gewalt ist

— Mittel zur Selbstwertsteigerung und -demonstration;

— der Versuch, die „Eindeutigkeit" in der sozialen Orientierung in einer unübersichtlich und widersprüchlich gewordenen sozialen und kulturellen Umwelt wieder herzustellen;

— nach außen gerichtete Reaktion auf Überforderung in sozialen Beziehungen und gegenüber Problembelastungen;

221

– strategisches Verhalten (Umwegverhalten) bei sozialer Isolation und Kontaktschwäche; man möchte mangels kommunikativer und sozialemotionaler Kompetenzen soziale Beziehungen im wahrsten Sinne des Wortes „mit Gewalt" herbeiführen und tut dies über den Umweg der gewalttätigen Annäherung.

Daß vor allem Jungen und junge Männer in die Vorhöfe und Zonen der Gewalt geraten, ist uns nach dem, was wir bisher über die Prinzipien männlicher Sozialisation gehört haben, plausibel: Frauenabwertung gilt als struktureller Bestandteil problematischer männlicher Geschlechterrollenfindung, die männlichen Bewältigungsprinzipien Außen, Konkurrenz, Körperferne sind gewaltnah. Diese Gewaltdisposition bringt den Jungen aber nur scheinbar und akzidentiell Vorteile. Sie reduziert und fixiert nicht nur die Bewältigungsperspektive auf Gewalt und schränkt damit die sozialen Aneignungsmöglichkeiten drastisch ein, sondern beinhaltet auch Gewalt gegen sich selbst: Unterdrückung der eigenen Emotionalität, Konkurrenz- und Gewaltfixierung in der Sexualität sind zwei verbreitete Beispiele, welche einen perspektivlosen „Bewältigungskreisel" in Gang halten: Gewalt gegen andere schlägt – meist unbewußt – auf einen selbst zurück, und dies nährt wiederum die eigene Gewalttätigkeit.

Diesen aussichtslosen Gewaltkreisel den Jungen bewußt zu machen, gelingt in der sozialpädagogischen Arbeit nur, wenn drei Voraussetzungen erfüllt sind:

– Die Sozialpädagogik muß über Räume, regelmäßige Aktionen und persönliche Beziehungen Milieus anbieten können, in denen man sich aufgehoben und nicht ausgesetzt fühlen kann. Jugendliche müssen in Kontrast zu ihren Ohnmachtserlebnissen ihren Selbstwert über eigenverantwortete Aktionen und Projekte – je nach ihren Fähigkeiten – erleben, darstellen, inszenieren können.

– Die körperliche und räumliche Grundstruktur des gewalttätigen Handelns – Körpereinsatz, Bewegung, Ausagieren – darf im sozialpädagogischen Arbeitsfeld nicht verpönt sein, sondern muß in Abläufe und Kontexte gelenkt werden, in denen sie ohne Abwertung und Demütigung anderer auskommt.

222

— Die Angebote und Projekte müssen so aufgebaut sein, daß sie andere attraktive denn gewaltförmige Gruppenerlebnisse ermöglichen und somit zur Gewalttätigkeit alternative Kristallisations- und Kohäsionspunkte für die Gruppen schaffen können.

Jugendkriminalität

Der Umgang mit delinquentem Verhalten Jugendlicher gehört zum klassischen Repertoire der Sozialpädagogik des Jugendalters. Wir haben bisher erfahren, daß abweichendes Verhalten in der Jugendzeit lebensphasentypisch sein kann (Jugend als Phase potentieller Devianz) und daß es darauf ankommt, sowohl eine Verfestigung dieses Verhaltens als auch einen Übergang in die Kriminalität zu verhindern. In der Jugendkriminalität verbergen sich nicht nur jugendkulturelle Devianzmuster, sondern auch Formen der Lebensbewältigung, wie wir das schon im vorangegangenen Kapitel über Risikoverhalten und Gewalt erfahren haben. In diesem Zusammenhang ist es jedoch wichtig, Erklärungswissen über drei signifikante Dimensionen der Jugendkriminalität zu vermitteln:

— über die jugendkulturelle Dimension,

— über den institutionellen Umgang mit abweichendem Verhalten (institutionelle Sanktion), der viel zur Verfestigung beitragen kann,

— über die Bewältigungsdimension, die sich vor allem in spezifischen Kristallisationspunkten des delinquenten Gruppenverhaltens zeigt.

Den jugendkulturellen Aspekt abweichenden Verhaltens Jugendlicher möchte ich an einem Beispiel illustrieren. Jugendliche betreten ein Kaufhaus, lassen sich von den visuell-sinnlichen Waren anregen und klauen etwas. In diesem einfachen kleinkriminellen Akt stecken verschiedene jugendkulturelle Aspekte: Es ist eine lustvolle Handlung, stellt risikoreiche Action dar, zeigt eigene Geschicklichkeit und Kompetenz und bringt einen hohen Status in der Gleichaltrigengruppe. Deshalb sind Jugenddelikte auch oft Gruppendelikte. Dieser lustvolle, risikoreiche, gruppenbe-

223

tonte und experimentelle Aspekt bei solchen Eigentumsde-
likten zeigt, daß es nicht darum geht, daß man unbedingt
etwas stiehlt um des betreffenden Gegenstands willen.
Dies wird auch angesichts der scheinbar unsinnigen Gegenstände, die geklaut werden, plausibel. Das Klauen selbst
ist also das Experiment, das Risiko, das Lustvolle, das die
Situation Verdichtende.

Wenn solches abweichendes Verhalten institutionell etikettiert und kriminalisiert wird, dann verliert die Situation
ihren jugendkulturellen Ursprung. Jugendliche müssen
sich nun mit polizeilichen und gerichtlichen Instanzen auseinandersetzen. Es entsteht eine neue Bewältigungsszenerie, auf die sie nicht vorbereitet sind und die sie möglicherweise weiter in abweichendes Verhalten drängen kann.
Deshalb gibt es in der Jugendberatung und mobilen
Jugendarbeit inzwischen Projekte, die versuchen, Delikt-
verhalten Jugendlicher unterhalb der gerichtlichen
Schwelle einvernehmlich zu regeln (Diversifikation).

Ob abweichendes Verhalten als kriminell gilt, ob es sanktioniert oder nicht sanktioniert wird, hängt viel von den
sozialen Umständen ab, in denen sich der Jugendliche
befindet. Wenn ein Jugendlicher in einem bürgerlichen
Wohnviertel in einem Supermarkt stiehlt und der Super-
marktsleiter sieht, daß dies der Sohn von dem Beamten
oder Abteilungsleiter X ist, und der Vater oder die Mutter
kommen vorbei oder rufen an, daß man wegen dieses
Streichs kein großes Theater machen soll und die Sache
doch regeln kann, dann verhält sich das anders als in dem
Supermarkt in einem Trabantenviertel. Dort kennt man
sich kaum, dort leben viele Unterschichtfamilien und die
Eltern bemühen sich nicht um einen. Vielmehr wird sofort
die Polizei verständigt, wenn gestohlen wird. Dasselbe Verhalten wird also aus Gründen der unterschiedlichen sozialen Herkunft unterschiedlich bewertet. Es gibt auch andere
Gründe: so wird das abweichende Verhalten von Mädchen
und Jungen ebenfalls unterschiedlich etikettiert. Der 6.
Jugendbericht macht uns darauf aufmerksam, daß bei Mädchen sexualmoralische Etikettierungen (z.B. umher-
treiben/ weglaufen, sexuelle Auffälligkeit) über die
Hälfte der Gründe für eine fürsorgerische Sanktion ausmachen, während dies bei den Jungen nur zu einem Viertel
ist.

Wenn sich jemand abweichend verhält, dann ordnet man ihn einem Milieu zu; man kann dann sagen, daß man eigentlich von ihm nichts anderes erwarten kann. Dies ist der erste Vorgang im Etikettierungsprozeß. Damit werden ihm Eigenschaften aufgrund seines Verhaltens zugeschrieben, die in dieser Dichte und Etikettierung in dem Verhalten selbst oft gar nicht vorhanden sind. Was bei dem einen ein Ausrutscher ist, ist bei dem anderen ein milieugebundenes und damit folgerichtiges kriminelles Verhalten. Wenn sich dieses abweichende Verhalten — egal ob aus anderen Anlässen oder unterschiedlichen Situationen — wiederholt, werden die betreffenden Jugendlichen bald auffällig und schließlich aktenkundig. Sie können jetzt tun, was sie wollen, ihr Verhalten wird negativ registriert und etikettiert. Die Reaktionsweisen, die Jugendliche darauf zeigen, bestehen dann nicht selten darin, daß sie dieses Etikett übernehmen, sich diesen negativen Erwartungen gegenüber konform verhalten. Aus sozialpädagogischer Sicht heißt das: Sie versuchen, die konflikthafte Situation zu bewältigen, handlungsfähig zu bleiben, indem sie die Etikettierung übernehmen. Auch daß sie sich Gruppen anschließen, in denen ihr Verhalten positiv bewertet wird (z.B. einer Jugendbande), wird unter dem Bewältigungsaspekt plausibel. In Jugendgerichtsakten kann man nachvollziehen, daß und wie solche Jugendliche die unterschiedlichen Stationen der Etikettierung und Stigmatisierung durchlaufen haben, der Jugendstrafvollzug ist für sie dann die vorläufig letzte Station einer „kriminellen Karriere" (vgl. ausführlich zum Etikettierungsprozeß Brusten/ Hohmeier 1976).

Die Betrachtung jugendlicher krimineller Karrieren unter dem Etikettierungsaspekt hat gezeigt, daß abweichendes Verhalten Jugendlicher und Jugendkriminalität nicht von vorneherein identisch sind, und daß das Wissen um die jugendkulturelle und die Stigmatisierungs-Komponente zum Grundrepertoire einer sozialpädagogischen Praxis gehören muß. Ihre Aufgabe muß es zuvörderst sein, abweichendes Verhalten Jugendlicher nicht vorschnell zu kriminalisieren und in kriminalisierende Verfestigungsprozesse einmünden zu lassen.

So allgemein die jugendkulturelle Potentialität abweichenden Verhaltens aber auch ist, so sind es doch benachteiligende Sozialisationsbedingungen und Problembelastungen — also sozialisatorische Bewältigungsdilemmata —, die dazu führen, daß ein (vergleichsweise kleiner) Teil der Jugendlichen in die Zone der Jugendkriminalität gerät. Delinquentes Verhalten als Bewältigungsmuster verweist — so die entsprechenden Untersuchungen von Seitz/Götz (1979) bis Engel/Hurrelmann (1989) — auf sozial restriktive biographische Erfahrungen (und damit einhergehende eingeschränkte Handlungsfähigkeit) ausgehend von der jeweiligen Herkunftsfamilie. So wird der Anschluß an Jugendbanden auch als Suche nach einem Ersatz für die fehlende Befriedigung von sozialemotionalen Bedürfnissen in der Familie gedeutet. Das kann in sozial benachteiligten Familien ebenso vorkommen wie in Mittelschichtsfamilien. Auch eine autoritäre Erziehung, die durch eine starke Verhaltenskontrolle seitens der Eltern gekennzeichnet ist, kann in diesem Zusammenhang eine Rolle spielen. Der Verhaltensspielraum des Kindes wird mangels der Möglichkeit, neue alternative Erfahrungen zu sammeln, eingeschränkt, die Erprobung anderer Verhaltensweisen vom Kind nach und nach aufgegeben, so daß das Kind in neuen Situationen nicht mehr unbefangen reagieren kann. Solche Kinder tun sich schwer, neue soziale Rollen zu übernehmen, bei ihnen wächst die Unfähigkeit, soziale Bindungen einzugehen. Der Anschluß an eine Bande, wird dann als Kompensation für eine solche biographische Entwicklung genutzt. Abweichendes und delinquentes Verhalten wird auch auf familiale Konstellationen zurückgeführt, in denen Eltern von ihren Kindern viel erwarten, aber ihnen nicht die Möglichkeiten und die Unterstützung geben können, diese Erwartungen einzulösen. Auch die Art und Weise, wie innerfamiliale Konflikte stetig auf die Kinder abgeleitet werden, wird zu den Belastungsfaktoren gezählt, die bei abweichendem Verhalten von Kindern und Jugendlichen eine Rolle spielen können.

Im Grunde handelt es sich immer um Überforderungssituationen in den Familien, die je nach sozialer Schicht unterschiedlich bewältigt werden, welche die Kinder belasten, sie in der Folge an den Rand drängen (marginalisieren) und zu erheblichen Selbstwert- und sozialen Kontaktproblemen führen können.

Neben der Familie ist es die Gleichaltrigengruppe, die Jugendclique, in der Jugendliche ihr Bewältigungsreper-

226

toire erlernen. Auch hier können weitere Weichen in Richtung restriktiven Sozial- und Bewältigungsverhaltens gestellt werden. Mit dem Begriff „Bandendelinquenz" wird ein entsprechendes abweichendes Gruppenverhalten charakterisiert. W. Miller (1979) hat in diesem Zusammenhang herausgearbeitet, daß delinquentes Gruppenverhalten vor allem auch Bewältigungsverhalten ist, in dem sich das Bewältigungsrepertoire der sozialen Milieus — hier meist Unterschichtmilieus —, aus denen die Jugendlichen kommen, widerspiegelt. Er führt uns typische „Kristallisationspunkte" vor, in denen ein schichttypisches Verständnis von abweichendem Verhalten zusammenfließt. So bringt er das Beispiel, daß sich Jugendliche aus der Unterschicht in konfliktträchtigen Situationen nicht normativ, sondern strategisch verhalten. Sie versuchen delinquentes Verhalten nicht aus normativer Einsicht zu vermeiden, sondern gehen strategisch den Schwierigkeiten aus dem Weg. Andererseits kann aber auch gesetzwidriges Verhalten im Milieu zu einem Prestigezuwachs in der Clique führen.

Ein weiterer Kristallisationspunkt ist das männliche Dominanzverhalten, das in diesen Gruppen besonders zum Zuge kommt. Die Reduktion des Sozialverhaltens auf einseitiges männliches Ritualverhalten nach innen und außen engt die sozialen Handlungs- und Reaktionsmöglichkeiten der Gruppe erheblich ein und spitzt sie schnell auf delinquente Verhaltensmuster zu.

Ein dritter wichtiger Kristallisationspunkt ist schließlich die fast autoritäre Situationsfixiertheit des Handelns. Man reagiert schnell in Konfliktsituationen, ohne sich über alternative und kommunikative Lösungsmöglichkeiten verständigen zu können; unterliegt man oder wird für sein Verhalten sanktioniert, so trägt man es fatalistisch, schicksalshaft.

Die mobile Jugendarbeit mit gefährdeten Jugendlichen (vgl. Specht 1981), die sich vor allem mit solchen Gruppen beschäftigt, setzt an diesen Kristallisationspunkten an, indem sie versucht, durch soziale Erweiterung und Entspannung der Gruppenmilieus, durch Anbieten von Gruppenalternativen, die Selbstwert und Stärke auf sozial nicht gefährdende Art ermöglichen, und durch Initiierung von über die Situation hinausgehenden Kommunikationsformen in der Gruppe die soziale Handlungsfähigkeit des Ein-

zelnen und der Gruppe und damit das Bewältigungsrepertoire zu erweitern.

Zusammenfassend stellt sich Jugendkriminalität als ein
komplexes Zusammenspiel von problembelastenden Faktoren aus den sozialen Herkunftsmilieus (Familie und
Gleichaltrigengruppe), jugendkultureller Offenheit für
abweichendes Verhalten und institutionellen Etikettie-
rungs- und Stigmatisierungsmustern dar. Der sozialpädagogische Umgang damit kann sich deshalb nicht nur auf die
unmittelbare Beziehungsarbeit mit den Jugendlichen bzw.
den Gruppen beschränken, sondern erfordert darüber hinaus Aufklärungsarbeit gegenüber den administrativen, polizeilichen und gerichtlichen Instanzen sowie lokale Öffentlichkeitsarbeit.

8. Jugend als kritisches Potential – Zur Begründung einer politisch-kulturellen Jugendbildung

Die Vorstellung von der Lebensphase Jugend als Phase „potentieller Devianz" (Eisenstadt) darf sich in der Sozialpädagogik nicht nur auf den Gefährdungsaspekt beziehen. Vielmehr gilt es auch, das kritische Potential der Abweichung – vor allem im politischen und kulturellen Verhalten Jugendlicher – zu sehen, und damit die erweiterte, aktive Perspektive der Lebensbewältigung. Dieses kritische Potential der Jugend gilt als zentrale Begründung für die politisch-kulturelle Jugendbildung in der Sozialpädagogik.

Während es für die traditionelle Jugendbildung selbstverständlich war, Jugendliche in die herrschenden kulturellen und politischen Institutionen einzuführen, hält sich die moderne politische und kulturelle Bildung seit den 60er Jahren zugute, den aktiven und besonderen Part der Jugend bei der Gestaltung der gesellschaftlichen Kultur in den Vordergrund zu rücken.

Wir werden diese politisch-kulturelle Dimension des Jugendalters, wie sie in den Argumentationsfiguren Jugend als politische Generation und Jugend als zweite Chance hervortritt, durchleuchten und fragen, ob und wie sie als Begründung einer politisch-kulturellen Jugendbildung hinreichend ist.

Das Bild von der jungen Generation

Sozialpädagogik als Sozialerziehung ist seit Anfang des 20. Jahrhunderts in Deutschland fester Bestandteil der öffentlichen Jugendhilfe und firmiert seitdem unter dem übergreifenden Etikett Jugendpflege. Ging es zunächst darum, unter dem Leitbild einer obrigkeitshörigen und staatstragenden Jugend vor allem die proletarische Jugend staatstreu zu erziehen, so wandelte sich dieses autoritäre Verständnis in der Weimarer Zeit zu dem einer Staatsbürgerlichen Erziehung, in der den Jugendlichen die Rechte und Pflichten des Staatsbürgers in einer republikanischen Ordnung nähergebracht werden sollten. Die Geburt der politischen Bildung in der Jugendarbeit, so wie wir sie heute kennen, ist erst in der Zeit nach dem 2. Weltkrieg zu datieren. Ihre Anfänge entwickelten sich aus der Reeducation-Politik der amerikanischen Besatzungsmacht, die in der Jugend insbesondere nach der Erfahrung mit der totalitären Vereinnahmung der Hitler-Jugend im Faschismus eine strategische Sozialgruppe im Prozeß des demokratischen Neubeginns sah. Diese historische Einschätzung einer politischen Generationsgestalt Jugend, welche dann auch der späteren politischen Bildung zugrundelag, stimmte aber keineswegs mit der politischen Einstellung der jungen Generationen der 50er und 60er Jahre überein. Deutlich wird dies vor allem in einer repräsentativen Jugendstudie, die der Soziologe H. Schelsky (1963) durchführte und mit dem schillernden Titel „Die skeptische Generation" versah. Die Jugend der 50er Jahre war pragmatisch, sie war am Alltag der Erwachsenengesellschaft und ihrem eigenen Hochkommen in der Wiederaufbauzeit orientiert. Skeptisch war sie — und diese Skepsis wuchs aus diesem Pragmatismus — gegenüber dem Ansinnen der politischen Bildung, eine politische Generation in einem neuen demokratischen Staat zu sein.

„Kritisch ist sie offenbar nur in einer Richtung, nämlich im Hinblick auf die Gedanken, Phrasen und Gesten, die das Jugendleben der vorausgehenden Zeiten bestimmt haben und die ihr nun in einer gewissen Verhaltenserwartung der Erwachsenen, zumal der beruflichen Erzieher, noch entgegentreten" (Flitner 1962, S. 70).

Ihre politische Generation bekam die Politische Jugendbildung in der Bundesrepublik dann erst im Umfeld der 68er Jugendproteste. Die politische Generationsgestalt Jugend, welche die politischen Bildner der 50er Jahre vergeblich beschworen hatten, schien nun auf einmal da zu sein. Politische Bildung rückte zumindest in den 70er Jahren zu einer sozialpädagogischen Königsdisziplin auf. Politisches Lernen und politische Aktion galten als wichtiges Medium der Aneignung und Bewältigung der gesellschaftlichen Wirklichkeit, des Erwerbs persönlichen Selbstwerts und sozialer Kompetenz, der Erfahrung der eigenen abhängigen Lage und ihrer Überwindung. Über die politische Bildung sollten Gegenwelten zu den autoritären Strukturen in Schule und Betrieb aufgebaut werden. Deutlich und für diese Zeit exemplarisch drückt sich diese Grundstimmung der politischen Gegenwelten, in der Schrift F. Wellendorfs „Schülerselbstbefreiung" (1972) aus. Politische Bildung in diesem Sinne war Hilfe zur Lebensbewältigung und politische Erziehung zur Erweiterung der gesellschaftlichen Handlungsmöglichkeiten gleichermaßen. Die Suche nach einer neuen gesellschaftlichen Normalität, welche die autoritäre Diskrepanz zwischen dem modernen industriellen Wandel und der reaktionären Sozial- und Herrschaftsstruktur überwinden sollte, wurde zum sozialpädagogischen Programm vieler Bildungsstätten. Jugendliche sollten eine neue (in unserem Sinn erweiterte) Handlungsfähigkeit erreichen, indem sie das Heft selbst in die Hand nahmen. Die politische Generationsgestalt verdrängte die Problemgestalt Jugend.

Keine andere soziale Bewegung der neueren deutschen Sozialgeschichte hat die Jugend derart herausgehoben und als Objekt der Geschichte erscheinen lassen wie die Studentenbewegung von 1968. Sie hat zum ersten Mal in der Nachkriegszeit ein politisches Generationsbild von unten hervorgebracht. Trotzdem ist fraglich, welcher gesellschaftspolitische Einfluß von dieser politischen Jugend der 68er wirklich ausging. In der Jugendforschung wurde später nüchtern bilanziert: Politische Jugendliche haben selbst Ende der 60er Jahre kaum Chancen gehabt, über politische Aktivitäten ihre Lebensverhältnisse, etwa in Schule oder Betrieb, zu verändern. Zwar sind von den politisch aktiven Studenten oder von politisch profilierten jungen Lehrern in den damals neu gegründeten Gesamtschulen deutliche Einflüsse auf die sozialen und politischen Prozesse in ihren jeweiligen Institutionen ausgegangen. Kohorten von Funktionsträgern, an denen sich eine epochale Prägung durch spezifische politische Ideen und Werthaltungen aufzeigen läßt, sind in den 70er Jahren ein aktives Moment im komplexen Prozeß des sozialen Wandels gewesen. Dieses Moment freilich war getragen von den sozioökonomisch gegebenen Chancen zur Modernisierung der Gesellschaft und zum Ausbau des Staates. Gerade das Schwinden dieser Chancen in den 80er Jahren hat die Protestgeneration vom vermeintlichen Subjekt der Geschichte zum „Objekt historischer Reminiszenz" reduziert (Schefold 1982, S. 83).

Aus der heutigen Sichtweise der historischen Rekonstruktion war die 68er-Bewegung durchaus funktional für die sozialstaatliche Modernisierung der Bundesrepublik in den 70er Jahren. Diese Modernisierung lebte vom human capital der Bildungsjugend, von der gesellschaftlichen Demokratisierung als Öffnungsventil der erstarrten institutionellen Strukturen.

Mit der Zeit aber löste sich das Bild der Protestjugend, die Vorstellung von der Jugend als Faktor sozialen Wandels, von den Jugendlichen selbst ab und wurde zur Metapher der Sozialwissenschaften, der Pädagogik und der Gesellschaftspolitik. Vor allem die Politik schrieb ihr Drehbuch um, und aus der eben noch heftig bespotteten und bekämpften 68er-Jugend wurde nun ein medienwirksam ins Bild gerückter Dialogpartner auf Parteitagen und Jugendforen. Das Bild der „jungen Generation als politischer Generation" hatte seine Modernisierungskraft erwiesen und wurde nun gesellschaftspolitisch und pädagogisch institutionalisiert.

Für die politische Bildung begann damit eine fatale Entwicklung. Mit diesem nun gesellschaftspolitisch propagierten Bild von der jungen Generation als politischer Generation, das sich an der 68er-Protestgeneration orientierte, wurden Maßstäbe gesetzt, an denen die nachfolgenden Jugendgenerationen gemessen wurden. Die Jugend der 70er Jahre wurde mit der Geschichte ihrer Vorgeneration konfrontiert, unter Druck gesetzt. Nicht daß sie protestieren sollte, aber sie sollte sich politisch, aufgeklärt, emanzipiert und interessiert am reformierten demokratischen Staat verhalten. So entstand ein paradoxes Bild. Nicht die Jugend kämpfte um Emanzipation, sondern der Staat und seine Pädagogen hielten Emanzipationsangebote bereit und — Ironie der Geschichte — etikettierten die Jugendlichen, die eben in diesem progressiven Dienstleistungsstaat sich individuell einrichten wollten, als unpolitisch, apathisch. Der Slogan von der „versorgten Generation" war geboren. Das Gespenst von der passiven Generation, die sich nur um ihr eigenes Glück und Wohlergehen und nicht um die Zukunft der Gesellschaft kümmere, geisterte durch die gesellschaftspolitische und pädagogische Landschaft. Die in den Jugendumfragen der zweiten Hälfte der 70er Jahre und Anfang der 80er Jahre ermittelten Einstellungen, Orientierungen und Verhaltensweisen der durchschnittlichen bundesrepublikanischen Jugend wurden nun vor allem auch unter dem Aspekt bewertet, ob diese Jugend überhaupt in der Lage sei, diese Gesellschaft in der Zukunft zu tragen, ihren Bestand zu sichern. Die Mutmaßungen darüber wurden in öffentlichen Diskussionen mit pessimistischen Einschätzungen über die Zukunft des Generationenvertrages geführt.

In den 80ern bis in den Anfang der 90er Jahre hinein kehrte sich das öffentliche Jugendbild allerdings wieder um. Jugend war auf einmal nicht mehr Bühne der Gesellschaftspolitik. Angesichts des technologischen Strukturwandels der Arbeitsgesellschaft, wie er sich in den 80er Jahren vollzogen hat, die Vorstellung der Jugend als „human capital" ökonomisch nicht mehr gebraucht wurde. Durch die weitgehende Entkoppelung von technisch-ökonomischem Fortschritt und breiter Bildungsmobilisierung — die Aura der elektronischen Prozessoren und die technologischen Eliten und nicht die breite Bildungsdiskussion beherrschte das Fortschrittsfeld — sind zwar Qualifikationen weiter gefragt, aber sie werden einfach vorausgesetzt. Wie sie erworben werden, wer mit ihnen zum Zuge kommt, ist uneinheitlich geworden, von den Gesetzen der Märkte und nicht mehr von der sozialstaatlichen Bildungspolitik bestimmt. Bildung ist natürlich auch für alle weiter wichtig; aber eben nicht mehr in dem Sinne, daß eine gleich gute Bildung für alle *die* Voraussetzung gesellschaftlichen Wachstums und gesellschaftlicher Wohlfahrt darstellt. Bildung hat ihren gesellschaftlichen Mobilisierungscharakter verloren, ist individualistisch geworden: jeder muß sie erwerben, um sich seine Chancen zum Mithalten zu schaffen oder zu bewahren, um sich vor der Gefahr der Deklassierung zu schützen.

Aber die Entwertung der Jugend geschah nicht nur auf der Seite der etablierten Gesellschaftspolitik, sondern auch auf der „anderen Seite", bei den Gruppierungen, die sich gegen den ökonomisch-technologischen Wachstums- und Fortschrittswahn der Gesellschaft wandten. Hier wurde deutlich, daß Jugend — eigentlich seit der Renaissance — immer als Metapher für linearen Fortschritts- und Wachstumsglauben herhalten mußte. („Es geht mit der Entwicklung des Menschen immer so weiter, und mit jeder neuen Generation kann es nur besser werden"). Die gesellschaftliche Verbindung von Jugend und Fortschritt — wie sie z.B. in der erwähnten Modernisierungsphase der 70er Jahre propagiert wurde — wird heute in dem Maße entwertet, in dem der Glaube an Fortschritt und Rationalität der modernen Industrie- und Leistungsgesellschaft entwertet ist.

Aus der Sicht der Sozialpädagogik hat diese gesellschaftspolitische Umwertung der Jugend auch etwas Entlastendes. Der Druck auf die Jugend, sich nach der einen oder anderen Seite abweichend und politisch spektakulär zu verhalten, ist geschwunden. Was bleibt aber von der Jugend als „politischer Generation"? Was der Jugend bleibt, bzw. was sich in dieser Entlastung entfalten kann, ist das, was der Soziologe Karl Mannheim einmal die spezifische Vitalität der Jugend genannt hat:

„Die Jugend gehört zu jenen unausgeschöpften Reserven, die jede Gesellschaft zu ihrer Verfügung hat . . . Die Jugend ist ihrer Natur nach weder fortschrittlich noch konservativ, doch zufolge der in ihr schlummernden Kräfte zu allem Neuen bereit" (Mannheim 1952).

Jugendliche sind nach diesem Bild in ihrem Alter noch nicht in den status quo der herrschenden sozialinstitutionellen Ordnung verstrickt, sie treten gleichsam erst in die Gesellschaft ein, sie haben noch keine festen gesellschaftlichen Interessenbindungen. In dieser Möglichkeit des jungen Menschen, in die Gesellschaft der festen Institutionen und Rollen einzutreten, ohne auf deren Geschichte Rücksicht nehmen zu müssen, in ihrem Noch-Nicht-Gewöhnt-Sein an den gesellschaftlichen status quo ist die lebensaltertypische Bereitschaft Jugendlicher angelegt, mit allem zu sympathisieren, was im sozialen Sinne dynamisch und/oder unetabliert erscheint. Diese Sympathie überträgt sich dann oft auch auf Gruppen — politische oder soziale Randgruppen — die von ihren Lebensformen her eine wie auch immer gerichtete soziale Gegenordnung symbolisieren.

Wir greifen hier deshalb auf eine Jugenddefinition zurück, die in den 20er Jahren entwickelt wurde, weil wir nach den Zeiten der positiven oder negativen gesellschaftspolitischen Mystifizierung der Jugend nach gesellschaftlichen Jugenddefinitionen suchen, die nicht nur davon befreit sind, sondern die frei sind von der Zumutung, qua Alter fortschrittlich und politisch sein zu müssen. So erscheinen uns auch die sozialwissenschaftlichen Anstrengungen, welche seit der Nachkriegszeit unternommen wurden, um das Konzept der politischen Generation hoffähig zu machen, eher abwegig. Von der entwicklungspsychologischen Adoleszenzforschung hat Gertrud Nunner-Winkler so etwas wie einen Schlußstrich unter diese Scheinkontroverse gezogen, indem sie das bestätigen konnte, was Mannheim längst vermutet hatte. Adoleszenzkrisen im Jugendalter sind unzweifelhaft Antriebe für kritisches Jugendverhalten. In welche Richtung sich nun aber diese Kritik bewegt, und gegen was oder wen sie sich richtet, hängt von den jeweiligen historisch-gesellschaftlichen Konstellationen ab, in denen sich Jugendliche und ihre soziale Umwelt entwickeln.

Diese Entmystifizierung des politischen Generationenbildes läßt die Möglichkeiten, die lebensaltertypisch in der Jugend stecken, hervortreten. Die Chance der Vitalität der Jugend besteht darin, daß Jugendliche vom gesellschaftlichen status quo noch unbefangen, aber auch von physisch-psychischen Antrieben noch unverbraucht gesellschaftlich Neues oder Abweichendes risikoreich und experimentell ausleben können. Dazu braucht es aber ein pädagogisches Feld, das nicht generationshierarchisch aufgebaut ist, und ein Forum, in dem die politische und kulturelle Vitalität der Jugend an die Öffentlichkeit kommen kann. Politische Bildung der Jugendarbeit und Jugendverbände können von ihrer Struktur her (Gleichaltrigenkultur und gleichberechtigte Intergenerationenbeziehungen) dies organisieren (vgl. Böhnisch/Münchmeier 1990, S. 136 ff.).

Jugend als „zweite Chance"

Die kulturelle Besonderheit des Jugendalters, die Chance des neuartigen Zugangs, die der Jugend innewohnt, wird auch in anderen wissenschaftlichen Zugängen zum Jugendalter hervorgehoben. Für uns ist hier vor allem der psychoanalytische Zugang interessant, wie er von dem Ethnopsychologen Mario Erdheim (1988) vertreten wird. In Erdheims These von der „Jugend als zweiter Chance" wird das Jugendalter psychoanalytisch unter den Begriff der Adoleszenz im weiteren und der Pubertät im engeren Sinne gefaßt. „Von ‚Pubertät' sprechen wir statt von Jugendalter, wenn die seelischen und leiblichen Reifungsvorgänge im Vordergrund der Betrachtung stehen; die intensivste Zeit dieses Wandels, das 14.-17. Lebensjahr, sind damit besonders gemeint" (Flitner 1962, S. 137). Heute, in den 90er Jahren, hat sich die Pubertät bei Kindern und Jugendlichen wesentlich vorverlagert. Die damit verbundenen, oft krisenhaften Entwicklungs- und Wandlungsprozesse der Persönlichkeit sind aber ähnliche geblieben. Wichtig ist außerdem beim Umgang mit psychoanalytischen Adoleszenztheorien, daß man berücksichtigt, daß die sexuellen Entwicklungsvorgänge der Pubertät nicht für sich Persönlichkeitsentwicklung und Persönlichkeitswandel bei Kindern und Jugendlichen bestimmen, sondern dabei die sozialen und kulturellen Faktoren, der soziokulturelle Kontext, in dem diese Prozesse ablaufen, eine wesentliche Rolle spielen. Kinder und Jugendliche erfahren die soziale Tragweite der Pubertät nicht so sehr an den eigenen körperlichen Vorgängen, sondern an der Art und Weise, wie sie von anderen wahrgenommen und zurückgespiegelt werden. Denn die Auseinandersetzung mit dem „Außen", die soziale Erweiterung der eigenen Persönlichkeit und Lebenswelt, ist das soziale Ziel des pubertären Prozesses, der pubertäre Vorgang selbst ist eher ein Medium (vgl. dazu ausführlich Hornstein u.a. 1974).

Das Aufregende an der psychoanalytischen These Erdheims von der „Jugend als zweiter Chance" ist seine Vorstellung von der kulturellen und sozialen Tragweite, die dieser pubertäre Prozeß in der Biographie der Jugendlichen haben kann. Im Gegensatz zu anderen psychoanalytisch orientierten Jugendforschern (wie u.a. Thomas Ziehe mit seinem „Neuen Sozialisationstypus" 1976) geht Erdheim davon aus, daß sich die frühkindliche Phase keinesfalls auf der biographisch neuen Stufe des Jugendalters einfach nur wiederholt. In den Triebschüben der jugendlichen Pubertät entsteht vielmehr eine neue Qualität des Individuum-Welt-Verhältnisses. Die Pubertät ist nicht mehr so ohne weiteres der biographische Spiegel der frühen Kindheit.

Erdheim entwickelt diese These im Rückbezug auf Freuds Begriff der „Zweizeitigkeit" der sexuellen Entwicklung des Menschen:

„Die erste Phase setzt mit der Geburt stürmisch ein und klingt um das fünfte, sechste Lebensjahr allmählich ab. Eingebunden in einer von Kultur zu Kultur verschiedenen Familienordnung, paßt sich das Kind ihr an; in einem sehr störungsanfälligen Wechselspiel mit Mutter, Vater und Geschwistern laufen die biologischen und sozialen Reifungsprozesse an, die den für die Familie gültigen Weltbezug aufarbeiten. Aggression und Sexualität sind die treibenden Kräfte, die über die kulturell formbaren, oralen, analen und phallischen Modalitäten, die vorerst an die Familie gebundenen Voraussetzungen für die Soziabilität des Individuums legen. Die Zeit bis zum Ausbruch der Pubertät, die sogenannte Latenzphase, gibt die Chance zur Festigung der in den ersten Lebensjahren gebildeten Strukturen, aber die Pubertät, mit der die zweite, die Adoleszenzphase anfängt, bringt alles wieder durcheinander. Der Triebdurchbruch der Pubertät lockert die vorher in der Familie gebildeten psychischen Strukturen auf und schafft damit die Voraussetzungen für eine nicht mehr auf den familiären Rahmen bezogene Umstrukturierung der Persönlichkeit" (Erdheim 1988, S. 193).

Der entscheidende Unterschied zwischen Pubertät und frühkindlicher Entwicklungszeit besteht darin, daß die sexuellen Reifungsprozesse in der Adoleszenz nun nicht mehr — wie in der frühkindlichen Reifezeit — strikt innerhalb des familiären Kontextes ablaufen, sondern diesen überschreiten. Die Ablösung von der Familie, das selbständige Hinaustreten in die soziale Welt — ein Prozeß, den wir jugendpädagogisch ja als zentral für die Herausbildung des Selbst und der Persönlichkeit ansehen — wird psychoanalytisch als Spannungsverhältnis zwischen Familie und Kultur gedeutet. Dieses Spannungsverhältnis wird von Erdheim als „Dilemma" der Adoleszenz bezeichnet. Denn Familie und Kultur sind durch ganz unterschiedliche, in ihren Charakteristika widersprüchliche Strukturelemente gekennzeichnet: „Die Familie zentriert sich um Intimitätsstrukturen herum; die Beziehungsformen sind in erster Linie Verinnerlichungs- und Identifikationsprozesse. Kultur hingegen strukturiert sich um das Phänomen der Arbeit". Familie und Kultur stellen also einen unauflösbaren Antagonismus dar. Beide sind notwendige Formen menschlichen Zusammenlebens, aber sie können nicht — da sie verschiedenen Grundprinzipien gehorchen — ineinander überführt und nicht voneinander abgeleitet werden. Der Mensch wird immer zwischen ihnen hin- und hergerissen bleiben, ohne sie miteinander versöhnen zu können. Erdheim hat hier den Kulturbegriff im Arbeitsbegriff sehr weit gefaßt — eher im marxistischen Sinne als Aneignung von Natur und mithin Produktion —, so daß alles dazugehört, was sich um die Organisation und Reproduktion von Arbeitskraft gruppiert: Bildung und Ausbildungsprozesse, Macht, Recht und andere öffentliche Regelsysteme. Diese kulturellen Systeme sind durch universalistische formelle Normen und Symbole gekennzeichnet. Sie ermöglichen soziale und gesellschaftliche Kommunikation und Organisation. Die Familie schließt sich dagegen eher ab, ist von ihrem binnenorientierten Organisationsprinzip gegen das Gesellschaftliche gerichtet.

Die kulturelle Aufladung des Jugendalters beruht auf der Brisanz dieses antagonistischen Spannungsverhältnisses von Familie und Kultur, in dem Jugendliche hin- und hergerissen sind. Daß sich aus dieser Spannung heraus eine besondere jugendkulturelle Schubkraft entwickeln kann, ist — wenn wir der Erdheimschen These weiter folgen — auf das besondere Wirken narzißtischer Stimmungen in der Pubertät zurückzuführen. Dieses ausgeprägte Narzißmus-Phänomen bei Jugendlichen darf nicht als Störung betrachtet, sondern muß in seiner Funktionalität für den sozialen Ablösungs-, Orientierungs- und mithin Identitätsfindungsprozeß der Jugendlichen gesehen werden:

„Der pubertäre Triebschub . . . erschüttert diese Ich-Funktionen und damit auch die etablierten Wahrnehmungsformen der Realität (diese Wirklichkeit war bis zur Pubertät vor allem durch das Realitätsprinzip der Familie bestimmt, L.B.). Auf dieser Erschütterung des ‚familiären' Realitätsprinzips gründet die kulturelle Relevanz der Adoleszenz. Das Auftreten der Menstruation bei

Mädchen sowie die Unbeherrschbarkeit des Phallus beim Kna-
ben verändern das Selbstbild des Körpers und damit auch den
Bezug zur Umwelt. Die Verselbständigung innerer und äußerer
Objekte ist eine befremdende Erfahrung, und der in der Pubertät
neu aufblühende Narzißmus bekommt die kompensierende Funk-
tion, die auseinanderfallende Welt zusammenzuhalten" (Erd-
heim, S. 198).

Wie diese Prozesse in ihrer Zerrissenheit, ihren Entfrem-
dungsgefühlen, ihren Verwechslungen von innerer und
äußerlicher Wirklichkeit und den damit verbundenen Pro-
jektionen ablaufen, kann man in dem schon klassischen
Werk von P. Blos („Adoleszenz", 1974) nachlesen. Sie bringen die Jugendlichen dazu, daß sie, da sie während der
Ablösung und der damit verbundenen sozialen Erweiterung ihres Lebensraums dauernd mit sich selbst beschäftigt
sein müssen, nur das Persönliche, die Einzigartigkeit ihrer
Wahrnehmung der Welt sehen. Der Narzißmus zwingt das
Individuum, „die Dinge subjektiv und neu zu sehen . . .
Treibender Motor dieser Entwicklung sind die narzißti-
schen Größen- und Allmachtsphantasien der Jugendlichen,
welche die Herausforderung an die Erwachsenen auf die
Spitze treiben" (Erdheim, S. 198). Hier treffen sich das
Jugendbild der Generationentheorie und das der Psychoanalyse. Dem historischen Neu-Eintreten in die gesellschaftliche Kultur, das die Generationentheorie mit der
Jugend verbindet, entspricht die These von der subjektiven
neuen Sichtweise der Jugend auf die Welt vor dem Hintergrund der pubertären Triebentwicklung.

Generationentheorie und Psychoanalyse der Jugend liefern
uns also die Begründung dafür, daß die Jugendphase nicht
nur in der Persönlichkeitsentwicklung, sondern vor allem
auch in dem „Individuum-Welt-Verhältnis" eine kritische
ist. Die Art, wie mit diesem kritischen Potential umgegangen wird, hängt in der Regel davon ab, wie diese kritische
Phase gesellschaftlich interpretiert wird, also von den
jeweiligen herrschenden gesellschaftlichen Jugendbildern.
Wie immer aber Jugendbildung und vor allem politische
Jugendbildung auch ausgerichtet sein mag — ob sie nun
das kritische Potential der Jugend fördern oder frühzeitig
im Sinne des herrschenden politischen Institutionenver-
ständnisses kanalisieren will, sie bezieht sich doch gleichermaßen auf die kritische Substanz des Jugendalters. Die

politische Jugendbildung nimmt deshalb zurecht eine besondere Stellung in der Sozialpädagogik des Kindes- und Jugendalters ein. Allerdings artikuliert sich dieses kritische Potential angesichts der Entstrukturierung des Generationenkonflikts nicht mehr so deutlich und unvermittelt, wie das die Jugendarbeit nach den Jugendprotesten der 68er-Generation gewöhnt war. Deshalb fängt Politische Bildung heute schon beim Erschließen von Räumen und Gelegenheiten an, in denen Jugendliche ihre Generationenbesonderheit spüren und thematisieren können.

Sozialpädagogische Institutionen und politische Jugendbildung

„Die Adoleszenz (kann) nur dann zur zweiten Chance werden, wenn die Kultur über die entsprechenden symbolischen Systeme verfügt, die die früheren Kommunikationsstörungen aufheben, statt sie zu fixieren" (Erdheim, S. 208). Das kritische Potential in der Jugend, ihre neue Weltsicht, kann sich sozial nur entfalten, wenn es für sie soziale Räume gibt, die anders strukturiert sind als nach dem familialen Autoritäts- und Generationenprinzip. Sonst wird „der Antagonismus zwischen Familie und Kultur", den Mario Erdheim als Ausgangsbedingung für die Adoleszenz als zweite Chance begreift, nicht wirksam. In diesem Sinne weist uns Erdheim darauf hin, daß die Schule von ihrer institutionellen Verfassung zwar eine kulturelle Institution sei, in der man allgemeine, familienübergreifende, universalistische Kenntnisse und Fähigkeiten erwirbt, die aber von ihrer verdeckten sozialen Struktur her familienähnlich wirkt. Das Lehrer-Schüler-Verhältnis als elternähnliches Generationenverhältnis und die ins schulische Leistungs- und Konkurrenzsystem eingelassenen Versagens- und Schuldkomplexe sind dabei die entscheidenden Faktoren.

Ähnlich sieht es auch in den Betrieben, in der Berufsausbildung aus. Auch das Ausbilder-Azubi-Verhältnis ist zumindest in seiner informellen Struktur meist nach dem traditionalen familialen Generations- und Autoritätsprinzip strukturiert. Dies zeigt sich vor allem dort, wo es in der Lehre um die Stützung der traditionellen Fähigkeiten

240

(Fleiß, Pünktlichkeit, Anpassungsbereitschaft) oder der modernen Sekundärtugenden (Flexibilität, Mobilität) geht, die nicht aus dem Produkt oder aus dem Produktionsprozeß selbst ableitbar, allerdings aber für seine reibungslose betriebliche Aufrechterhaltung vonnöten sind. Verstöße gegen diese informelle schulische und betriebliche Autoritäts- und Zeitstruktur erzeugen in der Regel entsprechende Schuldgefühle; personale Reaktionen also, wie sie sich im Binnensystem der Familie frühkindlich entwickelt haben.

Schule und Berufsausbildung sind also von ihren geheimen Lehr- und Ausbildungsplänen her kaum in der Lage, den Antagonismus von Familie und Kultur im Erdheimschen Sinne freizusetzen. Das heißt nicht, daß schulische und beruflich erworbene Bildung kritische und politisch aktive Einstellungen stützen und fördern können. Dies kommt aber in der Regel nicht in der Schule oder dem Betrieb zum Tragen, sondern in außerschulischen oder außerbetrieblichen Situationen, in denen dieser Antagonismus zwischen Familie und Kultur, der aktive Ablösungsprozeß Jugendlicher gegenüber familialen bzw. familial strukturierten Sozialprinzipien möglich ist.

Bliebe noch die kommerzielle Welt des Konsums, denn der Konsum hat ja gerade für Jugendliche eine hohe Attraktivität. Der Konsum verkörpert für sie den sozialen Bereich, in dem sie — so sie als Käufer auftreten können — ernst genommen werden, sie und ihre Kaufkraft als gleichberechtigt neben den Erwachsenen steht. Anders als in Familie und Schule wird die Jugend im Konsum als eigenständige Sozialgruppe hofiert, erhält sie aus ihrer Sicht einen primären Status, der ihr anderswo in der Gesellschaft verwehrt wird. Doch auch der Konsum hat hier seine Tücken. Er suggeriert nicht nur die kulturelle Selbständigkeit, das Flair der eigenständigen Teilhabe an der Konsumgesellschaft im Gegensatz zu den familialen und schulischen Prinzipien des Bedürfnisaufschubs auf später. Er verlangt gleichzeitig — wie die Psychoanalytiker sagen — eine orale, durch Über-Ich-Schwäche und deshalb oft auch mit Schuldgefühlen verbundene Bedürfnis- und Gefühlswelt. Der Konsum kann also die Emanzipation der Jugend, die er alltäglich symbolisch schafft, wieder in sich aufheben.

Von daher wäre die entsprechende Annahme zu verfolgen, ob der für das kritische Potential der Jugend so wichtige Antagonismus zwischen Familie und Kultur sich vor allem über die Gleichaltrigengruppen und -szenen Jugendlicher herstellen kann. Gleichaltrigenkulturen sind auf dem Prinzip der Ablöse von der Herkunftsfamilie, auf der Distanz zu ihr aufgebaut, können also diesen Antagonismus vermitteln. Auch die antagonistischen Elemente, die in Schule und Betrieb stecken, aber dort nicht zum Tragen kommen, können hier freigesetzt werden. Das bedeutet aber, daß Gleichaltrigenszenen offene und gestaltbare kulturelle Anregungsmilieus für Jugendliche sein müssen. Dort wo sie nur konsumtiv strukturiert sind, können sie diesen Antagonismus nicht ausbilden. Und da, wo sie autoritär geschlossen und erstarrt sind, wird das kritische und abweichende Potential der Jugend im regressiven Sinne extremistisch oder gewalttätig verkehrt. Es müssen also offene, demokratische und von den Interessen her politisch gehaltvolle Anregungsmilieus für Jugendliche entstehen können.

Bleibt die Frage, ob die sozialpädagogischen Felder der Jugendarbeit und Jugendbildung solche Gleichaltrigenszenen herstellen oder vermitteln können. Jugendarbeit, ob sie nun in Jugendverbänden, kommunalen Jugendeinrichtungen oder in Unterstützung freier Gruppen abläuft, hat ja die Funktion der Förderung und Organisation von Jugendkultur. Sie ist ein pädagogisch offenes Feld, das heißt die pädagogischen Elemente — Soziales Lernen, Vermittlung von Konzepten der Lebensführung und von Lebensentwürfen — sind in ihr jugendkulturell und nicht familial. Die Jugendhäuser der 70er Jahre waren ausgesprochene Fluchtpunkte vor dem Elternhaus, in ihnen wurde der Antagonismus Familie/Kultur als Autoritätskonflikt politisiert (vgl. Böhnisch/Münchmeier 1985). Manche Jugendverbände sind in unserer Konsumgesellschaft bis heute Inseln, wo sich dieses kritische Potential, „Jugend als zweite Chance" entfalten und öffentlich werden kann.

Als Begründung für die Besonderheit der Politischen Jugendbildung fassen wir zusammen:

— Der Jugend wohnt ein lebensphasenspezifisches kritisches Potential inne, das sich aber nur in besonderen Konstellationen — dort, wo der Antagonismus zwischen

Familie und Kultur zum Tragen kommt — entwickeln kann. Allerdings ist auch dieser Antagonismus in der modernen Konsumgesellschaft eher verdeckt (vgl. das Kapitel zum Generationenverhältnis).

— Die sozialpädagogischen Felder der Jugendarbeit und Jugendbildung könnten aufgrund ihrer jugendkulturell offenen und familien- und institutionenabgewandten Gleichaltrigenstruktur Orte sein, an denen sich dieses kritische Potential entfalten kann. Es braucht aber besondere Inszenierungen und Anregungskontexte, um diesem verdeckten Potential praktisch-politische Anhaltspunkte zu geben. Hier gibt es gute Beispiele aus der Dritte-Welt-Arbeit und den Öko-Kampagnen der Jugendverbände.

Veranstaltungen und Projekte Politischer Bildung müssen aber — so verlangt es unser sozialpädagogischer Bildungsbegriff — in ein pädagogisches Feld eingelassen sein, das durch die Spannung zwischen jugendkulturellem Eigenleben und pädagogischer Bildungsaufforderung aufgeladen ist. Nur in dieser Spannung können jene neuen, nicht autoritätsfixierten Kommunikationsstrukturen entstehen, die für die Freisetzung des kritischen Potentials der Jugend notwendig sind. Die Organisationen der Jugendarbeit, vor allem die Jugendverbände als intermediäre gesellschaftliche Gruppierungen können dieses Potential aus dem Spielraum des Jugendkulturell-Pädagogischen heraus in die sozialen und politischen Konflikt- und Konsenszonen der Gesellschaft vermitteln.

9. Sozialpädagogische Arbeitsprinzipien

Nachdem wir nun in dieser Einführung das sozialpädagogische Erziehungsverständnis historisch und systematisch abgehandelt, die besondere Problemsicht der Sozialpädagogik auf das Kindes- und Jugendalter dargestellt und uns die sozialpädagogischen Bewältigungskontexte und Bildungspotentiale vor Augen geführt haben, ist es nun an der Zeit, Fragen des sozialpädagogischen Handelns selbst in praktischer Anwendung der gewonnenen Erkenntnisse zu erörtern. In der sozialpädagogischen Bewältigungsthematik stecken bestimmte orientierungs- und handlungsleitende Prinzipien der Sozialpädagogik des Kindes- und Jugendalters, die es weiter herauszuschälen und zu systematisieren gilt. Als solche „Arbeitsprinzipien" lassen sich aus dem vorliegenden Material die folgenden herausarbeiten:

– das Selbstwertprinzip,

– das Gruppenprinzip,

– das sozialräumliche Prinzip,

– das Zeitprinzip,

– das Biographieprinzip,

– das soziokulturelle Prinzip,

– das Milieuprinzip.

Diese Prinzipien hängen in unterschiedlicher Weise miteinander zusammen, sind aufeinander bezogen. Es sind pragmatisch gewonnene Prinzipien, die eine besondere Bewältigungsqualität aufweisen, in denen sich also die hier entwickelte sozialpädagogische Problemsicht (Lebensbewältigung) und die ihr entsprechenden Handlungsperspektiven miteinander verbinden lassen. Wir werden auch an den eingestreuten Praxisbeispielen sehen, daß sich diese Prinzipien auf den Großteil der sozialpädagogischen Arbeitsfelder beziehen lassen. Denn die unterschiedlichen Arbeitsfelder lassen sich in ihrer neueren Entwicklung unter der Perspektive „erzieherische Hilfen zur Lebensbewältigung" allgemein subsumieren (vgl. zu Systematik und entsprechendem Entwicklungsstand der sozialpädagogischen Arbeitsfelder: Achter Jugendbericht 1990, S. 94 ff.). Wenn wir den Kindergarten als vorschulische Regeleinrichtung mit seinem allgemeinen Verständnis als Lernort hier einmal ausklammern, so zeigt sich an den drei Hauptkomplexen sozialpädagogischer Arbeit — *Erziehungshilfen* (z.B. Heimerziehung, Hilfen bei Suchtabhängigkeit), *Jugendarbeit* (z.B. offene und mobile Jugendarbeit, Hilfen zur Berufsfindung) und *Beratung* (z.B. Erziehungsberatung, Jugendberatung) —, daß sie heute bereits weitgehend als Ressourcen bzw. Unterstützungskontexte für die Lebensbewältigung von Kindern und Jugendlichen verstanden und organisiert werden. Alle zielen auf die Normalisierung und Erweiterung der sozialen und biographischen Handlungsfähigkeit ab.

Übersicht über die Arbeitsprinzipien

Das *Selbstwertprinzip* verbindet die Erkenntnis der zentralen Bedeutung des Selbstwertgefühls und des Selbstkonzepts beim Bewältigungsverhalten Jugendlicher mit der Aufforderung, sozialpädagogische Angebote und Hilfen selbstwertfördernd zu gestalten. Das *Gruppenprinzip* drückt aus, daß Kinder und Jugendliche (Gleichaltrigen-)Gruppen und -szenen zum Aufbau ihrer soziokulturellen Eigenständigkeit brauchen, so daß die Hilfen und Angebote der Sozialpädagogik immer auch dieses Gruppen- und Szeneelement beinhalten bzw. herstellen müssen. Das *sozialräumliche Prinzip* verweist auf die besondere sozialpädagogische Sichtweise des Aneignungs- und Bewältigungsverhaltens bei Kindern und Jugendlichen und enthält gleichzeitig die Aufforderung an die Sozialpädagogik, ihre Angebote nicht institutionell, sondern sozialräumlich zu verorten. Das *Zeitprinzip* zielt auf das besondere Gegenwarts-Zukunfts-Verständnis Jugendlicher ab und fordert die Sozialpädagogik auf, in ihren Angeboten Gegenwartsverhalten Jugendlicher — das in anderen Institutionen wie z.B. Schule und Öffentlichkeit eher diskriminiert ist — zu respektieren und zu qualifizieren. Im *Biographieprinzip* ist die These enthalten, daß mit der Entstrukturierung der Jugendphase Jugendliche zu unterschiedlichen biographischen Zeitpunkten ihre Chancen erkennen und wahrnehmen können, und daß diese Zeitpunkte oft nicht mit den Ablaufstrukturen der Erziehungsinstitutionen im schulischen und berufsbildenden Bereich übereinstimmen; sozialpädagogische Hilfen und Angebote müssen also die je unterschiedlichen biographischen Voraussetzungen und Optionsmöglichkeiten der Jugendlichen berücksichtigen können. Das *soziokulturelle Prinzip* bezieht sich auf die Tendenz, daß Jugendliche und junge Erwachsene ihre Eigenständigkeit und ihre Befindlichkeit vor allem über kulturelle Ausdrucksformen symbolisieren und somit auch im Kulturellen die soziale Dimension der Lebensbewältigung aufscheint. Soziokulturelle Arbeit ist damit Teil sozialpädagogischer Hilfe geworden. Mit dem *Milieuprinzip* schließlich tragen wir den sozialpädagogischen Konsequenzen des Individualisierungstheorems Rechnung und verlangen von sozialpädagogischen Hilfen und Angeboten, daß sie zur Bildung von neuen Milieus für Kinder und Jugendliche beitragen können.

Das Selbstwertprinzip

Wenn Sozialpädagoginnen und Sozialpädagogen von den Lebensschwierigkeiten und Benachteiligungen der Kinder und Jugendlichen erzählen, mit denen sie es zu tun haben, kommen sie in der Regel schnell auf das mangelnde Selbstwertgefühl, das sie bei diesen antreffen. In den Einrichtungen der Sozialpädagogik wird spürbar, daß Kinder und Jugendliche anderswo, z.B. in der Schule oder in ihrem Wohnquartier, oft kaum Anteilnahme, Bestätigung oder Respekt, sondern im Gegenteil Nichtbeachtung, Ausgrenzung oder gar Abwertung und Erniedrigung erfahren.

Selbstwert und Bewältigungskompetenz hängen eng zusammen. Der durchschnittliche Entwicklungsverlauf im Jugendalter — so die neuere Entwicklungspsychologie (vgl.

Seiffge/Krenke 1985) — verläuft trotz der in der Jugendphase angelegten Entwicklungsschübe und -brüche nicht
unbedingt krisenhaft, sondern relativ stabil. Dies wird auf
die von den Kindern und Jugendlichen aktiv betriebene
Herausbildung eines personalen Selbstkonzepts zurückgeführt, welches die Bewältigung alterstypischer Lebensschwierigkeiten steuert. Die Suche nach einem stabilen
Selbstbild prägt die Entwicklung der Persönlichkeit im
Kindes- und Jugendalter. Dabei geht es vor allem um die
Erlangung eines realistischen Selbstbildes im Verhältnis zu
persönlichen Idealvorstellungen (Ideal-Selbst). In diesem
Zusammenhang ist davon auszugehen, daß im Alter von
16-20 Jahren die realistische Angleichung von Selbst- und
Idealbild stattfindet. Das Selbstwertgefühl ist dabei der
innere Motor des personalen Selbstkonzepts. In der empirischen Jugendforschung wird das Selbstwertgefühl über die
Dimension der Selbsteinschätzung erschlossen: wie sieht
der Jugendliche sich gemocht, akzeptiert, seine Leistungsfähigkeit bewertet? Dabei spielen Gleichaltrigengruppe und
Schule eine wichtige Rolle. Engel/Hurrelmann (1989)
haben gezeigt, wie sich negatives Selbstwertgefühl in diesen Kontexten entwickeln kann. Vor allem sind es Schul-
schwierigkeiten, die hier eine Rolle spielen: wenn der Lei-
stungsvergleich mit Gleichaltrigen negativ ausfällt und man
sich dadurch in den Gleichaltrigengruppen — sei es in der
Jahrgangsgruppe der Schulklasse oder in der Gleichaltrigengruppe in der Freizeit — an den Rand gedrängt fühlt.
Selbstwertprobleme entstehen auch bei den Jugendlichen,
die von ihrem ökonomischen und kulturellen Hintergrund
her deutlich weniger Möglichkeiten des demonstrativen
Konsums haben.

Das Selbstwertgefühl ist vor allem im nachpubertären
Jugendalter geschlechtsspezifisch geprägt. Während man
bei Jungen bisher in der Regel davon ausgehen konnte, daß
ihr Selbstwertgefühl durch das tradierte Geschlechterrollenstereotyp der Selbstverständlichkeit gestützt war, nach
dem Jungen und Männer im Gegensatz zu den Mädchen
und Frauen reüssieren *müssen*, so ist diese Selbstverständlichkeit im Zeichen der Individualisierung auch der
Geschlechterrollen vielfach aufgebrochen. Auch wenn Jungen und Männer versuchen, den traditional gewohnten
Zustand wieder herzustellen, indem sie sich noch stärker

an die klassischen Männlichkeitsattribute (körperliche Stärke, Außendominanz, sexistische Rituale) klammern, so ist das lediglich ein Übergehen oder Ritualisieren eines geschlechtsspezifischen Selbstwertproblems, welches auf Dauer Handlungsfähigkeit und Bewältigungskompetenz eher einengt denn fördert. So plausibel sich dieser Zusammenhang hier anhört, so schwierig ist er in der Praxis des sozialpädagogischen Umgangs mit Jungen zu realisieren. Vor allem Jungen und junge Männer aus benachteiligten Verhältnissen, mit Biographien, in deren Verlauf sie viel Gewalt und Zurückdrängung erfahren haben, sehen oft in den klassischen Attributen der männlichen Dominanz das einzige, was ihnen an Stärke und damit an Selbstwert bleibt. Diese Erfahrungen haben gerade SozialpädagogInnen in der mobilen Jugendarbeit gemacht, in der mit gefährdeten, sozial ausgegrenzten Jugendlichen gearbeitet wird. Der hier vertretene Grundsatz, daß die noch vorhandenen Stärken der Jungen gefördert werden müssen, beißt sich mit der Problematik, daß sich eben diese „letzten" Stärken oft in männlich-sexistischen Gewaltphänomenen ausdrücken. Deshalb ist es gerade für diese Jugendlichen notwendig, über den Freizeitbereich alternative Milieus zu schaffen, in denen sie eine Chance haben, äquivalente, aber nicht männlich-sexistische Selbstwerterfahrungen zu machen.

Bei den Mädchen dagegen ist der Selbstwert entweder von den befreundeten Jungen der Clique abgeleitet, oder ambivalent ausgeprägt. Einerseits definieren sich viele Mädchen über die Jungen aus der Clique, andererseits ist zu beobachten, daß die Sehnsucht nach Selbständigkeit, nach Verfügung über den eigenen Körper, über die eigene Zukunft jenseits der tradierten Mädchen- und Frauenrolle wesentlich zugenommen hat. Mädchen versuchen darin ihre Stärken für sich selbst zu nutzen und nicht nur immer für andere — vor allem die Jungen — herzugeben. Dazu braucht es aber eigene Räume und Anregungsmilieus, in denen die Mädchen unter sich sind und in der Auseinandersetzung mit sich selbst ihre Stärken und Schwächen erfahren können. Dies ist der Kern feministischer Mädchenarbeit.

Sozialpädagogik hat von ihrem offenen, institutionell nicht verpflichteten Charakter her die Chance, die in Familie,

Schule und Öffentlichkeit übergangenen Stärken von Kindern und Jugendlichen zu aktivieren und institutionell und biographisch bedingte Selbstwertprobleme auszubalancieren. Das geschieht in sozialräumlichen Arrangements und aktivierenden Projekten, in denen Kinder und Jugendliche zum Zuge kommen, die anderswo nicht zum Zuge kommen, in denen sie jene Eigenschaften und Fähigkeiten als Stärken erkennen und ausspielen können, welche anderswo übergangen oder als Schwächen diskriminiert werden. SozialpädagogInnen brauchen in diesem Sinne ein soziometrisches Gespür. Bei räumlichen Treffpunkten, Veranstaltungen und Angeboten, aber auch in sozialtherapeutisch betreuenden Kontexten ist darauf zu achten, daß die jugendkulturelle Dynamik der Situation (z.B. Ausgrenzung in der Gruppe) nicht wieder neue Selbstwertverletzungen schafft, daß genug Möglichkeiten da sind, daß sich jeder und jede in Szene setzen, auf sich aufmerksam machen und ihre/seine Stärken zeigen kann. Hier eignen sich vor allem immer wieder Projekte, welche unterschiedliche Fähigkeiten erfordern und Aufforderungssituationen mit sich bringen, die einander nicht ausgrenzen und ausschließen. Dazu gehören auch Projekte, in denen Kinder und Jugendliche ausländischer Herkunft ihre lokale Identität als „Hier-in-dieser-Stadt-Geborene" demonstrieren und sich so ihre sozialräumliche Umwelt produktiv aneignen können.

Der Sozialpädagoge und die Sozialpädagogin als soziometrische Moderatoren sind dabei für viele der Kinder und Jugendlichen, die in den sozialpädagogischen Arrangements sich an ihre Stärken herantasten und anderswo erfahrene Ausgrenzungen nicht mehr als gegeben hinnehmen, die situativ entscheidenden Bezugspersonen. Dieses personale Moment sozialpädagogischer Tätigkeit, das sich nicht durch das Professionelle ersetzen läßt, ist gerade in den heutigen individualisierenden Sozialzusammenhängen wieder wichtiger geworden.

Das Gruppenprinzip

Im Gegensatz zu den Schilderungen der Pädagogischen Jugendkunde aus den 20er Jahren, in denen von intakten Kindergruppen auf den Straßen die Rede war, gibt es solche Kindergruppen, die für die soziale Entwicklung der Kinder neben und in zunehmender Ablösung von der Familie wichtig sind, heute nicht mehr in der Selbstverständlichkeit wie früher. L. Krappmann und H. Oswald weisen darauf hin, wie grundlegend sich die soziale Kinderwelt gegenüber früher gewandelt hat und daß der deutliche Rückgang der Kinderzahl Auswirkungen auf das tägliche Miteinanderleben der Kinder selber hat. Vor allem gibt es nicht mehr genug Kindergruppen, in denen sich die selbstregulative Kraft der Kinderwelt entfalten kann und in denen Kinder soziale Anpassung lernen und mit Konflikten umgehen können. Sie haben allerdings

„eine Sozialform in der Kinderwelt entdeckt, die möglicherweise ein Kompromiß mit den gegenwärtigen Möglichkeiten darstellt, sich sozial zusammenzuschließen (. . .), das Kindergeflecht (. . .). Das Geflecht ist ein soziales Netzwerk, das nach unseren Beobachtungen etwa 6-8 Kinder verbindet, sich aber als Ganzes kaum einmal zu etwas Gemeinsamem zusammenfindet. Innerhalb dieses Geflechts entstehen jedoch sehr lebendige, intensive Zweier- und Dreierfreundschaften, die auch ab und an wechseln. Aber immer wieder wird der neue Freund oder die neue Freundin aus diesem Geflecht gewählt. Somit gibt es einen weiteren Bezugsrahmen von Kindern, die Lieblingsbeschäftigung, Vorlieben und Abneigungen miteinander weitgehend teilen und in diesem Rahmen die unter den heutigen Raum- und Zeitbedingungen leichter zu verwirklichenden engeren Freundschaften" (Krappmann/ Oswald 1989, S. 100).

Kindergruppen müssen also immer mehr pädagogisch „hergestellt" werden. Die pädagogische Kindergruppenarbeit muß heute darauf Rücksicht nehmen, daß es wenig alltägliche, „gewachsene" Kindergruppen gibt und deshalb bei den Kindern selbst ein gewandeltes Gruppenverständnis vorauszusetzen ist.

Auch bei den Jugendlichen hat — bei gestiegener Bedeutung der Gleichaltrigen*orientierung* — die feste Gleichaltrigengruppe zugunsten der offeneren und mehr wechselnden Gleichaltrigenszene an prägender Bedeutung eingebüßt.

Dies merken vor allem die Jugendverbände, die sich traditional über eine kontinuierliche Gruppenstruktur reproduzieren und nun vielfach nach Zwischenformen zwischen Gruppenarbeit und offenen Gesellungsformen suchen (vgl. dazu ausführlich Böhnisch/Münchmeier 1990, S. 127 ff.). Gleichwohl sind Gleichaltrigenbezug und Gleichaltrigengruppierung das zentrale Medium im Prozeß des Selbständigwerdens Jugendlicher, mithin der zentrale, sozialpädagogisch relevante Bewältigungskontext.

Die Orientierung an Gleichaltrigen ist das Medium der biographischen Neuorientierung in der Ablösung vom Elternhaus und in der Suche nach neuen personalen und sozialen Beziehungen und Orientierungen außerhalb der Herkunftsfamilie. Die Bindung an die Eltern wird dabei in der Regel nicht aufgegeben, es gibt vielmehr eine differenzierte Spannbreite des Ablöseverhaltens, das durch einen gewissen Pragmatismus des „Auskommens" mit den Eltern und ein Nebeneinander von Ablösung und emotionaler Bindung an die Familie gekennzeichnet ist. Wir haben im Jugendkapitel dargelegt, daß Jugendliche heute zwar relativ früh soziokulturell selbständig sind, lange aber ökonomisch von ihren Eltern abhängig bleiben. Dies schlägt sich in dieser pragmatischen Balance der Eltern-Jugendlichen-Beziehungen nieder. Die Ablösung erfolgt weniger in dramatischen Schüben als in ineinander übergehenden biographischen Sequenzen. Deshalb braucht es auch nicht mehr die starke „ethnozentrische Identifikation mit der Gleichaltrigengruppe als Eigengruppe" (Baacke 1984), in der sich die „Gegenwelt" zu Familie und Erwachsenengesellschaft konstituiert. Auch die für peer groups typischen Versuche, „die Besonderheit der Ich-Erfahrung gegenüber den blassen Verhaltensmustern der Erwachsenen" zu stilisieren (ebd., S. 345), sowie die Suche nach neuen Leit- und Vorbildern (anders sein als die Eltern) und das Verlangen nach Originalität, welche den noch fehlenden Sozialstatus ersetzen soll, sind nicht mehr so sehr auf eine feste Gleichaltrigengruppe konzentriert, sondern gehen viel eher in Gleichaltrigenszenen auf. Je mehr das Jugendalter zur eigenständigen Lebensform wird, sich Jugendliche also auch sozial eigenständig fühlen, desto mehr tritt die Bedeutung einer festen und verbindlichen Gleichaltrigengruppe als Kompensationsmedium zum noch nicht erlangten Erwachsenenstatus zurück. Jugendliche erlangen heute über Konsum und Medien einen eigenen demonstrativen Status, der sie weniger auf feste Gruppen angewiesen sein läßt.

Unbeschadet dieser modernen Entwicklung der Entstrukturierung der traditionellen Kinder- und Jugendgruppen in Richtung Kinder-„Geflecht" und Gleichaltrigen-„Szene" bleibt der gruppenpädagogische Wert des sozialen Lernens in und mit der Gruppe, der sozialen Erfahrung des gegenseitigen Aufeinander-Angewiesenseins, des Sich-Bestärkens, des Konflikte-Austragens und der Suche nach gemeinsamen Deutungsmustern und Sinnvorgaben für das aktuelle und künftige Leben. Dies sind Perspektiven humanistischer Entwicklung, welche in der Medien- und Konsumwelt eher nivelliert, übergangen, in individualistischer Ästhetisierung aufgesplittert werden.

Die Sozialpädagogik des Kindes- und Jugendalters muß, wenn sie heute gruppenpädagogisch arbeiten will, diese beiden auseinanderstrebenden Aspekte neu zueinander in Beziehung setzen. Im Sinne einer solchen „Brücke" hat sich inzwischen die „Projektarbeit" (vgl. Damm/Schröder 1987, Deinet 1991) in der verbandlichen und offenen Kinder- und Jugendarbeit bewährt. Hier steht nicht mehr die Gruppe um ihrer selbst willen im Mittelpunkt, sondern ein gemeinsames kulturelles oder soziales Projekt, um das sich eine Projektszene bildet, in der soziale Gemeinsamkeit und Gegenseitigkeit von den Projekterfordernissen gesteuert werden. Hier ist es auch möglich, unterschiedliche Fähigkeiten und Kompetenzen der Kinder und Jugendlichen in unterschiedlichen Projektebenen und -funktionen zum Zuge kommen zu lassen, die Möglichkeiten der Bestärkung und Ermutigung der Einzelnen (Selbstwertbezug) zu pluralisieren.

Die Entstrukturierung des Gruppenverhaltens von Kindern und Jugendlichen hat es wohl auch in der Heimerziehung schwieriger gemacht, das tradierte Medium Gruppenerziehung in seiner Selbstverständlichkeit beizubehalten. Feldstudien aus der Heimerziehung (vgl. von Wolfersdorff-Ehlert/Sprau-Kuhlen 1990) zeigen, daß Heimgruppen nicht mehr so ohne weiteres als Sonderwelten im traditionalen Sinne in einer Zeit weiterexistieren können, in der der

Strukturwandel von Kindheit und Jugend so öffentlich sichtbar und erfahrbar geworden ist.

Vor diesem Hintergrund erhalten auch die Dezentralisierungsversuche in den öffentlichen Erziehungshilfen — vor allem in der Heimerziehung — ihren Sinn. Es geht ja hier um die Auslagerung von betreuten Wohngruppen von Jugendlichen, für die dann nicht mehr „das Heim", sondern die Wohngruppe im Stadtviertel die sozialräumliche Bezugsgröße bilden und die Zwangsstruktur der Gruppe entlasten können. Im Falle der Gruppenpädagogik des Erziehungsheims bleibt allerdings die Besonderheit, daß die Gruppe so etwas wie ein familiales Ersatzmilieu darstellen soll, bestehen. Die ErzieherInnen bzw. Gruppeneltern müssen hier deshalb ganz anders — nämlich auch als „familiale" Persönlichkeiten — in der Gruppe fungieren, als dies im Jugendhaus oder im Jugendverband der Fall ist, wo die GruppenleiterInnen eher „Übergangsfiguren" zwischen Jugendkultur und Erwachsenenwelt sind. Gleichzeitig haben aber die Jugendlichen in der Heim- oder Wohngruppe genauso den allgemeinen jugendlichen Drang zum Selbständigwerden durch Autonomie gegenüber der Herkunftsfamilie, die sich in diesem Falle in den ErzieherInnen oder Gruppeneltern symbolisiert. Diese doppelte, pädagogisch nicht klärbare Spannung zwischen Familien- und Gleichaltrigenbezug macht die Gruppe in der öffentlichen Erziehungshilfe nicht vergleichbar mit den Kinder- und Jugendgruppen, wie wir sie in der Gleichaltrigenszenerie der offenen sozialpädagogischen Arbeit vorfinden. Insgesamt haben Kinder- und Jugendgruppen in Heimen einen eher lebens- und alltagspraktischen Funktionsbezug, während in Freizeitgruppen als offenen Gruppen mehr der Aspekt der selbstbestimmten Aktivität über die Alltagsbewältigung hinaus betont ist.

Das sozialräumliche Prinzip

Wir sind bei der Beschreibung der Bewältigungsszenerie Kindheit und Jugend immer wieder darauf gekommen, daß sich Kinder und Jugendliche eher sozialräumlich orientieren als Erwachsene, deren soziale Beziehungen vor allem über Berufs-, Familien-, Vereins- und Freizeitrollen etc. laufen. In der Kindheit ist die sukzessive Erweiterung des Orientierungs- und Handlungsraums — ausgehend vom sozialen Nahraum — die zentrale Dimension des außerschulischen und außerfamilialen sozialen Lernens, der Artikulation sozialer Bedürfnisse und mithin der Entwicklung von Bewältigungskompetenzen. In der Jugendzeit ist das Sozialräumliche das Strukturprinzip der Gleichaltrigenkultur. Jugendkulturelle Gruppen, Cliquen und Szenen erhalten erst ihre Qualität über die Räume, in denen sie sich bewegen, die sie besetzen, die sie umwidmen. Die eigene soziale Welt der Jugend entwickelt sich vor allem im Räumlichen, aus der jugendkulturellen Besetzung des Raums entwickeln sich eigenartige soziale Beziehungen, Regeln und gruppenbezogene Verhaltensmuster, aus denen ein besonderer Typ sozialen Lernens und sozialer Orientierung Jugendlicher hervorgeht. Die Sozialwissenschaftler nennen diesen Prozeß „Sozialraumkonstitution", ein Begriff, der deutlich machen soll, daß aus dem Zusammenspiel von jugendkulturellem Verhalten und räumlicher Aneignung soziale Beziehungs- und Handlungsstrukturen entstehen, die — was ihre Konsistenz und soziale Kontinuität anbelangt — denen vergleichbar sind, wie sie Institutionen — z.B. Familie und Schule — gemeinhin vermitteln.

Dieses Territorialprinzip des jugendkulturellen Verhaltens wandelt sich bei jungen Erwachsenen. Bei ihnen geht es jetzt um die Nutzung von Räumen im Sinne sozialräumlicher Netzwerke, in denen eine eigene Alltagskultur aufgebaut, kulturelle und soziale Ressourcen aufeinander bezogen, aber vor allem auch sozialräumlich rückversicherte Identität erworben und ausgelebt werden kann.

In sozialen Räumen liegen aber nicht nur gestalterische Möglichkeiten für Kinder und Jugendliche, sondern auch Blockaden und Verweigerungen. Städtische, aber inzwischen auch ländliche Räume sind immer mehr einseitig ökonomisch funktionalisiert, sperren sich den Bedürfnissen von Kindern und Jugendlichen, grenzen sie aus. In der Art, wie Räume einseitig funktionalisiert und dehumanisiert sind, wohnt ihnen Gewalt inne, die man nicht sieht, deren Ausgrenzungsdruck Kinder und Jugendliche aber spüren. Wir haben diese latente Form der Gewalt als „strukturelle Gewalt" gekennzeichnet. Solche Räume lassen keine Möglichkeiten zu, sich darzustellen, zu zeigen, wer man ist, sich produktiv in Szene zu setzen – also ein positives Selbstwertgefühl zu entwickeln. Wie wichtig sozialräumliche Aneignungsprozesse für die Entwicklung eines positiven Selbstwertgefühls sind, zeigen die empirischen Beispiele bei U. Deinet in seiner Arbeit zur „Aneignungssituation" (1991).

So ist es nicht verwunderlich, daß aggressives und gewalttätiges Verhalten bei Kindern und Jugendlichen oft auf massive Selbstwertprobleme verweist, die aus Erfahrungen sozialräumlicher Ausgrenzung und Zurückweisung entstehen können. Nicht wenige der von Kindern und Jugendlichen begangenen Delikte, die mit Gewalttätigkeit gegen Personen und Sachen zusammenhängen, sind im Kontext räumlich dynamisierter Aufschaukelungsprozesse entstanden. Man setzt sich gleichsam symbolisch über die sozialräumlich immer wieder erfahrenen Zurückweisungen und Beschränkungen hinweg. Daß Jugendliche die in den funktionalisierten Räumen herrschende strukturelle Gewalt als Beschädigung ihrer Identität empfinden können, hängt wohl damit zusammen, daß es „offensichtlich (. . .) spezifische Soziallagen, Familienmilieus und biographische Probleme von Kindern und Jugendlichen (gibt), die diese in besonderer Weise dazu motivieren, ihre Lebensweisen und ihre Identität auf den gesellschaftlichen Ort Straße auszurichten" (Zinnecker 1979, S. 743). Besonders arbeitslose Jugendliche sind auf diesen Identitätsraum Straße geradezu angewiesen:

„Öffentliche Räume werden (. . .) besonders für arbeitslose Jugendliche aus Neubauvierteln und Arbeiterquartieren relevant. Ihr Leben ist nicht in dem Maße von der räumlichen Vorgabe Arbeit, Freizeit, Konsum strukturiert. Für sie wirkt es sich besonders drastisch aus, wenn diese Räume immer mehr eingeschränkt und kontrolliert werden. Denn diese Räume bieten ja eine Quelle von Bewältigungsformen und solidarischer Hilfe. Sie sind Orte des Austausches lebenspraktischer Informationen und bieten Möglichkeiten gruppenspezifischer Identitätsentwicklung, kultureller, symbolischer Formgebung und des Protests" (Keppler 1990, S. 171).

Jugendkriminalität kann unter diesem sozialräumlichen Aspekt durchaus auch als Komplex sozialräumlich dynamisierten Bewältigungsverhaltens verstanden werden, eines

Verhaltens, das sich erst im Aufschaukelungsprozeß von sozialräumlich erfahrener Gewalt, jugendlicher Reaktion und öffentlicher Sanktion entwickelt und sich oft erst vor diesem Hintergrund zum Fehlverhalten und Delikthandeln verselbständigt.

Wenn wir also sehen, wie das Sozialräumliche in den verschiedensten Bereichen des Bewältigungsverhaltens von Kindern und Jugendlichen wirkt, erscheint uns plausibel, daß die Hilfen und Angebote der Sozialpädagogik auch sozialräumlich strukturiert und gestaltet sein müssen. So ist in der Jugendarbeit das Prinzip des „eigenen Jugendraums" längst zum hauptsächlichen Gestaltungsprinzip geworden. Räume sind nicht mehr länger nur Voraussetzung und „Bühne", auf der Pädagogik abläuft, sondern sie sind selbst schon Pädagogik (vgl. Böhnisch/Münchmeier 1990). Dabei sind es natürlich nicht nur die bloß umbauten Räume, auf die sich die sozialräumliche Qualität der Jugendpädagogik bezieht, sondern es sind vor allem die Möglichkeiten, die in den Räumen stecken, welche den Raum erst zum pädagogischen Ort der jugendkulturellen Aneignung und thematischen Anregung werden lassen. Räume für Kinder und Jugendliche müssen so beschaffen sein, daß man sich treffen, aber auch aus dem Weg gehen kann, und daß man in ihnen Möglichkeiten des Rückzugs und der Aktion gleichermaßen findet. Wenn SozialpädagogInnen in der Jugendarbeit ihre Themen setzen, so müssen sie gewahr sein, daß diese einer spezifischen räumlich-jugendkulturellen Dynamik ausgesetzt sind, in welcher das Thema verändert, sein Inhalt verfremdet wird, so daß am Schluß oft etwas ganz anderes herauskommt, als pädagogisch intendiert war (vgl. dazu ausführlich Böhnisch/Münchmeier 1990).

Auch in der mobilen Jugendarbeit, jener sozialpädagogischen Arbeitsform, in der nach dem Prinzip der „aufsuchenden Arbeit" gefährdeten Jugendlichen Hilfen angeboten werden, wird inzwischen systematisch mit sozialräumlicher Orientierung gearbeitet (vgl. Keppeler 1990). Vor allem Jugendlichen aus sozial desorganisierten Familien bieten solche Räume „Heimat" und damit einen sozialräumlichen Kontext zum Aufbau eines Selbstwertgefühls, positiver sozialer Beziehungen und eines sozialen Netzwerks. Die Konflikte, die sich hier abspielen, könne in

Kooperation mit den SozialpädagogInnen produktiv bearbeitet werden; sie brauchen an der räumlichen Umgebung, die jetzt ihnen gehört, nicht mehr destruktiv „ausgelassen" zu werden.

Sozialräumliche Angebote der Sozialpädagogik stellen für die Kinder und Jugendlichen „Zwischen- und Übergangsräume" dar. Es sind Räume, die einem Verhaltensschutz bieten, die einem immer noch erlauben, zwischen der Welt der erlittenen Gewalt, des abweichenden Verhaltens, des Scheiterns und der gesellschaftlich anerkannten Welt der Normalität des gelingenden Alltags sich wiederzufinden und neue Möglichkeiten des Überwindens, des Sich-Wieder-Mögens und des Sich-Öffnens für andere Verhaltens- und Lebensmuster an sich zu entdecken. Solche geschützten, aber kommunikativ gehaltvollen Räume werden vor allem in der Mädchen- und Frauenberatung als „Räume zur Selbstthematisierung" charakterisiert, die dort gebraucht werden, wenn es um die Überwindung von Erfahrungen sexueller Gewalt, beruflichen Scheiterns etc. geht (vgl. Funk 1991b).

Das Zeitprinzip

Gegenwartsorientierung und Gegenwartserleben sind Formen des lebensaltertypischen Zeiterlebens Jugendlicher. Daß Jugendliche so in die Gegenwart hinein leben, hängt zum einen eng mit der Generationsgestalt Jugend zusammen: Jugendliche treten über ihre Entwicklungsschübe aus der Familie heraus „neu" in die gesellschaftliche Kultur ein. Im Gegensatz zu den älteren Generationen, welche die gegenwärtige Kultur zwangsläufig qua Alter als etwas erleben, das sich entwickelt hat, das eine Vergangenheit und damit eine (oder auch keine) Zukunft hat, nehmen die Jugendlichen die Welt so, wie sie sie antreffen, vorfinden. Für ihr Altersgruppenempfinden ist ausschlaggebend, daß etwas so ist, wie es da ist, und nicht so sehr, wie es geworden ist. Für sie steht das Aktuelle, das „Sofort" im Vordergrund.

Diese spezifische Form des gegenwartsbetonten Zeiterlebens wird durch die uns bereits bekannte Entwicklungstatsache verstärkt, daß Kinder und Jugendliche heute in bestimmten Verhaltenssegmenten früh selbständig werden und diese Selbständigkeit aktuell ausleben und nicht auf das traditionelle jugendpädagogische „Später" vertrösten lassen wollen.

Generationengestalt und frühe soziokulturelle Selbständigkeit sind also die grundsätzlichen Bestimmungselemente jugendlichen Zeiterlebens. In den verschiedenen zeitgeschichtlichen Strömungen und Moden der wechselnden Jugendkulturen wird dieses gegenwartsbezogene Zeiterleben verstärkt oder modifiziert. Dabei fließen Zeiterleben und allgemeines Lebensgefühl ineinander über. So ist es ein Ausdruck gegenwartsbetonten Zeiterlebens, wenn man alles so nimmt, wie es ist, sich nicht in einen übergreifenden Lebenssinn — und damit in einen argumentativen Zusammenhang von Vergangenheit und Zukunft — stellt. In dieser Haltung drückt sich für D. Baacke das radikale Gegenwartserleben vieler Jugendlicher ausgangs der 80er Jahre aus:

„,Life ist Xerox — we are just a copy': dieser Spruch artikuliert die jugendkulturell spätzeitliche Ästhetik der 80er Jahre. An die Stelle des Arguments tritt immer mehr der Spruch, der kategorial zusammenfaßt, was der Diskussion und Auseinandersetzung nicht mehr lohnt, weil ohnehin ist, was ist. Die Machthaber tun nur so, als wollten sie zuhören — und sei es, um Stimmen zu gewinnen, Zuläufer zu haben (. . .). ,Xerox' ist die Metapher für Systemrationalität, die ohnehin da ist. Entscheidend ist nun, welche Art von ,Kopie' man ist. Das Angebot ist groß, die Optionenvielfalt schier unerschöpflich. Resignation mischt sich mit Originalitätssucht und tatsächlicher Originalität . . . Es ist die Teenagerkultur der 50er Jahre, die sich inzwischen emanzipiert hat. Aus Teenagern sind selbstbewußte Hedonisten geworden, die selbständig über ihr Portefeuille verfügen. Das Argument, die Bombe falle jederzeit (schon die Beatniks hatten das gesagt!) wird nun benutzt, um Jugend abermals zu einer (neuen) Ideologie zu machen: Tanz auf dem Vulkan, mitnehmen, was Spaß macht, zugleich eine Form neuer Zärtlichkeit und ausgeglichener Freundlichkeit dominieren nun in vielen Szenen. Die Struktur ist: Geltenlassen anderer und Ich-Zentrierung. Das Modell ist der postmoderne Diskurs. Er ist gekennzeichnet dadurch, daß er keine Verbindlichkeiten eingeht" (Baacke 1989, S. 48).

Baacke weist in diesem Zusammenhang darauf hin, daß der Vergesellschaftungstyp der Individualisierung ein wichtiger

Hintergrund für die Radikalisierung des Gegenwartserlebens Jugendlicher hin zur Kultur des Augenblicks ist. Man muß – um zu wissen, wer man ist und als was man gilt – sich immer wieder neu und in wechselnden Situationen in seiner Persönlichkeit inszenieren. Das gilt für Jugendliche aber genauso wie für Erwachsene. Er verweist auf die „steigende Bilderflut mit Ton- und Geräuschkaskaden", die – wie z.b. die Videoclips – „von ihrer originellen Gestaltung leben, zugleich durch dauernde Wiederholung das faszinierendste Muster schnell abschleifen" (ebd., S. 48). Und er macht des weiteren den Umstand dafür verantwortlich, daß die „Erwachsenen-Konturen" für die Jugendlichen nicht mehr sichtbar, sondern eher verschleiert sind, weil die Erwachsenen den Habitus der Jugendlichkeit genauso pflegen und Jugendliche kaum Reibungspunkte an den älteren Generationen mehr sehen, an denen sie sich abarbeiten können.

Diese über die allgemeine Konsumkultur demonstrativ verbreitete Relativierung der Lebensalter hat auch das Zeiterleben bei Jungen und Älteren so nivelliert, daß es immer schwieriger wird, eine positive Generationenpädagogik zu betreiben, die auf das Vorbild der Lebensführung der Älteren und den Respekt vor den Lebensformen der Jüngeren setzt. Um uns herrscht das Prinzip der Austauschbarkeit und Beliebigkeit. Gesellschaft und Computerwelt scheinen ineinander überzufließen, die Modularisierung wird zum sozialen Prinzip. Module sind austauschbare Systemteile, die Variation ihrer Zusammensetzung ermöglicht immer wieder neue Systeme und Produkte. In den elektronischen Massenmedien werden Szenen auf Vorrat gedreht und immer wieder neu kombiniert. Videoclips erzeugen audiovisuelle Vielfalt und sind doch nach dem medialen Baukastenprinzip beliebig zusammengesetzt. Die auf demselben Prinzip beruhende Textverarbeitung kreiert Romane, Drehbücher, Geschichten, die keine Vergangenheit und Zukunft mehr kennen.

Unsere Gesellschaft wird industriell und kulturell zunehmend von diesen Modularisierungstendenzen bestimmt. Wir sehen uns in allen Lebensbereichen mit einer unerhörten Vielfalt, mit scheinbar ständigen Innovationen konfrontiert, ohne zu merken, daß dahinter immer Gleiches steckt. Die Gegenwart wird ständig in Bewegung gehalten, obwohl sie im Stillstand ruht. Jugendliche „modularisieren" ihr Fernsehprogramm, indem sie switchend und zappend aus den Bruchsequenzen der vielen Programme ihr eigenes kreieren. Es scheint ihnen gleich zu sein, ob zwischen diesen Bruchstücken noch ein inhaltlicher Zusammenhang besteht.

Die großen Möglichkeiten der elektronischen Medien liegen in der Simulation. Dem Fiktionalen können sie zu einer technologischen Eigengesetzlichkeit verhelfen; die über den Computer vermittelten Ersatzwelten überformen zunehmend den realen Alltag. Was sind heute noch authentische und was fiktive Bedürfnisse? Das geschickte „need-placement" des Marketing, das die Bedürfnisse simuliert und damit schafft, läßt diese Unterscheidung fast nicht mehr zu. Die künstliche Welt erscheint als neue Wirklichkeit, die abgekoppelt ist von der realen Welt der politischen Entscheidungen und Machtausübungen. Die autoritär beeinflußte Propaganda ist der partizipativen Simulation gewichen, die Fiktion des Dabeiseins läßt die gesellschaftliche Dimension sozialer Konflikte für den Einzelnen ins Beliebige und mithin Unerhebliche schrumpfen. Die elektronischen Medien schaffen diese Austauschbarkeit und Beliebigkeit nicht selbst. In ihnen erhalten aber die entsprechenden gesellschaftlich schon vorhandenen Tendenzen ihre neue und selbstverständliche Realität.

Wir sehen also, daß das Gegenwartserleben der Jugend eingebettet ist in eine allgemeine technologisch „über"-triebene und ästhetisierte Gegenwartskultur und dadurch von den Jugendlichen selbst — was ihre Probleme der Lebensbewältigung anbelangt — kaum kritisch reflektiert werden kann. Denn die unbedingte Gegenwartsfixierung kann für Jugendliche schon ein Bewältigungsproblem darstellen. Gerade die Erfahrungen aus der Gesundheitserziehung zeigen, daß die Jugendlichen bei Risikoverhalten — z.B. exzessivem Alkoholkonsum, Schnellfahren — durch die Erlebnisfixierung auf die Gegenwart keine Eigenkontrolle aufbauen können.

Moderne gesundheitserzieherische Programme, die an diese Erfahrung anknüpfen, versuchen die Gegenwarts- und Zukunftsebene bewußt auseinanderzuhalten.

Das sieht dann in der Regel – nehmen wir einmal das gesundheitserzieherische Beispiel „Kampagnen gegen Jugendalkoholismus" – so aus: es wird ein aktions- und erlebenspädagogisch gehaltvolles Projekt für eine „alkoholfreie Disco", ein Festival, einen Motorradwettbewerb, ein Theater- oder Schminkworkshop etc. von Jugendlichen für Jugendliche erarbeitet. Im Vordergrund dieser Programme, bei denen kein Alkohol, aber phantasievolle Drinks ausgeschenkt werden, steht nicht eine wie geschickt auch immer gestaltete Aufklärung über die Langzeitfolgen des Alkoholmißbrauchs (oft noch durch Erwachsene vermittelt, die ihre eigenen Lebensgewohnheiten selbst nicht preisgeben), sondern die praktische aktuelle Frage, ob denn so eine Disco oder so ein Festival auch ohne Alkohol laufen können und wie sich das dann entwickelt. Diese Frage legt sich als Spannung über die Veranstaltung, eine Spannung, welche natürlich zuerst den „Macher-Kreis" der Jugendlichen ergreift, die das Projekt vorbereitet haben; diese Spannung kann sich aber auch durchaus auf die anderen Jugendlichen von den aktiven Jugendlichen her übertragen.

Das Projekt muß ganz auf die gegenwartskulturellen Bedürfnisse der Jugend abfahren: es muß also eine Gelegenheitsstruktur verkörpern, in der Jugendliche mit sich und anderen experimentieren, sich in der Körperlichkeit von Disco und Wettbewerben erfahren, sozial neue und deshalb auch für sie „riskante" Erfahrungen in inszenierten oder selbst vorbereiteten Situationen machen können: öffentliche Rollenspiele, spontane Eigenproduktionen, eigene Moderationen und Showbeiträge, selbstproduzierte Videoclips etc. Jugendliche sollen also erleben können, daß sich positive Selbstwertgefühle, Erlebnis, Experiment und Erprobung seiner Grenzen, alles jugendkulturelle Essentials, auch ohne Alkohol einstellen können.

Hinter dieses Gegenwartserlebnis tritt die gesundheitserzieherische Absicht als solche zurück. So heißt es in einem Bericht über ein Praxisprojekt „Gesundheitserziehung in der offenen Jugendarbeit" der Kreisjugendpflege Heilbronn (1991): „Das (. . .) Projekt setzt (. . .) auf die Überzeugungskraft des authentischen, jugendkulturellen Milieus. Geprägt wird dieses Milieu durch die selbständige Durchführung der Veranstaltung durch Jugendliche des jeweiligen Ortes und vor allem durch die selbstgestalteten Programmbeiträge mit hohem Identifikationswert" (S. 4), und: „Der prophylaktische Wert der Veranstaltung wurde erst sekundär, vor dem Hintergrund der bis dahin vermittelten Erlebnisse thematisiert, vor allem, wenn den Jugendlichen Anerkennung für die geleistete suchtprophylaktische Arbeit gezollt wurde. Der gesundheitserzieherische Aspekt der Veranstaltung wurde den Jugendliche so nicht von vorneherein vorgestellt, sondern enthüllt sich im Laufe ihrer aktiven Beteiligung" (S. 11/12).

Diese gesundheitserzieherische Perspektive unterscheidet sich von dem traditionellen Modell der Gesundheitserziehung nicht nur dadurch, daß sie jugendkulturell eingebettet ist, sondern vor allem auch durch die Umkehr des pädagogischen Zeitverständnisses. Ausgangspunkt ist nicht mehr die über den Alkoholmißbrauch erwartbare, zukünftige Lebensschwierigkeit, sondern der gegenwärtige, ohne Alkohol mögliche jugendkulturelle Erlebnisraum, den die Jugendlichen austesten können. Diese aktive Erlebnisqualität werden sie – so die pädagogische Überlegung – auch den Gleichaltrigen entgegenhalten können, die der Vorstellung „Action ohne Alkohol" skeptisch oder ablehnend gegenüberstehen. Gesundheitserziehung läuft hier also vor allem über „Selbstbildung in der Gleichaltrigenkultur". Die Jugendlichen erfahren eher, daß es „ihr" Körper und „ihre" Gesundheit ist und argwöhnen nicht – wie die Erfahrungen mit der klassischen Gesundheitspädagogik zeigen –, daß ihnen über die Gesundheitsvorsorge Verhaltensmodelle der Erwachsenen untergeschoben werden sollen.

Die Rolle der SozialpädagogInnen ist es dabei, mitzuhelfen, sowohl die räumlichen und projektiven Voraussetzungen für diese aktionsorientierte Form der „Gleichaltrigenerziehung" zu schaffen als auch das Thema „Gesundheit" dort ins jugendkulturelle Spiel zu bringen, wo Jugendliche selbst Neugier und Bereitschaft nach einer Vergewisserung über Körper und Gesundheit über das aktuelle Verhalten hinaus zeigen.

Jugendkulturell orientierte Gesundheitserziehung zeigt exemplarisch, wie das Zeitprinzip der „Anerkennung der jugendkulturellen Gegenwartsorientierung" in den sozialpädagogischen Angeboten und Hilfen wirken kann. Ein zweiter, weitergehender Aspekt dieses Zeitprinzips ist die

Anerkennung einer spezifischen Zeitkompetenz, der „Gegenwartskompetenz" Jugendlicher. Die Sozialpädagogik sollte ein Bereich für Jugendliche sein, in dem diese Zeitkompetenz nicht nur anerkannt, sondern auch ausgespielt werden kann, zumal in den meisten gesellschaftlichen Bereichen den Jugendlichen die Anerkennung dieser Zeitkompetenz verwehrt ist. Wenn wir Jugendlichen diese besondere Zeitkompetenz zubilligen, so unterstellen wir, daß sie sensibel sind für die Unmittelbarkeit von Ereignissen, daß sie sie nicht wie die Erwachsenen im Vergangenheitsvergleich relativieren und entschärfen („das ist nichts Neues, das bringt nach unserer Erfahrung nichts"). Dazu gehört auch die Erfahrung, daß Jugendliche unkonventionellen Lösungen gegenüber aufgeschlossener sind als die Erwachsenen, denn auch das Unkonventionelle fällt in der Regel aus dem Zeitverständnis der Erwachsenen (die in die Normalitätswelt von Regeln und Positionen eingebunden sind) heraus. Dazu gehört schließlich auch, daß der politische Gehalt dieser Zeitkompetenz ernstgenommen wird, daß man den Jugendlichen Raum gibt, in dem sie ihr „Sofort" bei der Anmahnung politischer Entscheidungen und bei der Abwehr der Vertröstung auf später gestalten können. In der Sozialpädagogik ist es vor allem die politische Bildung, die diese jugendliche Zeitkompetenz curricular aufzunehmen hat und sind es die Jugendverbände, die von ihrem jugendpolitischen Anspruch her mit dieser Zeitkompetenz öffentlich agieren.

Das Biographieprinzip

Wir haben an früherer Stelle von der „Individualisierung der Lebenslagen" gesprochen und davon, daß diese Individualisierung sich auf der Subjektebene als „Biographisierung" ausdrückt. Damit ist gemeint, daß sich die Lebensverhältnisse und die damit verbundenen sozialen Chancen und Risiken weder an einem abgrenzbaren Herkunftsmilieu (Klasse, Schicht) noch am jeweiligen Verhalten der Person ablesen lassen, sondern erst über ihre jeweilige Biographie erschließbar sind. Das biographische Prinzip in der Sozialpädagogik beinhaltet also die Annahme, daß die jeweils akuten Bewältigungsprobleme sowohl diagnostisch als auch bezüglich des sozialpädagogischen Handelns und Intervenierens in das jeweilige biographische Bezugssystem gebracht werden müssen, „erzieherische Hilfen zur Lebensbewältigung" also vor allem auch als biographische Interventionen zu verstehen sind.

In der Sozialisationsforschung stehen die Begriffe „Lebenslauf" und „Biographie" nebeneinander. Lebenslauf bezeichnet die institutionalisierte Abfolge und Entfaltung von Entwicklungsabschnitten und -prozessen, Positionen und Übergängen im „Durchschnittsleben" einer modernen Gesellschaft. Biographie bezeichnet den je individuellen Weg im Rahmen dieses institutionalisierten Lebenslaufs, des „Lebenslaufregimes" (Kohli 1985). Lebensläufe in industrialisierten Gesellschaften haben ein Zentrum, das erst ihre Institutionalisierung und Verallgemeinerung ermöglicht: die moderne Erwerbsarbeit. Der Aufbau des individuellen Vermögens zur Erwerbsarbeit und — damit verbunden — zu einer rationalen Lebensführung, die den sozialen Anforderungen einer modernen Gesellschaft entspricht, bildet die „Hauptachse" dieses modernen Lebenslaufs. Demgegenüber peripher sind die partikularen „Karrieren" in den verschiedenen gesellschaftlichen Bereichen — in den Vereinen, den politischen Parteien, den Kirchen etc. Die Hauptlinie des Lebenslaufs führt durch die Institutionen der Familie, der Schule, der Ausbildung, der Erwerbsarbeit bis hin ins Alter als eine mittelbar über Erwerbsarbeit gesicherte Lebensphase.

Im Konzept der „Biographie" ist ausgedrückt, daß sich personale und soziale Wirklichkeit im zunehmenden Verlauf des einzelnen Lebens sich verschränken und zur biographischen Einheit verdichten. In der sozialwissenschaftlichen Vorstellung von Biographie ist also immer die Spannung enthalten zwischen „Lebenslauf", der sich aus den individuellen Ereignissen reiht, und dem „Lebensverlauf", der gesellschaftlich und institutionell definiert die latente Struktur des Lebensverlaufs bildet und aus der individuellen Subjektperspektive nicht faßbar ist. Die Subjektperspektive ist aber — so betont es der biographische Ansatz — diesem Spannungsfeld ausgesetzt. In dieser Spannung — so unsere Annahme — konstituiert sich auch die Bewältigungsdimension der Biographie. „Erzieherische Hilfen zur Lebensbewältigung" sind also immer auf dieses Spannungsfeld zu beziehen.

Das Biographiekonzept ist in jüngster Zeit vor allem von W. Schefold in die Sozialpädagogik und Jugendhilfe eingeführt worden (vgl. Böhnisch/Schefold 1991, Schefold 1992). Es ist deutlich abgesetzt von dem biographiebezogenen Konstrukt der „Karriere", mit dem die Sozialpädagogik des Kindes- und Jugendalters schon früher operiert hat. Wir sprechen ja von „kriminellen Karrieren", „Heimkarrieren", „Patientenkarrieren" etc. Das Konstrukt der Karriere orientiert sich aber nicht an der Person, sondern vor allem an der Art und Weise, wie die Person mit den Institutionen in Berührung kommt, welchen Positionsverlauf ihr Leben in und zwischen den Institutionen nimmt. Wenn wir in der Sozialpädagogik von „Heimkarrieren" oder „kriminellen Karrieren" sprechen, so ist damit die Vorstellung verbunden, daß die betreffenden Jugendlichen bestimmte institutionelle Stationen — vom Auffälligwerden über die Heimeinweisung, dann das „Absolvieren" verschiedener Heime bis hin vielleicht zum Jugendstrafvollzug — durchlaufen haben und daß sich in dieser „Karriere" Persönlichkeits- und Bewältigungsmuster bei den Kindern und Jugendlichen entwickelt und verfestigt haben, die auf den Umgang in und mit diesen Institutionen zurückzuführen sind. Das Konstrukt der Biographie dagegen ist umfassender, ganzheitlich von der Person und ihrem Lebenslauf ausgehend. Es kann deshalb auch fragen, wie institutionelle Hilfen und Interventionen der Sozialpädagogik in dieser Biographie auftauchen, welchen Stellenwert sie für den biographischen Prozeß als Ganzes besitzen. Jugendhilfe — bis hin zur Heimerziehung — wird somit unter dem Aspekt der „biographischen Ressource" betrachtet.

Gerade im Bereich der sozialpädagogischen Arbeit mit gefährdeten Jugendlichen und in der Heimerziehung kann diese „biographische Wende" im sozialpädagogischen Denken und Handeln zu verblüffenden alternativen Zugängen führen. Man rekonstruiert nicht mehr nur, wie die Jugendlichen wohl in dieser Einrichtung oder diesem Heim gelandet sind, sondern man fragt nun, welche Möglichkeiten die Sozialpädagogik dieser Einrichtung bietet, die Biographie wieder in Fluß zu bringen. Dabei orientiert man sich nicht mehr an den früheren institutionellen Vorgaben, an denen die Jugendlichen gescheitert sind (Rekonstruktion der Heimkarriere), sondern betrachtet den aktuellen

Heimaufenthalt vor dem Hintergrund der Gesamtbiographie als Set von Ressourcen, die es ermöglichen können, biographische Optionen für die Jugendlichen zu öffnen, die ihnen unter dem traditionellen Aspekt des „abweichenden Verhaltens" und der Heimkarriere verwehrt schienen. Anders ausgedrückt: das Heim − traditionell „neben" der Gesellschaft angesiedelt − sieht diese Randlage als Chance, Jugendliche nicht institutionell anzupassen oder zu verwahren (also sie z.B. auf Verhaltensminima hin zu trainieren, damit sie in der Gesellschaft nicht mehr auffällig werden), sondern das Heim als biographischen „Umweg" zu betrachten, der möglichst lange genutzt werden kann, um ohne *aktuellen* gesellschaftlichen Integrationsdruck die biographisch bisher nie zum Zuge gekommenen Vermögen und Fähigkeiten von Kindern und Jugendlichen aufzuschließen. Anders formuliert: aus der Perspektive der „kriminellen Karriere" schaut man immer auf die Schwächen, das abweichende Verhalten der Kinder und Jugendlichen und darauf, wie man dieses aktuell und auf Zukunft verhindern kann; in der Biographieperspektive interessieren einen dagegen die im bisherigen Leben meist übergangenen Stärken der Jugendlichen, die es auch durch traditional „heimfremde" Anregungsmethoden freizulegen und zu fördern gilt: eben nicht nur durch kurzfristig angelegte, auf Arbeitskraftverwertung und -vermittlung schielende Arbeitserziehung, sondern vor allem auch durch kulturelle Projekte, welche die biographisch produktiven Umwege auch im Heim ermöglichen können. Es ist besser, wenn jemand ein Jahr in einem Kulturprojekt arbeitet, Selbstwertstärkung und kulturelle Fertigkeiten aufbaut, und dann ganz anders sozialemotional und soziokulturell gestützt eine Arbeitsperspektive entwickeln kann, als wenn jemand auf Teufelkomm-raus auf eine unterqualifizierte Arbeit zugerichtet werden soll, nur damit er arbeitet und damit − meist sowieso nur vorübergehend − den offiziellen Integrationsbeweis antritt. Diese traditionelle Resozialisierungsprogrammatik verliert angesichts der gesellschaftlichen Entstrukturierungs- und Pluralisierungstendenzen sowieso ihre normative Verbindlichkeit.

Dieses Prinzip der „biographischen Intervention" in der Sozialpädagogik des Jugendalters gewinnt vor allem im Bereich der berufsbegleitenden Hilfen, der Jugendsozialarbeit an allgemeiner Bedeutung. Jugendliche, die an normalen Ausbildungsgängen und Arbeitsabläufen scheitern, sollen die Chance erhalten, über qualitative „Umwege" zu einem biographisch späteren Zeitpunkt doch noch in eine durchschnittliche und für sie subjektiv dann befriedigende Berufsbahn zu kommen.

Das Biographieprinzip ist auch ein wichtiges diagnostisches Prinzip. Im Sinne des Bewältigungsansatzes können wir rekonstruieren, wie sich Bewältigungschancen in welchen biographischen Abschnitten verengt haben, um zu sehen, ob es möglich ist, über biographisch „nachholende" Zuwendung, Förderung und Hilfe die Biographie wieder in den Fluß zu bringen. Für die allgemeine sozialpädagogische Arbeit bleibt der Grundsatz festzuhalten, daß die Entwicklung und Festigung des Selbstwertgefühls, als zentralem Aspekt der Entwicklung von Bewältigungskompetenz, sich biographisch aufbaut.

Das soziokulturelle Prinzip

Im Zuge der Individualisierung und Pluralisierung der Lebenslagen können die Menschen immer weniger auf Milieus zurückgreifen, in denen Selbstwert und Status traditionell verankert und selbstverständlich ableitbar waren. Heute müssen Persönlichkeit und Status eher individuell und situativ immer neu inszeniert werden. Auch beobachten wir seit Jahren die Entwicklung, daß der Lebenssinn nicht mehr hauptsächlich und einseitig aus der Arbeit bezogen wird. Vielmehr hat die Bedeutung der Freizeit und der außerbetrieblichen Lebensbereiche für die Suche nach anderen Sinnwelten zugenommen. Gleichzeitig haben sich mit der „Relativierung der Lebensalter" (vgl. Böhnisch/Blanc 1989) neue, sozial eigenständige Altersgruppen (Junge Erwachsene, aktive Alte, Singles etc.) herausgebildet, die sich nicht (mehr) über die durchschnittliche Erwerbs- oder Familienbiographie verstehen (wollen) und auf die Erschließung von Lebensräumen angewiesen sind, in denen sie ihre besondere Befindlichkeit und ihre spezifischen Interessen ausdrücken und verwirklichen können. Schließlich haben die enormen Bevölkerungsumschichtungen seit den 60er Jahren bei uns dazu geführt, daß die jeweilige lokale Integration nicht mehr über die traditionalen Muster von Gegenseitigkeit und sozialer Kontrolle laufen können, sondern daß moderne Integrationsformen gebraucht werden.

In all diesen vier Problemebenen — Selbstinszenierung der Persönlichkeit, neue Sinnsuche, Lebens- und Ausdrucksräume für neu sich ausbildende soziale Gruppen, moderne Integrationsformen — ist die Bedeutung von Kultur offensichtlich geworden: als Medium der persönlichen Inszenierung und des sozialen Kontakts, der Erschließung von Lebensformen und der Identifikation mit der lokalen und regionalen Sozialwelt. In dieser sozialen Bedeutung enthält Kultur eine offenkundige Bewältigungsdimension.

Gerade diese soziokulturelle Qualität von Kultur ist nun besonders für Jugendliche in dem Maße bedeutsam geworden, in dem Jugend sich zur eigenständigen Sozialgruppe mit hoher Gegenwartsorientierung entwickelt hat. Da diese Eigenständigkeit sozial ausgedrückt und artikuliert werden muß, wenn sie als solche subjektiv erfahren und gesellschaftlich akzeptiert werden soll, braucht die Jugend Ausdrucksformen, die sie selbst definieren können, die also außerhalb der institutionellen und positionellen Symbolik der Erwachsenenwelt liegen müssen. Diese sozialräumlich-kulturellen Ausdrucksformen werden mit dem Begriff der „Jugendkultur" umschrieben. Vorher sprach man von Jugend„sub"kulturen und meinte damit einzelne, in ihrer Stilbildung demonstrativ abweichende Gruppen — Rocker, Straßenbanden, extreme Musikstile (vgl. dazu Baacke 1987). Der Begriff der „Jugendkultur" bezieht sich dagegen auf die gesamte Jugend in ihren unterschiedlichen und wechselnden Stilbildungen und Strömungen (vgl. Schock und Schöpfung 1986). In diesem allgemeinen Sinne ist „Jugendkultur" gruppentypischer Ausdrucks- und Lebensraum, der in seinen Verhaltens- und Stilelementen auch sehr weit gefaßt wird:

„Ob Herumhängen, Gespräch, Grübelei oder handwerklich-ästhetische Praxis; ob Stilschöpfung, Körperkunst, Verarschen (. . .); ob in normal-unauffälligen Gesellungs- und Abgrenzungsformen der Gleichaltrigengruppen, in öffentlich-spektakulären Formen eigensinniger politischer Partizipation, in subversiven

Widerstandsformen, in der Einsamkeit des stillen Tagebuch-
schreibens oder des individuellen Leseverhaltens (. . .) — seit der
kämpferischen Selbstbehauptung der bürgerlichen Jugendbewe-
gung definiert sich Jugend durch Kultur, wird sie an kulturellen
Ausdrucksformen erkannt" (Treptow 1990, S. 212/213).

Jugendkulturen sind also in ihrer sozialen Funktion Arrangements, in und mit denen Jugendliche in der Gegenwart
individuelle und soziale Bedürfnisse befriedigen können,
deren Erfüllung nach dem traditionellen Lebensentwurf
Jugend erst im späteren „Erwachsenenalter" (Bedürfnisauf-
schub) vorgesehen war (vgl. auch Baacke 1987, S. 168). Da
das Jugendleben in seiner Gegenwartsorientierung vor
allem sozialräumlich ausgerichtet ist, die Status- und Inte-
grationsbedürfnisse der Jugendlichen also nicht wie in der
durchschnittlichen Erwachsenenwelt maßgeblich über
Familienrollen und Berufspositionen erfüllt werden können, werden sie entsprechend sozialräumlich-kulturell, also
über die kulturelle „Jugendszene" befriedigt. Für den sozialpädagogischen Umgang mit Jugendlichen bedeutet dies,
daß Hilfen und Angebote immer jugendkulturell vermittelt
sein müssen. Für den Bereich der Jugendbildung haben wir
diesen Zusammenhang mit dem Begriff des „pädagogischen Feldes" umschrieben. Aber auch in den erzieherischen Hilfen zur Lebensbewältigung im engeren Sinne —
sei es die Jugendberatung, Heimerziehung oder die mobile
Jugendarbeit mit gefährdeten Jugendlichen — ist das
jugendkulturelle Verstehen von Lebensproblemen Jugendlicher und das Einbinden der Hilfen in einen jugendkulturellen Zusammenhang das A und O der Sozialpädagogik
des Jugendalters.

Neben dem pädagogischen Verständnis für diesen allgemeinen jugendkulturellen Zusammenhang haben konkrete
kulturelle Aktivitäten und Produktionen aufgrund der
ihnen innewohnenden „Bewältigungsqualität" in der Sozialpädagogik des Kindes- und Jugendalters an Bedeutung
gewonnen. Unter kulturellen Aktivitäten versteht man in
der Hauptsache den Umgang mit ästhetisch-medialen
Gegenständen, der einen eigenen Handlungszusammen-
hang bildet und sich so von anderen Tätigkeiten abhebt.
Der Begriff „ästhetisch-medial" hat sich — in Konsequenz
eines erweiterten Kulturverständnisses — als begriffliche
Erweiterung und Modernisierung des auch für die Jugend-

arbeit traditionellen Begriffs des „Musischen" eingebürgert. Kultur umfaßt nicht alles menschliche Ausdrucksverhalten, sondern ist begrenzt auf den Bereich der ästhetischen Aneignungs- und Ausdruckstätigkeiten.

In der Sozialpädagogik reichen kulturelle Aktivitäten vom pädagogisch strukturierten Kinderspiel über Rollenspiele und Theaterarbeit, Musikwerkstätten und Atelierarbeit, Körperarbeit und Medienproduktionen bis hin zu den verschiedensten Formen des kulturell motivierten Jugendreisens und der Erlebnispädagogik. Neben diesen Aktivitäten gibt es das Konzept soziokultureller Zentren. Diese bestehen aus Räumen, in denen man sich aufhalten kann (Café, Ausstellungs-, Bewegungsräume), in denen man in kulturellen Angeboten selbst künstlerisch tätig sein kann (Werkstatt, Studio), wo man sich Ideen holen kann (Informationsbörse) und von denen Ideen und Inspirationen in die lokale und regionale Kulturszene ausgehen sollen (Informations- und Öffentlichkeitsarbeit). Über soziokulturelle Zentren können sich soziale Infrastrukturen bis hin zu sozialen Netzwerken und Milieus über das Medium Kultur entwickeln. Sie gehören eigentlich zur Grundeinrichtung in jeder größeren Stadt und in jedem Landkreis, als Kristallisationspunkte einer Jugend- und Junge-Erwachsenen-Szene, die sich nicht nur in wechselnden Stilen erschöpft, sondern gesellschaftlich relevante Lebensformen auszubilden in der Lage ist. Für ländliche Räume braucht es darüber hinaus neben stationären soziokulturellen Zentren auch mobile soziokulturelle Angebote, um die Orte erreichen zu können, die außerhalb der Reichweite soziokultureller Zentren liegen. Dazu gehören Kino- und Infomobile, mobile Musik-, Theater- und Kunstwerkstätten.

Aber auch in einzelnen sozialpädagogischen Arbeitsfeldern werden kulturelle Aktivitäten und Produktionen als sozialpädagogische Mittel eingesetzt. Sie bieten Kindern und Jugendlichen Gelegenheiten, sich in einer Art und Weise offen und ohne Leistungsdruck zu entfalten, wie es z.B. in der Schule nicht möglich ist. Sie erhalten dabei die Chance, produktive Seiten, die anderswo übergangen werden, an sich zu entdecken und von anderen widergespiegelt zu bekommen. Dies fängt beim Kinderspiel an, das nicht nur ein fundamentales Medium der sozialräumlichen Aneignung und des kindlichen Erschließens der Alltagsmuster des Sozialverhaltens ist (vgl. Deinet 1991), sondern darüber hinaus so pädagogisch gestaltet werden kann, daß Rollen und Verhaltensmuster von den Kindern nicht mehr nur imitiert werden, sondern mit ihnen auch alternativ experimentiert werden kann. Das ist für das Geschlechterrollenverhältnis genauso wichtig wie z.B. für Kinder ausländischer Herkunft, die über das Spielen mit anderen − einheimischen − Kindern, frühe Vertrautheit und Sicherheit im interkulturellen Verhalten erwerben können.

Die drei wichtigsten bewältigungsrelevanten Aspekte der soziokulturellen Arbeit in der Sozialpädagogik sind also vor diesem Hintergrund: die Möglichkeit der Entwicklung eines positiven Selbstwertgefühls, die Erweiterung der Handlungsfähigkeit durch Erspielen und Erfahren von befriedigenden Verhaltensalternativen und die Chance, die in Familie, Schule und lokaler Öffentlichkeit oft übergangene Befindlichkeit als Jugendliche(r), Mädchen oder Junge in selbstgestalteten und eigenkontrollierten Ausdrucksformen darzustellen und damit veröffentlichen zu können. Gerade Jugendliche im ländlichen Raum, wo es wenig Traditionen und Vorbilder für alternative Lebensmuster gibt, können über kulturelle Anregungskontexte − Festivals, Theaterworkshops, Medienproduktionen − ihre oft restriktive Jugenderfahrung entkrampfen und über die regionalen Beschränkungen hinaus erweitern (vgl. Schimpf/Winter 1991), sie können sich in Kontrast zu den traditionellen und ideologischen Landbildern „ihre eigenen Bilder" von der Region machen (vgl. Niesyto 1991).

Gerade auch die Mädchenarbeit setzt ausdrücklich auf kulturelle Arbeitsformen − Körperarbeit, Darstellung der weiblichen Gewalterfahrung, aber auch Stärken über Rollenspiel, eigene Medienproduktionen, Frauenmusikprojekte etc. −, um ihre Ziele: Selbstbestimmung über den eigenen Körper, Selbstbewußtsein in der Öffentlichkeit, Zuversicht für eine eigenständige weibliche Lebensperspektive und das Sichtbarmachen von Mädchenkultur zu erreichen (vgl. Funk 1991, Wilser 1991).

In der Jungenarbeit dienen z.B. Körper- und Rollenspiel, spielerisches Erleben der alltäglichen Auswirkungen des eigenen Dominanzverhaltens und kreative Umlenkung der männlichen Stärken auf Erlebnis- und Experimentierformen, die sich und andere nicht gefährden und abwerten (vgl. Sielert 1991), als Mittel der produktiven und angstfreien Auflösung der einseitigen männlichen Geschlechterrollenfixierung eine zentrale Rolle.

Aber nicht in der Jugend- und Bildungsarbeit, auch in der Arbeit mit gefährdeten Jugendlichen bis in die Heimerziehung hinein gelten kulturelle Aktivitäten als Mittel der Gestaltung sozialpädagogischer Arbeit. Ob sich hier allerdings der Begriff „kulturelle Sozialarbeit" durchsetzen wird, bleibt angesichts des Spezialisierungsgeruchs, der ihm anhaftet, fraglich. Kulturelle Sozialarbeit „meint den Versuch der Sozialarbeit, in der Einzelfallhilfe, Gruppen- oder Gemeinwesenarbeit mit Hilfe ästhetischer Aneignungs- und Ausdrucksmöglichkeiten auf definierte Verhaltensweisen ändernd oder prophylaktisch einzuwirken" (Treptow 1991, S. 261).

Ansätze gibt es hier in der Drogenprävention („Anti-Drogen-Workshops" mit ästhetisch-sinnlichen Erlebnis- und Gestaltungsmöglichkeiten als Äquivalente zu typischen Erlebnisformen im Drogenkonsum), in der mobilen Jugendarbeit („Aktionstheater") bis hin zur Heimerziehung (Kinder- und Jugendtheater, Musikgruppen und Hausfestivals als „kulturelle Kristallisationspunkte" des Heimlebens) (vgl. Treptow 1991).

Das Milieuprinzip

Unter Milieus verstehen wir Gegenseitigkeitsstrukturen sozialer Beziehungen, die normiert und tradiert sind, das heißt die auf Gewohnheiten und gemeinsam geteilten Werten aufbauen, die den Milieuangehörigen selbstverständlich, verläßlich und verbindlich sind. Milieus setzen sich aus immer wiederkehrenden Handlungs- und Erwartungsmustern zusammen, die eine selbstverständliche gegenseitige Verläßlichkeit, aber auch eine selbstverständliche gegenseitige Kontrolle beinhalten. Tradiert sind Milieus über die Generationenabfolge.

Menschen brauchen Milieus, denn diese helfen die sie umgebende gesellschaftliche Komplexität zu bewältigen,

diese Welt auf eine alltäglich faßbare soziale Welt zu redu-
zieren. H. Thiersch hat diese Aspekte an den Dimensionen
Alltagsroutine/Alltagsverständlichkeit verdeutlicht:

*„Alltägliches Handeln und Verstehen sind in Rollen, Routinen
und Typisierungen geordnet. Konventionen regeln die Zuständigkeiten, Aufgaben und Machtstrukturen im Umgang miteinander:
man weiß, wer das Sagen hat, wer zu schweigen hat, wessen Vorschläge für andere verbindlich sind oder übergangen werden können. Routinisierte Handlungsmuster erlauben es, die Vielfalt der
Aufgaben ohne immer neue Überlegungen und Klärungen zu
bewältigen; sie bieten das verläßliche Repertoire an Handlungsmöglichkeiten, das Ansehen und Effektivität verbürgt. Typisierte
Deutungsmuster regeln das Handlungswissen, bestimmen also,
was vertraut und unvertraut ist, was als verläßlich und problematisch – riskant gilt, ebenso wie die Übereinkünfte, nach denen
das Unvertraute und Riskante zurückbezogen werden kann auf
das schon Verläßliche und Beherrschbare" (Thiersch 1986, S. 18/
19).*

Der Prozeß der gesellschaftlichen Individualisierung beinhaltet gleichermaßen die Auflösung alter wie die Bildung
neuer Milieus. Freisetzungs- und Reintegrationsperspek-
tive gehören im Individualisierungstheorem zusammen.
Neue Milieus bilden sich aber nicht über Nacht aus; es gibt
Übergänge, Ersatzformen. In den Konsummilieus mit
ihren gemeinsam geteilten Konsumgewohnheiten, die in
alltäglichen Verläßlichkeiten und Lebensstilen aufgehen,
scheinen sich solche Ersatzmilieus anzudeuten.

Es gehört zur Tradition der sozialpädagogischen Jugendhilfe, daß sie Jugendlichen, die aus desorganisierten
Milieus stammten, Ersatzmilieus oder alternative Milieus
anbot. Das therapeutische Milieu der Heimerziehung liegt
ebenso auf dieser Linie wie die Perspektive der Schaffung
von alternativen Milieus in der Mobilen Jugendarbeit mit
gefährdeten Jugendlichen. Mobile Jugendarbeit als „aufsu-
chende Arbeit" beginnt bei lokalen Treffpunkten, wo sich
die Jugendlichen aufhalten oder „auffällig" werden. Von
diesen Plätzen aus werden dann mit den Jugendlichen in
treffpunktorientierter Projektarbeit sukzessive Milieus aufgebaut. Diese Milieus zeichnen sich durch ein Klima des
Vertrauens aus, sie werden von den SozialpädagogInnen
gegenüber den Sanktionsinstanzen, vor allem der Polizei,
abgeschirmt. Sie enthalten Regeln, die sich die Jugendli-

chen selbst geben und die von den SozialpädagogInnen vermittelt werden. In ihnen bieten sich wiederkehrende Gelegenheiten, in denen die Jugendlichen ihre Stärken darstellen können, ohne daß sie gewalttätig werden müssen. Stützpfeiler eines solchen alternativen Milieus in der Mobilen Jugendarbeit sind junge Erwachsene, die als Laienberater in dem Projekt mitwirken:

„Bei den (. . .) Laienberatern handelt es sich überwiegend um meist junge, interessierte Bewohner aus dem Stadtteil (Deutsche und Ausländer), die in ihrer bisherigen Lebensgeschichte einer vergleichbaren Sozialisationsstruktur unterworfen waren, wie es gegenwärtig die gefährdeten Jugendlichen sind. Als sogenannte ‚Ehemalige' aus dem Viertel haben sie umfangreiche und differenzierte Kenntnisse der situativen Bedingungen im Stadtteil, seiner Bewohner und Strukturen, sowie — aus eigener praktischer Erfahrung — Erkenntnis über jugendliche Ausweichstrategien, die es ihnen ermöglichen, häufig direkter und ‚gekonnter' als Professionelle zu intervenieren" (Specht 1984, S. 556).

Diese Form der Milieubildung läßt sich in ihrer Grundstruktur auch auf andere sozialpädagogische Arbeitsfelder anwenden. Dabei sind es nicht nur Ersatzmilieus für Kinder, deren Familien ihnen keine Milieubindungen vermitteln können, oder alternative Milieus für Jugendliche, die aus gefährdeten Sozialzusammenhängen oder kriminogenen Milieus herausgebracht werden sollen. Auch in der allgemeinen Jugendberatung wird auf Milieubildung gesetzt, das heißt auf den Aufbau eines vertrauten räumlich und personell identifizierbaren Beziehungssystems, in dem die Jugendlichen ihr Beratungsproblem situativ (und nicht auf Termin) artikulieren und in das schützende Milieu einbringen können (vgl. zu dieser Form der Jugendberatung ausführlich Böhnisch/Münchmeier 1990, S. 143 ff.).

In der Jugendverbandsarbeit wiederum hat sich der Begriff des „Anregungsmilieus" inzwischen eingebürgert (vgl. Damm 1982, Holzapfel 1991). Dies bezieht sich insbesondere auf die Vorstellung vom Jugendverband als „Lebensraum", in dem Lebensformen und -stile in gegenseitiger Ermunterung und sozialer Abstützung erprobt werden können, ohne daß sie gleich in den Sog des nivellierenden Konsumalltags geraten.

Natürlich sind sozialpädagogisch initiierte und gestützte Milieus jugendkulturell prinzipiell offen. Sonst wären sie ja auch kaum für Jugendliche attraktiv, die sich ja gerade aus ihren kontrollierenden Herkunftsmilieus lösen wollen, um selbständig zu werden, und nicht in neue geschlossene Milieus geraten möchten. Die Sozialpädagogik kann also so etwas wie „Übergangsmilieus" anbieten, in denen Jugendliche sozialemotionale Stützung unter Wahrung der jugendkulturellen Offenheit ihres Alltags bekommen können. Dies ist ein Grundsatz der wiederum auf alle sozialpädagogischen Arbeitsfelder anwendbar ist.

Literatur

(Die fettgedruckten Titel sind zur Vertiefung empfohlen.)

Achter Jugendbericht: Bericht über Bestrebungen und Leistungen der Jugendhilfe. Hrsg.: Der Bundesminister für Jugend, Familie, Frauen und Gesundheit. Bonn 1990.

Baacke, D.: Die 6-12jährigen. Weinheim und Basel 1984.

Baacke, D.: Der sozialökologische Ansatz zur Beschreibung und Erklärung des Verhaltens Jugendlicher. In: deutsche jugend 6/1980.

Baacke, D.: Jugend und Jugendkultur. Weinheim und München 1987.

Baacke, D.: Sich wandelnde Diskurse der Jugendkulturen — alte Diskurse der Pädagogen. In: Schriften des Landesinstituts für Schule und Weiterbildung Nordrhein-Westfalen (Hrsg.). Heftthema Jugend. Soest 1989.

Baethge, M.: Erwerbstätige Jugend. In: Markefka, M./Nave-Herz, R. (Hrsg.): Handbuch der Familien- und Jugendforschung, Bd. 2. Jugendforschung, Neuwied und Frankfurt/M. 1989, S. 465 ff.

Bäumer, G.: Die historischen und sozialen Voraussetzungen der Sozialpädagogik und die Entwicklung ihrer Theorie. In: Nohl, H./Pallat, L. (Hrsg.): Handbuch der Pädagogik, Bd. 5. Langensalza 1929.

Beck, U.: Risikogesellschaft. Auf dem Weg in eine andere Moderne. Frankfurt/Main 1986.

Beck-Gernsheim, E.: Das halbierte Leben. Männerwelt Beruf, Frauenwelt Familie. Frankfurt/Main 1985.

Becker, H./Hafemann, H./May, M.: Unterschiedliche Sozialräume von Jugendlichen in ihrer Bedeutung für pädagogisches Handeln. In: Zeitschrift für Pädagogik 4/1984.

Becker, H./Eigenbrodt, J./May, M.: Jugendverbände in der Stadt. In: Böhnisch/Gängler/Rauschenbach (Hrsg.), Handbuch Jugendverbände, 1991.

Bilden, H.: Geschlechtsspezifische Sozialisation. In: Hurrelmann, K./Ulich, D. (Hrsg.): Neues Handbuch der Sozialisationsforschung. Weinheim und Basel 1991.

Bildungsbericht '70. Bericht der Bundesregierung zur Bildungspolitik. Bonn-Bad Godesberg 1970.

Bildungsgesamtplan. Hrsg. von der Bund-Länder-Kommission für Bildungsplanung. Stuttgart 1973.

Blos, P.: Adoleszenz. Stuttgart 1974.

Böhnisch, L./Funk, H.: Jugend im Abseits? Zur Lebenslage Jugendlicher im ländlichen Raum. München 1989.

Böhnisch, L./Gängler, H./Rauschenbach, Th. (Hrsg.): Handbuch Jugendverbände. Eine Ortsbestimmung der Jugendverbandsarbeit in Analysen und Selbstdarstellungen. Weinheim und München 1991.

Böhnisch, L./Münchmeier, R.: Pädagogik des Jugendraums. Zur Begründung und Praxis einer sozialräumlichen Jugendpädagogik. Weinheim und München 1990.

Böhnisch, L./Münchmeier, R.: Wozu Jugendarbeit? Weinheim und München [2]**1989.**

Böhnisch, L./Schefold, W.: Sozialisation in sozialpädagogischen Institutionen. In: Hurrelmann/Ulich (Hrsg.): Neues Handbuch der Sozialisationsforschung, 1991.

Böhnisch, L./Winter, R.: Pädagogische Landnahme. Einführung in die Jugendarbeit des ländlichen Raums. Weinheim und München 1990.

Böhnisch, L./Winter, R.: Männliche Sozialisation. Weinheim und München (erscheint 1992).

Böttcher, W.: Soziale Auslese im Bildungswesen. In: Die Deutsche Schule 2/1991.

Bonfadelli, H.: Freizeitverhalten von Kindern und Jugendlichen und Medienkonsum. In: Sachverständigenkommission Achter Jugendbericht (Hrsg.): Lebensverhältnisse Jugendlicher. Materialien zum Achten Jugendbericht. München 1991.

Brumlik, M.: Der symbolische Interaktionismus und seine pädagogische Bedeutung. Frankfurt/Main 1973.

Brunner, E.J./Schönig, W. (Hrsg.): Theorie und Praxis von Beratung. Freiburg im Breisgau 1990.

Brusten, M./Hohmeier, J. (Hrsg.): Stigmatisierung. Bde 1/2. Neuwied und Darmstadt 1976.

Busemann, A.: Pädagogische Jugendkunde. Heidelberg 1931.

Colberg-Schrader, H./v. Derschau, D.: Sozialisationsfeld Kindergarten. In: Hurrelmann/Ulich (Hrsg.): Neues Handbuch der Sozialisationsforschung, 1991.

Damm, D.: Jugendverband als alternative Institution oder: Zwischen Organisation und Selbstorganisation. In: Damm, D./Meckelburg, H. (Hrsg.): Selbstbestimmen macht Spaß. Frankfurt/Main 1982.

Damm, D./Schröder, A.: Projekte und Aktionen in der Jugendarbeit. München 1987.

Deutscher Bildungsrat: Strukturplan für das Bildungswesen 1970.

Dehn, G.: Proletarische Jugend. Berlin 1929.

Deinet, U.: Raumaneignung in der sozialwissenschaftlichen Theorie. In: Böhnisch/Münchmeier: Pädagogik des Jugendraums, 1990.

Deinet, U.: Die Aneignungssituation. Diss. Tübingen 1991.

DPSG (Deutsche Pfadfinderschaft Sankt Georg): Koedukation – was heißt das schon? Eine Arbeitshilfe. Neuss 1990.

Eisenstadt, S.N.: Von Generation zu Generation. München 1966.

Elkind, D.: The hurried child. Growing up too fast, too soon. New York 1981.

Enders-Dragässer, U./Fuchs, C.: Interaktionen der Geschlechter. Sexismusstrukturen in der Schule. Weinheim und München 1989.

Engel, U./Hurrelmann, K.: Psychosoziale Belastung im Jugendalter. Berlin/New York 1989.

Erdheim, M.: Psychoanalyse und das Unbewußte in der Kultur. Frankfurt/Main 1988.

Erikson, E.H.: Jugend und Krise. Die Psychodynamik im sozialen Wandel. Stuttgart (1970) 1988.

Faulstich-Wieland, H. (Hrsg.): Abschied von der Koedukation? Fachhochschule Frankfurt/Main: Materialien zur Sozialarbeit und Sozialpolitik. Bd. 18. Frankfurt/Main 1987.

Fend, H.: Sozialgeschichte des Aufwachsens. Frankfurt/Main 1988.

Flitner, A.: Soziologische Jugendforschung. Darstellung und Kritik aus pädagogischer Sicht. Heidelberg 1963.

Fölling-Albers, M. (Hrsg.): Veränderte Kindheit – veränderte Grundschule. Frankfurt/Main 1989.

Franzen-Hellersberg, L.: Die jugendliche Arbeiterin. Ihre Lebensweise und Lebensform. Tübingen 1932.

Frasch, H./Wagner, A.: „Auf Jungen achtet man einfach mehr . . .". In: Brehmer, I. (Hrsg.): Sexismus in der Schule. Weinheim und Basel 1982.

Franzkowiak, P.: Risikoverhalten und Gesundheitsbewußtsein bei Jugendlichen. Berlin/Heidelberg/New York/Toronto 1986.

Freese, K.: Alltag und Gefährdung bei Zehn- bis Vierzehnjährigen. In: Jugendschutz Heute 2/1985.

Friedrich, P. u.a.: Die „Lücke"-Kinder. Zur Freizeitsituation von 9-14jährigen. Weinheim und Basel 1984.

Funk, H.: Mädchenarbeit. In: Böhnisch/Gängler/Rauschenbach (Hrsg.): Handbuch Jugendverbände, 1991.

Funk, H.: Nicht am Rande, sondern mittendrin. Lebensbewältigung von Mädchen im ländlichen Raum. München 1991a.

Gängler, H.: Soziale Arbeit auf dem Lande. Weinheim und München 1990.

Gärtner, A./Sachße, Ch. (Hrsg.): Politische Produktivität der Sozialarbeit. Frankfurt/Main 1978.

Gefesselte Jugend. Fürsorgeerziehung im Kapitalismus (Autorenkollektiv). Frankfurt/Main 1973.

Giesecke, H.: Politische Bildung in der Jugendarbeit. München [3]1972.

Götz, R./Seitz, W.: Familiäre Erziehung und jugendliche Delinquenz. Frankfurt/Main 1979.

Grabrucker, M.: „Typisch Mädchen . . .". Prägung in den ersten drei Lebensjahren. Frankfurt/Main 1985.

Graf, P./Bendit, R.: Ausländische Kinder und Jugendliche in der Jugendhilfe: Zwischen Integration und Normalisierung. In: Sachverständigenkommission Achter Jugendbericht (Hrsg.): Lebensverhältnisse Jugendlicher, Bd. 2, München 1990.

Hagemann-White, C.: Sozialisation: weiblich − männlich? Opladen 1984.

Harms, G./Preissing, Ch./Richtermeier, A.: Kinder und Jugendliche in der Großstadt. Berlin 1985.

Häußermann, H./Siebel, W.: Neue Urbanität. Frankfurt/Main 1987.

Hehlmann, W.: Wörterbuch der Psychologie. Stuttgart 1963.

Hengst, H. u.a.: Kindheit als Fiktion. Frankfurt/Main 1981.

Herrmann, G.: Die sozialpädagogische Bewegung der zwanziger Jahre. Weinheim/Berlin 1956.

Herrmann, U.: Was heißt „Jugend". Jugendkonzeptionen in der deutschen Sozialgeschichte. In: Jugend, Jugendprobleme, Jugendprotest. Stuttgart/Berlin/Köln/Mainz 1982.

Hetzer, H.: Kindheit und Armut. Leipzig 1932.

Hollstein, W./Meinhold, M.: Sozialarbeit unter kapitalistischen Produktionsbedingungen. Frankfurt/Main 1973.

Holzapfel, I.: Jugendverbände als Anregungsmilieu. In: Böhnisch/Gängler/Rauschenbach (Hrsg.): Handbuch Jugendverbände, 1991.

Holzkamp, K.: Sinnliche Erkenntnis. Frankfurt/Main 1973.

Hopf, A.: Außenflächen, Straßen und Verkehr in der Wohnumwelt bei Kindern. In: Fölling-Albers (Hrsg.): Veränderte Kindheit − veränderte Grundschule, Frankfurt/Main 1991.

Hornstein, W.: Bildungsplanung ohne sozialpädagogische Perspektiven. In: Zeitschrift für Pädagogik 3/1971.

Hornstein, W./Schefold, W./Schmeißer, G./Stackebrandt, J.: Lernen im Jugendalter. Stuttgart 1974.

Hurrelmann, K.: Familienstreß − Schulstreß − Freizeitstreß: Gesundheitsförderung für Kinder und Jugendliche. Weinheim und Basel 1991.

Hurrelmann, K./Rosewitz, B./Wolf, H.K.: Lebensphase Jugend. Weinheim und München 1985.

Jordan, E./Sengling, D.: Jugendhilfe. Weinheim und München 1989.

Kastner, P./Silbereisen, R.: Jugendentwicklung und Drogen. In: Specht, W. (Hrsg.): Die gefährliche Straße. 1987.

Kautz, H.: Im Schatten der Schlote. Einsiedeln ²1926.

Keddi, B./Seidenspinner, G.: Veränderter weiblicher Lebensentwurf und Individualisierung des Lebenslaufs. In: Neue Sammlung 4/1990.

Keckeisen, W.: Pädagogik zwischen Kritik und Praxis. Weinheim und Basel 1984.

Keppeler, S.: Mobile Jugendarbeit als sozialräumlicher Prozeß. In: Böhnisch/Münchmeier: Pädagogik des Jugendraums, 1990.

Kerber, I.: (Mit) Jungen im Kindergarten. In: Winter/Willems (Hg.): Was fehlt, sind Männer. Schwäbisch Gmünd und Tübingen 1991.

Klees, R. u.a.: Mädchenarbeit. Weinheim und München 1989.

Kohlberg, L.: Zur kognitiven Entwicklung des Kindes. Frankfurt/Main 1974.

Kohli, M.: Die Institutionalisierung des Lebenslaufs. In: Kölner Zeitschrift für Soziologie und Sozialpsychologie 1/1985.

Kreft, D. u.a.: Perspektivenwandel der Jugendhilfe. Nürnberg 1990.

Kreisjugendpflege Heilbronn: Gesundheitserziehung in der offenen Jugendarbeit. Heilbronn 1991.

Kluth, H./Lohmar, U./Tartler, R.: Arbeiterjugend gestern und heute. Heidelberg 1955.

Krappmann, L./Oswald, H.: Freunde, Gleichaltrigengruppe, Geflechte. Die soziale Welt der Kinder im Grundschulalter. In: Fölling-Albers (Hrsg.): Veränderte Kindheit, Frankfurt/Main 1989.

Kreppner, K.: Sozialisation in der Familie. In: Hurrelmann/Ulich (Hrsg.): Neues Handbuch der Sozialisationsforschung, Weinheim und Basel 1991.

Lessing, H.: Jugendarbeit als Wi(e)deraneignung von Arbeit, Umwelt und Kultur. In: deutsche jugend 10/1984.

Liebau, E.: Pädagogik in der Kulturgesellschaft. In: Neue Sammlung 4/1990.

Liebel, M.: Aufforderung zum Abschied von der sozialintegrativen Jugendarbeit. In: deutsche jugend 1/1970.

Liegle, L.: Welten der Kindheit und der Familie. Weinheim und München 1987.

Mannheim, K.: Das Problem der Jugend in der modernen Gesellschaft. In: Ders.: Diagnose unserer Zeit. Frankfurt/Main 1952.

Maas, U.: Aufgaben sozialer Arbeit nach dem KJHG (Kinder-
und Jugendhilfegesetz) Sonderdruck Sozialmagazin 1991.

Miller, W.B.: Die Kultur der Unterschicht als Entstehungsmi-
lieu für Bandendelinquenz. In: Sack, F./König, R. (Hrsg.):
Kriminalsoziologie. Frankfurt/Main 1968.

Mollenhauer, K.: Erziehung und Emanzipation. München 1968.

Mollenhauer, K.: Einführung in die Sozialpädagogik. Wein-
heim/Berlin (1964) [4]1968.

Muchow, H.H.: Sexualreife und Sozialstruktur der Jugend.
Hamburg 1959.

Muchow, M./Muchow, H.H.: Der Lebensraum des Groß-
stadtkindes (1935), Reprint Bensheim 1978.

**Müller, H.U.: Junge Erwachsene in der Großstadt. München
(DJI) 1990.**

**Müller, S./Otto, H.U. (Hrsg.): Sozialarbeit als soziale Kommu-
nalpolitik. Sonderheft 6 der Neuen Praxis 1981.**

**Münchmeier, R./Peukert, D.: Historische Grundstrukturen und
Entwicklungsprobleme der deutschen Jugendhilfe. In: Sach-
verständigenkommission Achter Jugendbericht (Hrsg.):
Lebensverhältnisse Jugendlicher, Bd. 1, 1990.**

Negt, O.: Kindheit und Kinder-Öffentlichkeit. In: Grüneisl,
G./Zacharias, W. (Hrsg.): Die Kinderstadt. Reinbek bei
Hamburg 1989.

Niesyto, H.: Erfahrungsproduktion mit Medien und Lebensbewältigung Jugendlicher im ländlichen Raum. Diss.
Tübingen 1990.

**Niesyto, H.: Erfahrungsproduktion mit Medien. Weinheim und
München 1991.**

Nohl, H.: Jugendwohlfahrtspflege. Heidelberg 1927.

Nohl, H./Pallat, L. (Hrsg.): Handbuch der Pädagogik. Bd. 1.
Langensalza 1933.

Nordlohne, E./Hurrelmann, K./Holler, B.: Jugendspezifische
Belastungen und die Rolle des Arzneimittelkonsums. In:
Steinhausen, H.Ch. (Hrsg.): Das Jugendalter. Bern/Stutt-
gart/Toronto 1990.

Nunner-Winkler, G.: Adoleszenz — Krisenverlauf und Wertorientierung. In: Baacke, D./Heitmeyer, W. (Hrsg.): Neue
Widersprüche. Weinheim und München 1985.

Oerter, R.: Lebensbewältigung im Jugendalter. Weinheim 1985.

Oerter, R./Montada, L. (Hrsg.): Entwicklungspsychologie. Ein
Lehrbuch. München/Wien/Baltimore 1982.

Olk, Th./Otto, H.U.: Soziale Dienste im Wandel 3. Neuwied
und Frankfurt/Main 1989.

**Otto, H.U./Sünker, H. (Hrsg.): Sozialarbeit im Faschismus.
Frankfurt/Main 1991.**

Peters, H.: Die politische Funktionslosigkeit der Sozialarbeit. In: Otto, H.U./Schneider, S.: Gesellschaftliche Perspektiven der Sozialarbeit. Bd. 1. Neuwied/Berlin 1973.

Piaget, J.: Meine Theorie der geistigen Entwicklung. Hrsg. von R. Fatke, Frankfurt/Main ²1985.

Planck, U.: Die Situation der Landjugend. Münster-Hiltrup 1982.

Popp, K./Tillmann, K.-J.: Jugend und Familie – mehr Kontinuität als Wandel? In: Neue Sammlung 4/1990.

Reininger, K.: Das soziale Verhalten in der Vorpubertät. Wiener Arbeiten zur pädagogischen Psychologie 2/1925.

Röhner, Ch.: Geschlechterverhältnisse – Jungen in der Grundschule. In: Winter/Willems: Was fehlt, sind Männer. Ansätze praktischer Jungen- und Männerarbeit. Schwäb. Gmünd und Tübingen 1991.

Rolff, H.G./Zimmermann, P.: Kindheit im Wandel. Einführung in die Sozialisation im Kindesalter. Weinheim und Basel 1985.

Schefold, W.: Die gesellschaftliche Inszenierung. In: Deutsches Jugendinstitut (Hrsg.): Die neue Jugenddebatte. München 1982.

Schefold, W.: Jugendschutz heute – eine soziologische Betrachtung. In: Jugendschutz Heute 5/1983.

Schefold, W.: Schülersein. In: Böhnisch/Münchmeier: Wozu Jugendarbeit? 1987.

Schefold, W.: Das Projekt Sozialpädagogik. Habilitationsschrift Tübingen 1992.

Schelsky, H.: Die skeptische Generation. Düsseldorf/Köln 1963.

Schimpf, E./Winter, R.: Kulturarbeit. In: Böhnisch/Gängler/Rauschenbach (Hrsg.): Handbuch Jugendverbände, 1991.

Schnack, D./Neutzling, R.: Kleine Helden in Not. Jungen auf der Suche nach Männlichkeit. Reinbek bei Hamburg 1990.

Schock und Schöpfung. Jugendästhetik im 20. Jahrhundert. Hrsg. vom Deutschen Werkbund. Darmstadt und Neuwied 1986.

Schorb, B./Mohn, E./Theunert, H.: Sozialisation durch (Massen-)Medien. In: Hurrelmann/Ulich (Hrsg.): Neues Handbuch der Sozialisationsforschung, 1991.

Sechster Jugendbericht. Verbesserung der Chancengleichheit von Mädchen in der Bundesrepublik Deutschland. Hrsg.: Der Bundesminister für Jugend, Familie und Gesundheit. Bonn 1984.

Sielert, U.: Jungenarbeit. Weinheim und München 1989.

Specht, W.: Jugendkriminalität und Mobile Jugendarbeit. Neuwied 1979.

Specht, W.: Mobile Jugendarbeit. In: Eyferth, H./Otto, H.U./
Thiersch, H. (Hrsg.): Handbuch Sozialarbeit/Sozialpädago-
gik. Darmstadt und Neuwied 1984.

Specht, W.: Die gefährliche Straße. Bielefeld 1987.

Stellungnahme der obersten Jugendbehörden zum Sechsten
Jugendbericht. Mskr. Bonn 1987.

Thiersch, H.: Die Erfahrung der Wirklichkeit. Perspektiven
einer alltagsorientierten Sozialpädagogik. Weinheim und
München 1986.

**Tillmann, K.-J.: Zwischen Euphorie und Stagnation. Erfahrun-
gen mit der Bildungsreform. Hamburg 1987.**

**Tillmann, K.-J.: Sozialisationstheorien. Reinbek bei Hamburg
1990.**

**Treptow, R.: Kulturelle Aktivitäten und Produktionen unter
regionalen Gesichtspunkten. In: Sachverständigenkommission
Achter Jugendbericht (Hrsg.): Lebensverhältnisse Jugendlicher, Bd. 2., München 1990.**

Wahl, P.: Einige Aspekte männlicher Sozialisation. In: Wil-
lems/Winter: „. . . damit Du groß und stark wirst", 1990.

Walter, H. (Hrsg.): Sozialisationsforschung. Bd. III: Sozial-
ökologie. Neue Wege in der Sozialisationsforschung. Stuttgart 1975.

Wellendorf, F.: Schülerselbstbefreiung. Frankfurt/Main 1972.

Willems, H./Winter, R. (Hrsg.): „. . . damit Du groß und stark
wirst". Beiträge zur männlichen Sozialisation. MännerMaterial Bd. 1. Schwäbisch Gmünd/Tübingen 1990.

Willems, H./Winter, R.: Jungen in Jugendverbänden. In:
Böhnisch/Gängler/Rauschenbach (Hrsg.): Handbuch
Jugendverbände, Weinheim und München 1991a.

Willems, H./Winter, R.: Fehlen Männer? Zur Einführung. In:
Winter/Willems: Was fehlt, sind Männer. Ansätze praktischer Jungen- und Männerarbeit. 1991b.

Winter, B.: Jungen im Blick. Beobachtungen zu Jungen im
Waldorfkindergarten. In: Winter/Willems (Hg.): Was fehlt,
sind Männer. Ansätze praktischer Jungen- und Männerarbeit. Schwäb. Gmünd und Tübingen 1991.

Winter, R.: Identitätskrücken oder Jungenarbeit? Zur Begründung eigenständiger Ansätze kritischer Jungenarbeit. In:
Winter/Willems: Was fehlt, sind Männer. Ansätze praktischer Jungen- und Männerarbeit. Schwäb. Gmünd und
Tübingen 1991a.

Winter, R.: Kritik der herkömmlichen Koedukation. In:
Brenner/Grubauer (Hg.): Typisch Mädchen? Typisch Junge?
Persönlichkeitsentwicklung und Wandel der Geschlechter-
rollen. Weinheim und München 1991b.

Winter, R./Willems, H. (Hrsg.): Was fehlt, sind Männer. Ansätze praktischer Jungen- und Männerarbeit. MännerMaterial Bd. 2. Schwäbisch Gmünd und Tübingen 1991.

v. Wolffersdorff, Ch./Sprau-Kuhlen, V.: Geschlossene Unterbringung in Heimen. München 1990.

Zeiher, H.: Über den Umgang mit der Zeit bei Kindern. In: Fölling-Albers, M. (Hrsg.): Veränderte Kindheit − veränderte Grundschule, 1989.

Zeiher, H.: Die vielen Räume der Kinder. In: Preuss-Lausitz, U. u.a. (Hrsg.): Kriegskinder, Konsumkinder, Krisenkinder. Zur Sozialisationsgeschichte seit dem Zweiten Weltkrieg. Weinheim und Basel 1983.

Ziehe, Th.: Pubertät und Narzißmus. Frankfurt/M. 1975.

Zinnecker, J.: Straßensozialisation. In: Zeitschrift für Pädagogik 3/1979.